高职高专经管类专业系列教材

ERP财务会计与供应链实训教程

——用友ERP-U8 V10.1

(第二版)

主　编　简胜前

副主编　王朝晖　张　涛

西安电子科技大学出版社

内 容 简 介

2019年年初，财政部、国税局、海关总署联合发布《关于深化增值税改革有关政策的公告》，宣布2019年增值税税率下调自4月1日起实施。

本书是根据新会计制度的要求，也为了适应增值税改革后的会计业务处理变化，在上版书的基础上修订而成的。本书以用友ERP-U8管理软件V10.1为实训平台，并以某制造类企业完整经济业务为线索组织内容。书中详细介绍了系统管理、基础设置、系统初始化、总账、应收款管理、应付款管理、固定资产管理、薪资管理、库存管理、采购管理、销售管理、存货核算、期末处理、UFO报表等典型业务的处理过程。书中的实训业务实例力求做到全面、典型，业务之间的联系贯穿始终。

本书可供高职高专及普通高校经济管理类学生使用，也可作为企事业单位财会人员的参考书。

图书在版编目(CIP)数据

ERP财务会计与供应链实训教程：用友ERP-U8 V10.1 / 简胜前主编. —2版. —西安：西安电子科技大学出版社，2019.11(2025.3重印)
ISBN 978-7-5606-5510-9

Ⅰ. ① E… Ⅱ. ① 简… Ⅲ. ① 企业管理—财务软件—高等职业教育—教材 ② 企业管理—供应链管理—财务软件—高等职业教育—教材 Ⅳ. ① F275.2-39 ② F274-39

中国版本图书馆CIP数据核字(2019)第249607号

策　　划　马乐惠
责任编辑　杜敏娟
出版发行　西安电子科技大学出版社(西安市太白南路2号)
电　　话　(029)88202421　88201467　　邮　　编　710071
网　　址　www.xduph.com　　电子邮箱　xdupfxb001@163.com
经　　销　新华书店
印刷单位　陕西天意印务有限责任公司
版　　次　2019年11月第2版　　2025年3月第4次印刷
开　　本　787毫米×1092毫米　1/16　印　张　16.5
字　　数　388千字
定　　价　42.00元
ISBN 978-7-5606-5510-9

XDUP 5812002-4

前　言

信息技术的应用早已渗透到社会经济的各行各业，企业管理也不例外。企业信息化建设是通过信息化技术的部署来提高企业的生产运行效率，从而降低经营成本的。企业的信息化建设包括两个方面：一是电子商务网站；一是管理信息系统。其中企业资源计划系统作为新型管理信息系统，承担着企业内部信息组织管理者的角色，在企业信息化建设中具有非常重要的作用。

作为高等院校经济管理类学生及未来企业管理、财务管理实践者，能够熟练使用 ERP 软件是必备的技能。

本书是编者结合近 30 年财务软件教学经验，在广泛收集财会资深教师、软件开发者、终端用户的意见与建议的基础上编写而成的。本书以用友 ERP-U8 管理软件 V10.1 为实训平台，设计了贴合实际的财务会计与供应链管理综合业务的案例进行实训教学。

本书分为四大部分(建账与初始化、财务会计、供应链、期末处理)，以某制造类企业完整经济业务为线索，详细介绍了系统管理、基础设置、系统初始化、总账、应收款管理、应付款管理、固定资产管理、薪资管理、库存管理、采购管理、销售管理、存货核算、期末处理、UFO 报表等系统功能及典型业务处理。

本书在编写过程中得到了深圳职业技术学院张艳萍教授、财务专家潘世宏女士的大力帮助，在此深表谢意。

编　者

2019 年 8 月于深圳

目　　录

第三部分 供 应 链

第四部分 期 末 处 理

导 论

企业资源计划(Enterprise Resource Planning，ERP)系统，最早是由美国著名的计算机技术咨询和评估集团 Garter Group Inc. 提出的一整套企业管理系统体系标准。它是建立在信息技术基础上，以系统化的管理思想，为企业决策层及员工提供决策运行手段的管理平台。ERP 系统是集信息技术与先进的管理思想于一身，整合了企业管理理念、业务流程、基础数据、人力物力、计算机硬件和软件的企业资源管理系统，是现代企业运行的必备系统。

ERP 系统是一种主要面向制造行业进行物质资源、资金资源和信息资源集成一体化管理的企业信息管理系统。它是一个以管理会计为核心，可以跨地区、跨部门，甚至跨公司整合实时信息的企业管理软件。

一、ERP 系统功能模块

ERP 系统包括以下主要功能：供应链管理、销售与市场、分销、客户服务、财务管理、制造管理、库存管理、工厂与设备维护、人力资源、报表、制造执行系统 (Manufacturing Executive System，MES)、工作流服务和企业信息系统等。此外，ERP 系统还包括金融投资管理、质量管理、运输管理、项目管理、法规与标准和过程控制等补充功能。

ERP 系统是将企业所有资源进行整合集成管理，简单地说是将企业的三大流——物流、资金流、信息流进行全面一体化管理的管理信息系统。它的功能模块已不同于以往的 MRP 或 MRPII 的模块。它不仅可用于生产企业的管理，而且在许多其他类型的企业，如一些非生产、公益事业的企业也可导入，进行资源计划和管理。

二、用友 ERP-U8 信息化管理软件 V10.1(财务会计与供应链管理)的构成

用友 ERP-U8 信息化管理软件分为两个部分：系统管理和企业应用平台，分别负责账套管理与业务处理。

(1) 系统管理：提供了账套建立、修改、输出、引入，角色、用户、权限管理，视图以及清除任务等功能。

(2) 企业应用平台：提供了基础设置、业务工作(财务会计、供应链、人力资源)、系统服务等多个模块的功能。

用友 ERP-U8 信息化管理软件常用功能结构如图 0-1 所示。

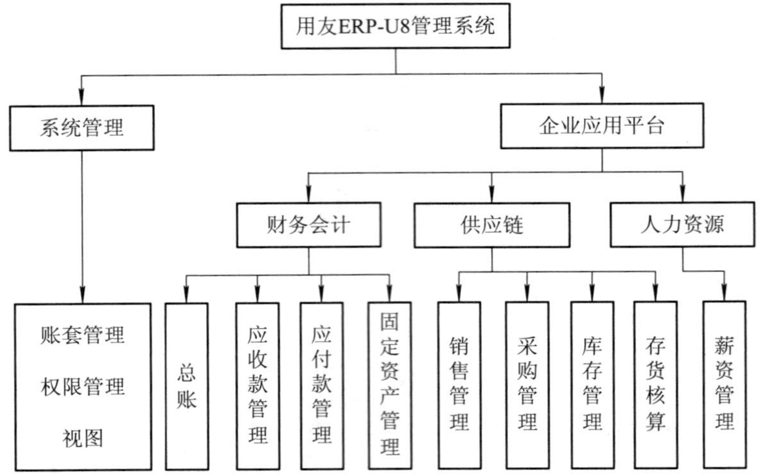

图 0-1　用友 ERP-U8 常用功能结构图

从功能上看，系统管理主要负责账套级管理，企业应用平台主要负责企业会计业务处理。二者既相对独立，又相互联系，缺一不可。

第一部分　建账与初始化

企业实施、切换ERP管理信息化软件(会计信息系统)伊始，必须新建账套。

账套是存放会计核算对象的所有会计业务数据文件的总称。账套中包含的文件有会计科目、记账凭证、会计账簿、会计报表等。一个账套只能保存一个会计核算对象的业务资料，这个核算对象可以是企业的一个分部，也可以是整个企业集团。

系统首次使用时，必须根据企业的实际情况进行参数设置，并录入基础档案与初始数据。这个过程称为系统初始化。

系统初始化是会计软件运行的基础。它将通用的会计软件转变为满足特定企业需要的系统，使手工环境下的会计核算和数据处理工作得以在计算机环境下延续和正常运行。系统初始化在系统初次运行时一次性完成，但部分设置可以在系统使用后进行修改。系统初始化将对系统的后续运行产生重要影响，因此系统初始化工作必须完整且尽量满足企业发展的需求。

第1章　系统管理

1.1　系统管理概述

用友 ERP-U8(以下简称 U8)信息化管理软件产品是由多个产品组成的，各个产品之间相互联系、数据共享，从而实现财务业务一体化的管理，为企业资金流、物流、信息流的统一管理提供了有效的方法和工具。U8 系统管理模块包括建立账套、建立账套库、账套修改和删除、账套备份以及根据企业经营管理中的不同岗位职能建立不同角色、新建操作员和权限的分配等功能。

系统管理模块的使用者为企业的信息管理人员，即系统管理员(Admin)、安全管理员(Sadmin)、管理员和账套主管。

1.1.1　系统管理模块主要功能

系统管理模块主要能够实现如下功能：

(1) 账套功能，包括建立、修改、引入和输出(恢复备份和备份)等功能。

(2) 权限管理，设立统一的安全机制，包括用户、角色和权限设置等功能。

(3) 自动备份计划，系统根据用户设置的定期备份计划进行自动备份处理，建立对企业业务数据的保护机制。

(4) 账套库管理，包括建立、引入、输出、备份账套库，重新初始化，清空账套库数据等功能。

(5) 视图管理，包括查看当前运行任务、清除指定任务、清退站点等功能。

1.1.2　系统管理界面认知

系统管理界面由标题栏、功能菜单栏、主窗口、状态栏组成(如图 1-1 所示)，其中，主窗口分为左、右上、右下三部分。左侧显示账套及账套库列表；右上部分列示的是各操作员正登录使用的各系统名称、运行状态和注册时间、登录客户端；右下部分列示的是这些系统中正在执行的功能。查看时，用户可在左侧选择账套或账套库，右上部分将相应显示该账套或该库中正在使用的产品情况；用鼠标选中一个子系统，右下部分将自动列示出该子系统中正在执行的功能。这两部分的内容都是动态的，它们将根据系统的执行情况自动更新变化。

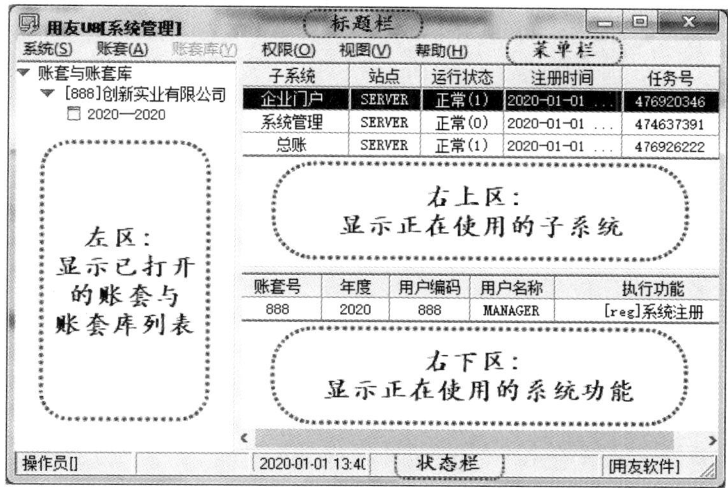

图 1-1　系统管理界面

1.1.3　系统管理的启动与注册

系统管理的启动与注册步骤如下：

(1) 单击“开始 | 程序 | 用友 U8 V10.1 | 系统服务 | 系统管理”或双击桌面“系统管理”图标，进入“系统管理”主界面。

(2) 单击菜单栏“系统 | 注册”，如图 1-2 所示。

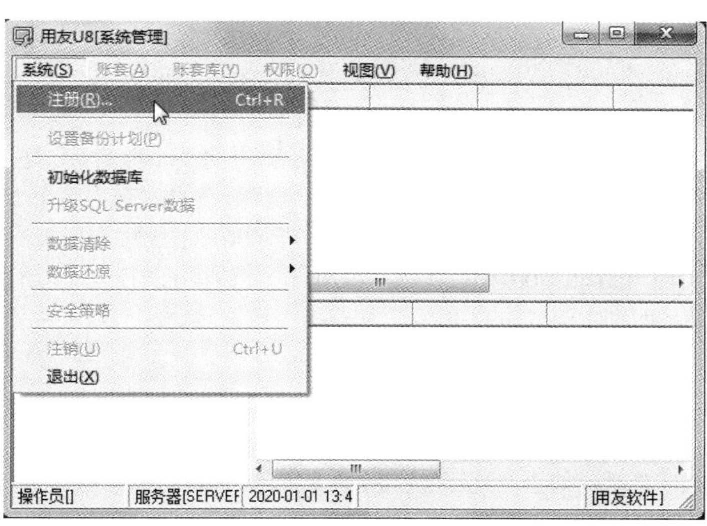

图 1-2　系统注册

(3) 进入“登录”界面，默认操作员为“admin”，如图 1-3 所示。

(4) 单击【登录】按钮，进入“系统管理”界面。

操作说明：“登录到：”默认为(本地)服务器名；“操作员：”可以用系统管理员(admin)或者各个账套的账套主管账号登录。其功能界面并不相同，请比较其差异。

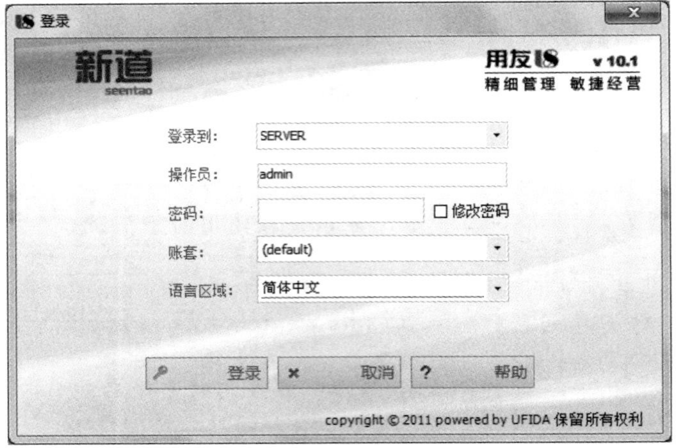

图 1-3　系统登录

1.2　账套(库)管理

账套指的是由企业用户根据日常经济业务将相关信息录入到信息化管理系统中，由系统生成的具有逻辑关系的一组数据组及信息组。一般来说，我们可以为每一个独立核算的企业在系统中建立一个账套。不同的账套数据之间彼此独立，相互无关联。

每个账套中一般存放不同年度的会计数据。为方便管理，不同年度的数据存放在不同的数据表中，称为账套库(年度账)。

在用友 ERP-U8 软件中，其账套和账套库是有一定区别的，具体体现在以下方面：账套是账套库的上一级，账套由一个或多个账套库组成，一个账套库含有一年或多年使用的数据。一个账套对应一个经营实体或核算单位。账套中的某个账套库对应这个经营实体的某年度区间内的业务数据。例如：某单位建立账套“001 正式账套”后在 2019 年开始使用；然后在 2020 年期初建 2020 账套库后接着使用，则“001 正式账套”具有两个账套库，即“001 正式账套 2019 年”和“001 正式账套 2020 年”；如果希望连续使用也可以不建新库，直接录入 2020 年数据，则“001 正式账套”具有一个账套库，即“001 正式账套 2019—2020 年”。

对于拥有多个核算单位的客户，可以拥有多个账套，最多可以拥有 999 个账套。

U8 信息化管理系统中设计了账套和账套库的两层结构方式，其特点是：

(1) 便于企业的管理，如进行账套的上报，跨年度区间的数据管理结构调整等。

(2) 方便数据备份输出和引入。

(3) 减少数据的负担，提高应用效率。

1.2.1　建立账套(新用户)

在使用 U8 企业应用平台之前，首先要新建企业的账套。用户在系统管理界面点击菜单栏【账套】，选择【建立】，则进入建立单位新账套的功能。

U8 信息化管理系统中，提供了建立全新空白账套和参照已有账套建账两种建立新账套的方式，可以满足新用户全新使用和老用户扩展使用的要求。

★ **实训操作：**

(1) 创建账套。

以系统管理员(admin)身份注册并登录“系统管理”后，单击菜单栏“账套 | 建立”，如图 1-4 所示。

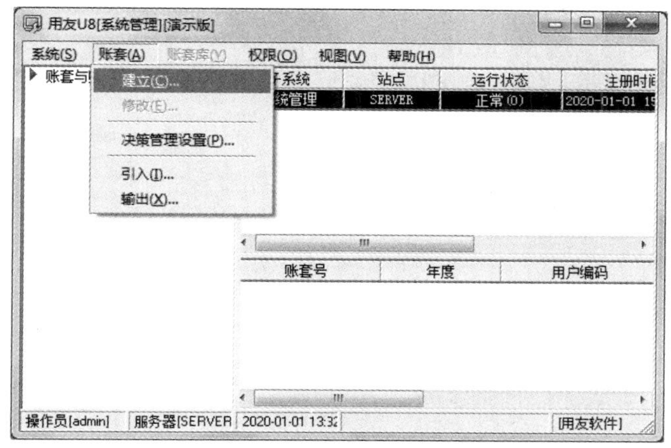

图 1-4　建立新账套

(2) 建账方式。

“参照已有账套”是指可以参照系统中已有的账套建立新账套。因当前系统中没有任何账套，所以“参照已有账套”选项不可选，系统默认选择“新建空白账套”(如图 1-5 所示)，点击【下一步】按钮，打开“单位信息”窗口。

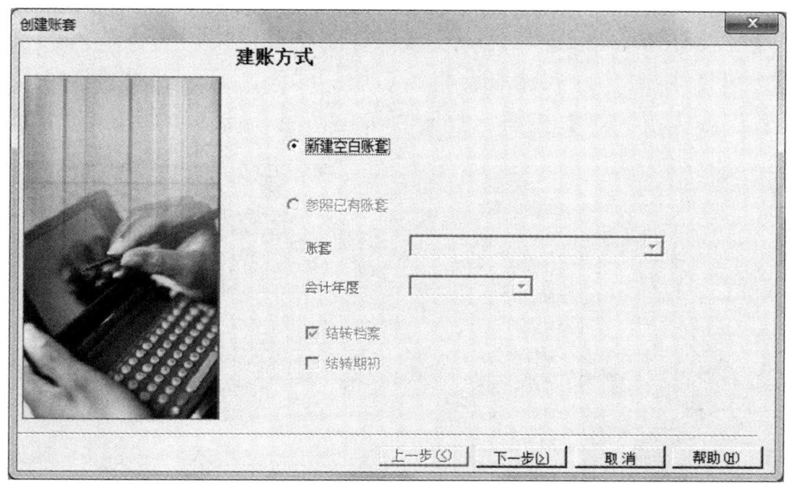

图 1-5　建账方式

(3) 设置账套信息。

为了实训考核需要，要求学员录入如下信息建立新账套：“账套号”为学员学号末三位、“账套名称”为学员姓名；“账套路径”是指用来存放新建账套数据的地址，采用系统默认即可；“启用会计期”为“2020 年 1 月”，如图 1-6 所示。

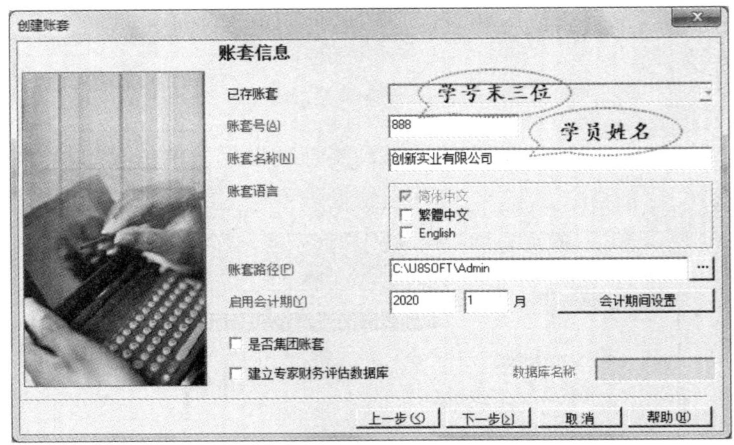

图 1-6　账套信息

界面中主要栏目说明：

① 已存账套：系统将现有的账套以下拉框的形式在此栏目中表示出来，用户只能查看，而不能输入或修改。其作用是在建立新账套时可以明晰已经存在的账套，避免在新建账套时重复建立。

② 账套号：用来输入新建账套的编号，用户必须输入，可输入三个字符(只能是 001～999 之间的数字，并且不能与已存账套中的账套号重复)。

③ 账套名称：用来输入新建账套的名称，作用是标识新账套的信息，用户必须输入，最多可以输入 40 个字符。

④ 账套语言：用来选择账套数据支持的语种，也可以在以后通过语言扩展对所选语种进行扩充。

⑤ 账套路径：用来输入新建账套所要被保存的路径，用户必须输入。

⑥ 启用会计期：用来输入新建账套将被启用的时间，具体到“月”，用户必须输入。

输入完毕后点击【下一步】按钮，打开“单位信息”窗口，如图 1-7 所示。

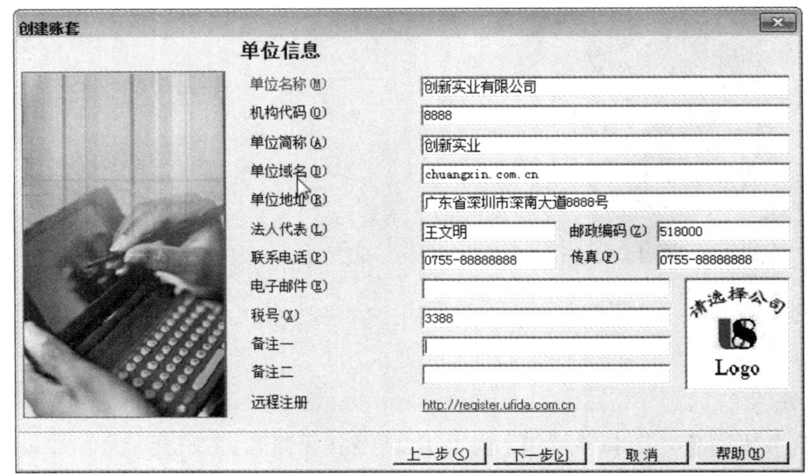

图 1-7　设置单位信息

(4) 设置单位信息。

参照图 1-7 所示录入单位信息。输入完毕后点击【下一步】按钮，打开“核算类型”窗口，如图 1-8 所示。

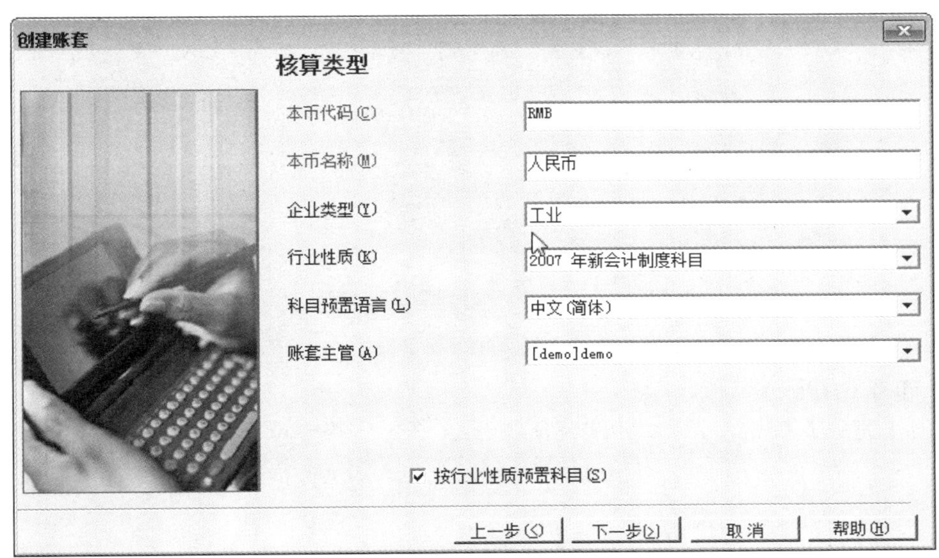

图 1-8　选择单位信息

(5) 选择核算类型。

点击【下一步】按钮，打开“基础信息”窗口。

(6) 设置分类信息。

选中“有无外币核算”，如图 1-9 所示。

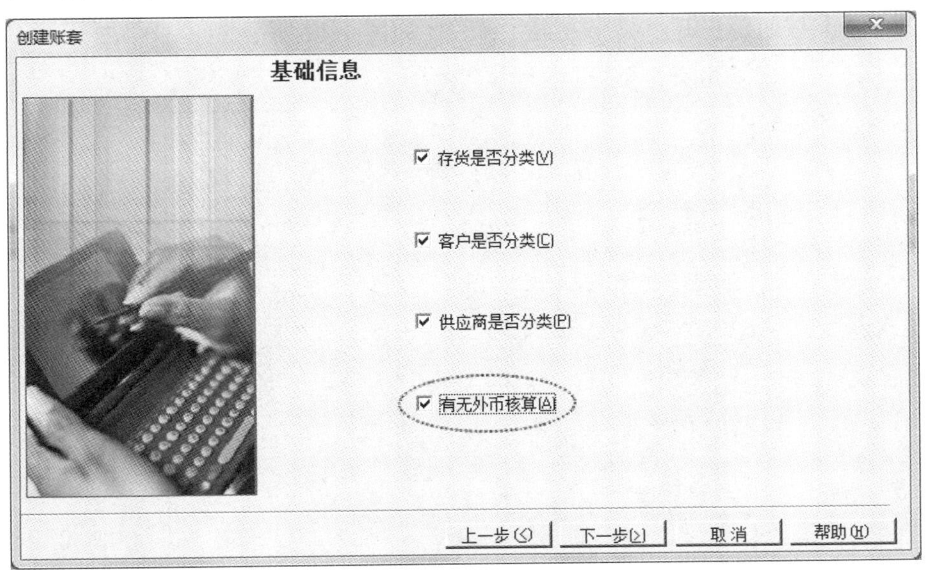

图 1-9　设置分类信息

点击【下一步】按钮，准备创建账套，如图 1-10 所示。

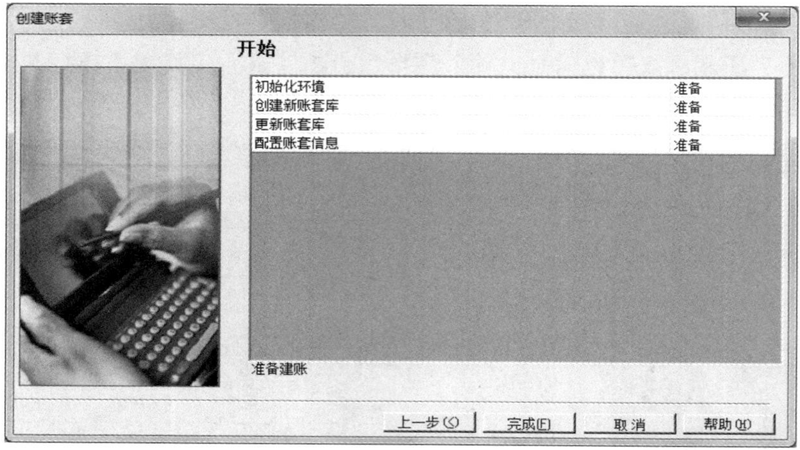

图 1-10　创建账套提示

(7) 准备创建账套。

点击【完成】按钮，弹出“可以创建账套了么？”提示框，如图 1-11 所示。

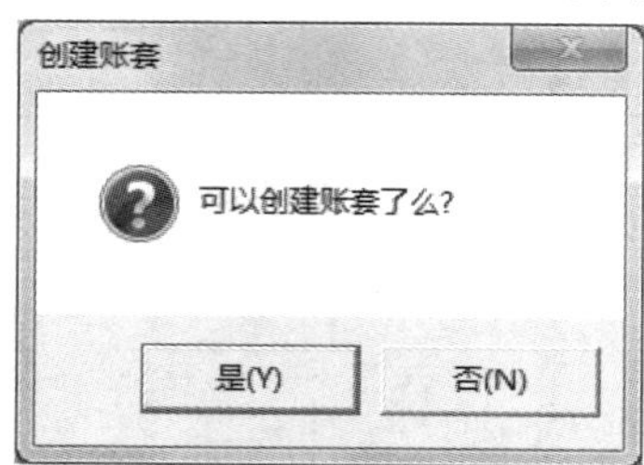

图 1-11　系统管理菜单

(8) 开始创建账套。

点击【是】按钮，打开“编码方案”窗口，如图 1-12 所示。

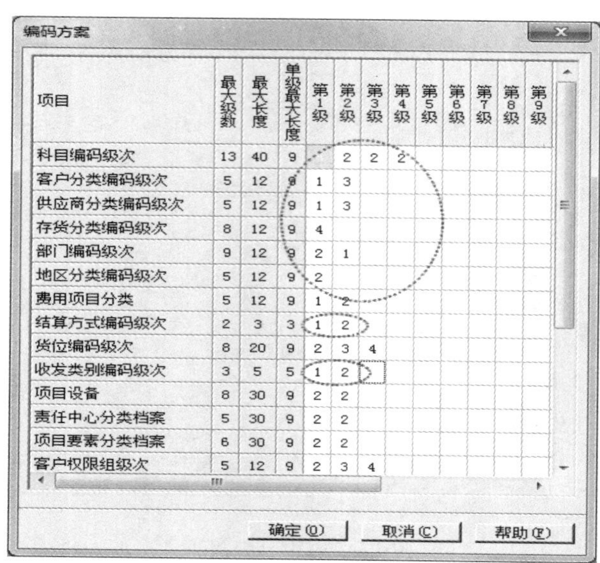

项目	最大级数	最大长度	单级最大长度	第1级	第2级	第3级	第4级	第5级	第6级	第7级	第8级	第9级
科目编码级次	13	40	9		2	2	2					
客户分类编码级次	5	12	9	1	3							
供应商分类编码级次	5	12	9	1	3							
存货分类编码级次	8	12	9	4								
部门编码级次	9	12	9	2	1							
地区分类编码级次	5	12	9	2								
费用项目分类	5	12	9	1	2							
结算方式编码级次	2	3	3	1	2							
货位编码级次	8	20	9	2	3	4						
收发类别编码级次	3	5	5	1	2							
项目设备	8	30	9	2	2							
责任中心分类档案	5	30	9	2	2							
项目要素分类档案	6	30	9	2	2							
客户权限组级次	5	12	9	2	3	4						

图 1-12　修改编码方案

(9) 修改编码方案。

① 将编码方案修改为：科目编码级次“4 | 2 | 2 | 2”、客户分类编码级次“1 | 3”、供应商分类编码级次“1 | 3”、存货分类编码级次“4”、部门编码级次“2 | 1”、地区分类编码级次“2”、结算方式编码级次“1 | 2”、收发类别编码级次“1 | 2”，其他默认，如图 1-12 所示。

② 输入完毕后点击【确定】按钮。

③ 关闭“编码方案”窗口，系统弹出“数据精度”窗口。

(10) 定义数据精度。

将换算率小数位修改为“3”，如图 1-13 所示。输入完毕后点击【确定】按钮，进入下一步。

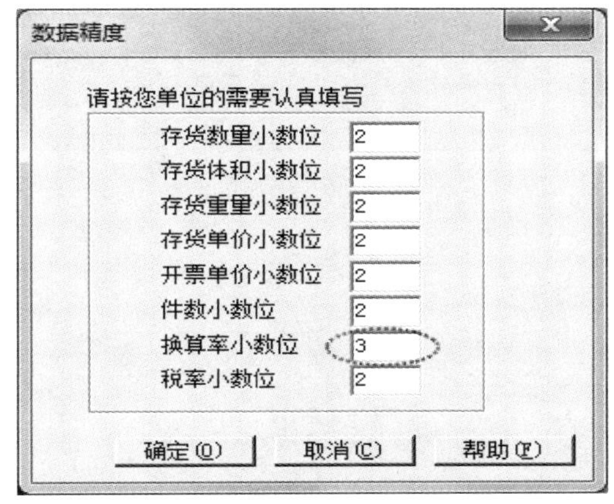

图 1-13　数据精度定义

(11) 是否进行系统启用的设置。

点击【是】按钮，如图 1-14 所示，进入“系统启用”窗口。

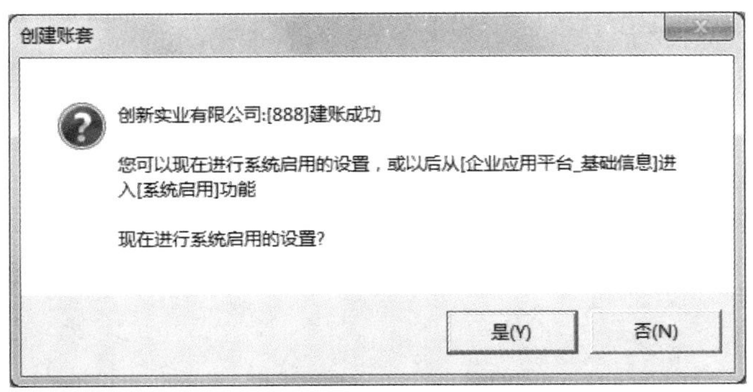

图 1-14　是否进行系统启用设置

(12) 系统启用设置。

① 启用系统：总账、应收款管理、应付款管理、固定资产管理、销售管理、采购管理、库存管理、存货核算、薪资管理，如图 1-15 所示。

② 启用时间：“2020-01-01”。设置完成后，单击工具栏【退出】按钮，进入下一步。

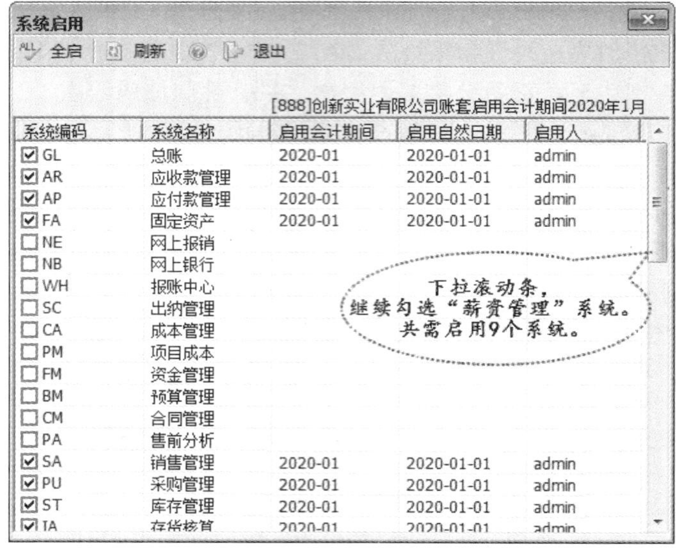

图 1-15　系统启用设置

(13) 大功告成。

点击【确定】按钮，如图 1-16 所示。

图 1-16　建账设置结束

(14) 建账设置结束。

点击【退出】按钮，如图 1-17 所示。

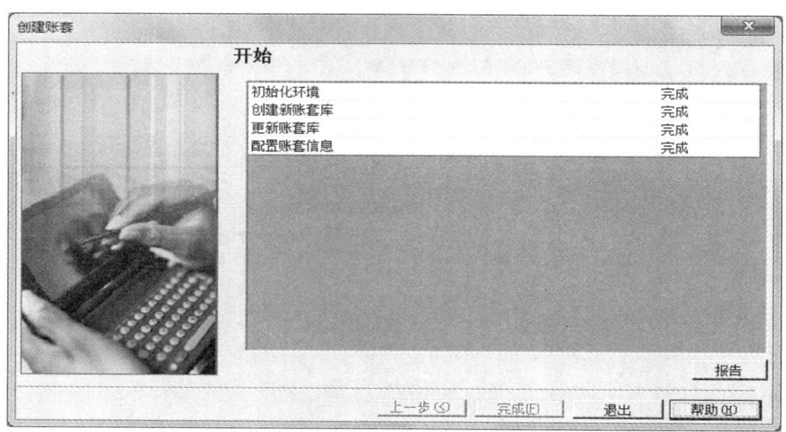

图 1-17　建账设置结束

1.2.2　账套输出和删除

账套输出功能可将所选的账套数据进行备份输出。对于企业系统管理员来讲，定时将企业数据备份出来存储到不同的介质上(如常见的软盘、光盘、网络磁盘等)，对数据的安全性是非常重要的。如果企业由于不可预知的原因(如地震、火灾、计算机病毒、人为的错误操作等)，需要对数据进行恢复，此时备份数据就可以将企业的损失降到最小。当然，对于异地管理的公司，此种方法还可以解决审计和数据汇总的问题。具体应根据企业实际情况加以应用。

一般在下列情况时进行账套输出和删除：每月结账前和业务处理结束后；更新软件版本前；硬盘要格式化；会计年度终了进行结账。

输出的同时可选择“删除当前输出账套”，业务工作中请谨慎勾选此功能。

★ 实训操作：

(1) 在“系统管理”主界面中，单击菜单栏“账套 | 输出”，参看图1-4。

(2) 选择要备份的账套号、存放备份文件的文件夹(若要删除该账套，则勾选“删除当前输出账套”)，点击【确认】按钮，如图1-18所示。

(3) 输出成功，弹出“输出成功”提示框，如图1-19所示。

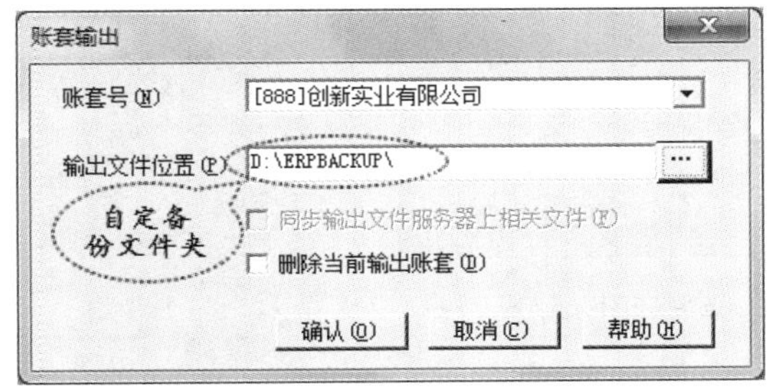

图1-18　选择输出账套

图1-19　保存数据文件

(4) 点击【确定】按钮，完成账套输出。在指定文件夹中将形成两个文件：UfErpAct.Lst、UFDATA.BAK。其中UfErpAct.Lst是账套引导文件，UFDATA.BAK是实际存储数据的文件。

1.2.3　账套引入

账套引入功能是指将系统外某账套(备份)数据引入(恢复)到本系统中。当账套数据遭到破坏时，将最近输出(备份)的账套数据引入到本账套中，尽量保持业务数据完好；同时该功能也有利于集团公司的操作，子公司的账套数据可以定期被引入母公司系统中，以便进行有关账套数据的分析和合并工作。

如系统中存在同号账套将被引入账套覆盖。

★ 实训操作：

(1) 在“系统管理”主界面中，单击菜单栏“账套 | 引入”。

(2) 选择要引入的账套，点击【确定】按钮，如图1-20所示。

(3) 默认账套引入路径提示，点击【确定】按钮，如图1-21所示。

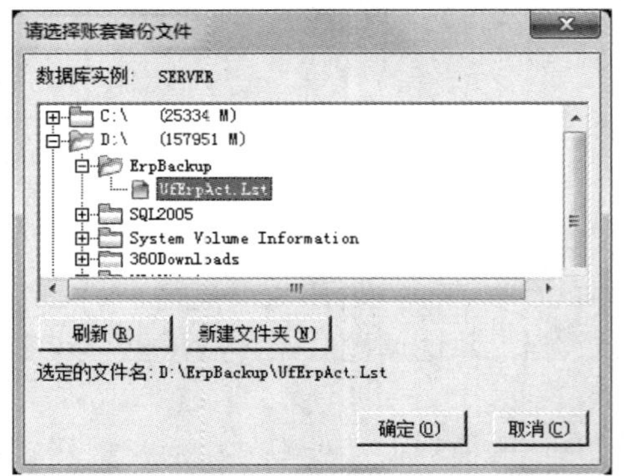

图 1-20　选择账套文件

图 1-21　账套引入路径

(4) 选择账套引入路径，点击【确定】按钮，如图 1-22 所示。

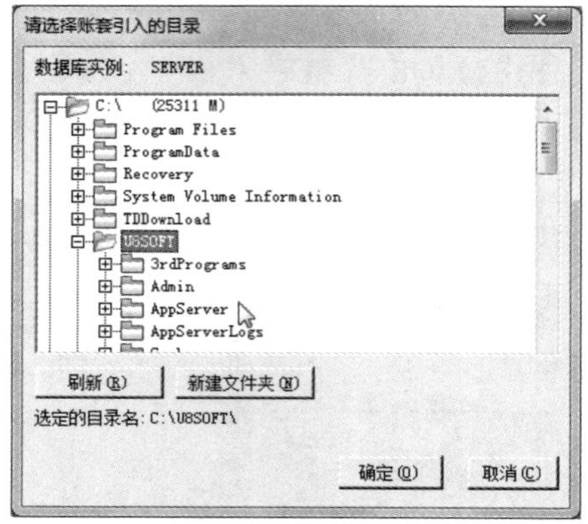

图 1-22　选择账套引入路径

1.2.4　账套修改

当系统管理员建完账套和账套主管建完账套库后，在未使用相关信息的基础上，需要对某些信息进行调整，以便使信息更真实、更准确地反映企业的相关内容时，可以进行适当的调整。

系统管理员无权修改账套库中的信息。只有以账套主管的身份注册，选择相应的账套和登录时间，进入系统管理界面才可以修改其具有权限的账套库中的信息。可修改的信息包括：账套信息、单位信息、核算信息、账套分类信息和数据精度信息。

1.3　用户权限管理

设置了企业账套后，就要对操作员进行岗位分工，对各个岗位的权限进行控制，达到不相容职务相分离的要求。在 U8 的操作员权限设置中有三个级别，最高级别是系统管理员 admin，它拥有所有的权限；第二级别是账套主管，拥有所管账套的所有权限；最低级别是一般操作员。

系统管理员和账套主管都可以进入系统管理模块，但他们进入系统后所具有的权限区别在于：

首先，系统管理员(admin)负责整个系统的安全和维护，而账套主管只负责所管账套的维护工作。

其次，系统管理员(admin)可以进行所有账套的管理，包括账套的新建、输出和引入，以及对账套主管和其他操作员及其权限进行管理。账套主管只能进行所辖账套的修改，对所辖年度内账套的管理，包括年度账套的新建、清空、输出、引入和年末结转，以及该账套所属操作员权限的设置。

再次，只有系统管理员(admin)才有权限对账套主管进行管理，包括新增、修改和删除，以及指定所管理的账套。

最后，系统默认账套主管拥有对所辖账套的所有权限。

系统提供了对“角色”“用户”“权限”三方面管理。

1.3.1　角色管理

U8产品根据企业加强内部控制中权限管理的要求，支持按角色分工管理的理念，加大控制的广度、深度和灵活性。角色是指在企业管理中拥有某一类职能的组织，这个角色组织可以是实际的部门，可以是由拥有同一类职能的人构成的虚拟组织。例如：实际工作中最常见的会计和出纳两个角色(他们可以是一个部门的人员，也可以不是一个部门但工作职能是一样的角色统称)。

设置角色后，可以定义角色的权限，如果用户归属此角色其相应具有角色的权限。此功能的好处是方便控制操作员权限，可以依据职能统一进行权限的划分。本功能可以进行账套中角色的增加、删除、修改等维护工作。

1.3.2　用户管理

用户管理功能主要完成本账套用户的增加、删除、修改等维护工作。设置用户后系统对于登录操作，要进行相关的合法性检查。其作用类似于WINDOWS的用户账号，只有设置了具体的用户之后，才能进行相关的操作。

实例要求增加三个操作员：学员本人(编号为学号末三位、姓名为学员本人姓名)、王萍(负责出纳工作)、李志高(负责凭证审核、记账工作)。

★ **实训操作：**

(1) 在“系统管理”主界面中，单击菜单栏“权限 | 用户”，如图1-23所示。

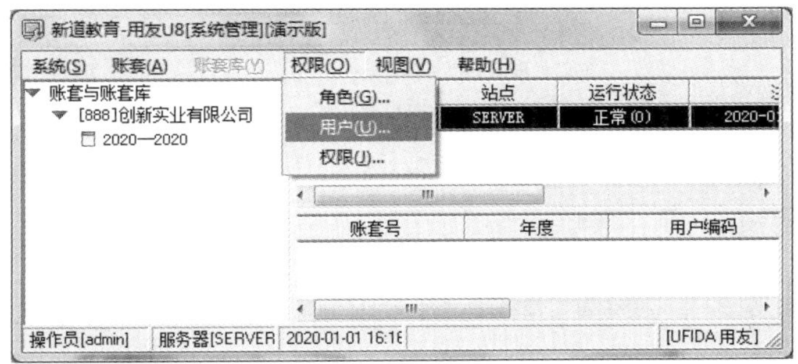

图1-23　用户管理

(2) 单击工具栏【增加】按钮，如图 1-24 所示。

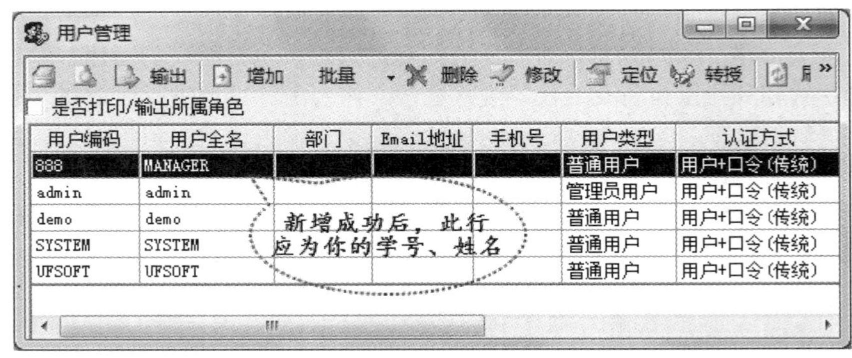

图 1-24　用户管理

(3) 录入操作员详细情况，如图 1-25 所示。

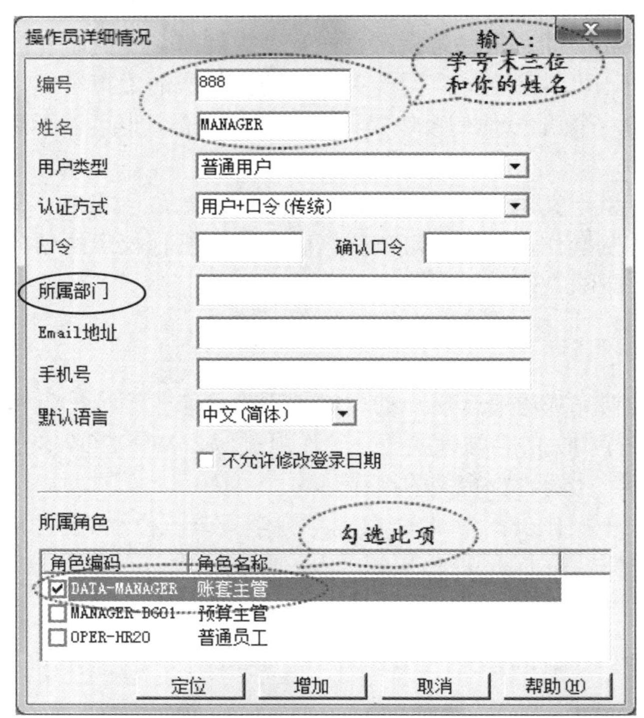

图 1-25　增加操作员

实训时，请用学员学号(末三位)、学员姓名取代“888 MANAGER”的信息；所属角色：账套主管。

点击【增加】按钮，完成操作。

实训说明：

① 编号：必须输入，不能为空，最大不能超过 20 位，不能输入数字、字母、汉字之外的非法字符。

② 姓名：必须输入，不能为空，最大不能超过 20 位，不能输入数字、字母、汉字之

外的非法字符。

③ 用户类型：选择该用户的类型，是普通用户还是管理员用户，默认为“普通用户”。

④ 口令：可以为空，最长不能超过20位，输入时以隐含符号“*”代替输入信息。

⑤ 所属部门：可以为空，最大不能超过20位，不能输入非法字符。

⑥ 不允许修改登录日期：勾选此项后，该用户登录门户时不能修改日期，强制要求操作员以正常时间处理业务，从而规避一些风险，比如，通过滞后制单享受已过期的价格优惠。

⑦ 所属角色：可不选；选择角色后，该用户将自动获得该角色具有的全部权限。

◆ **自行练习：**

(1) 新增操作员：编号“WP ”、姓名“王萍”、所属角色“不选”。该操作员负责出纳工作。

(2) 新增操作员：编号“LZG ”、姓名“李志高”、所属角色“不选”。该操作员负责凭证审核与记账工作。

1.3.3 权限设置

随着经济的发展，用户对管理要求不断变化、提高，越来越多的信息都表明权限管理必须向更细、更深的方向发展。用友U8提供集中权限管理，除了提供用户对各模块操作的权限之外，还相应地提供了金额的权限管理和对于数据的字段级和记录级的控制，不同的组合方式将为企业的控制提供有效的方法。用友U8可以实现三个层次的权限管理。

第一，功能级权限管理。该权限将提供划分更为细致的功能级权限管理功能，包括各功能模块相关业务的查看和分配权限。

第二，数据级权限管理。该权限可以通过两个方面进行权限控制，一个是字段级权限控制，另一个是记录级权限控制。

第三，金额级权限管理。该权限主要用于完善内部金额控制，实现对具体金额数量划分级别，对不同岗位和职位的操作员进行金额级别控制，限制他们制单时可以使用的金额数量，不涉及内部系统控制的不在管理范围内。

功能权限的分配在系统管理中的权限分配设置，数据权限和金额权限在“企业门户|系统服务|数据权限”中进行分配。对于数据级权限和金额级的设置，必须是在系统管理的功能权限分配之后才能进行。

★ **实训操作：**

1. 设置用户“王萍”的权限

(1) 单击“权限 | 权限”，打开“操作员权限”窗口。单击选中左边窗口中的操作员“WP 王萍”。

(2) 单击工具栏【修改】按钮，勾选“王萍”的操作权限：出纳签字、出纳，如图1-26所示。

(3) 单击工具栏【保存】按钮。

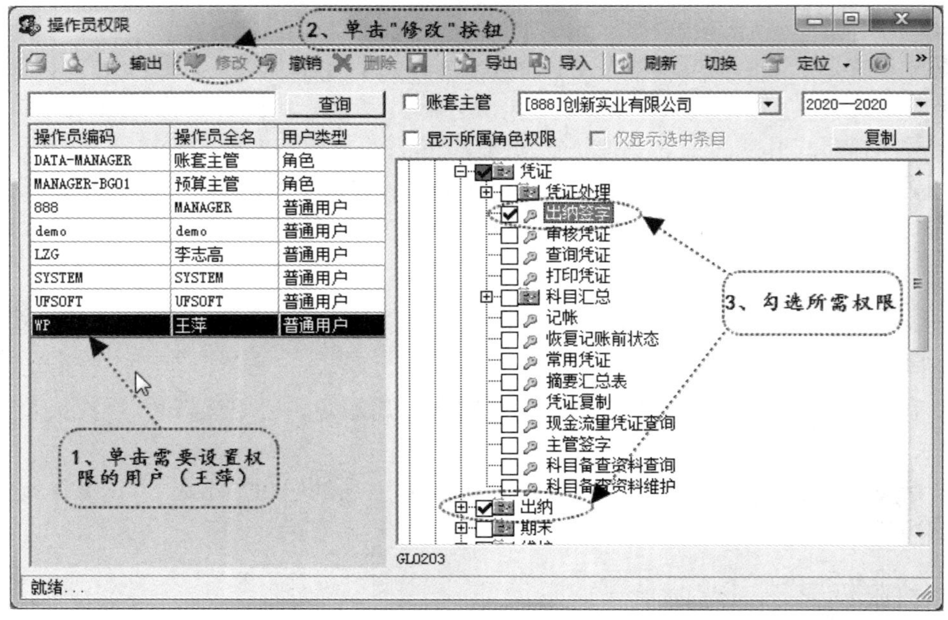

图 1-26 设置操作员王萍权限

2. 设置操作员“LZG 李志高”的权限

根据以上方法，设置操作员“LZG 李志高”的操作权限：审核凭证、查询凭证、记账、恢复记账前状态。完成后，保存退出。

1.4 视 图

单击菜单栏“视图”，可以对当前账套进行“清除异常任务”“清除选定任务”“清除所有任务”“清除单据锁定”等操作，如图 1-27 所示。

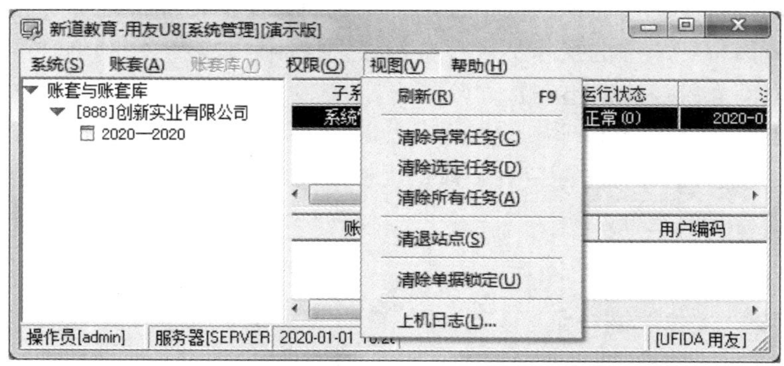

图 1-27 视图

1. 清除任务

系统除了提供手动进行异常任务的清除之外，还提供了增强自动处理异常任务的能力，不用每次必须由系统管理员登录系统管理后手工清除。用户在使用过程中，可在 U8 服务管理器中设置服务端异常和服务端失效的时间，提高使用中的安全性和高效性。如果用户服务端超过异常限制时间未工作或由于不可预见的原因非法退出某系统，则视此为异常任务，在系统管理主界面显示“运行状态异常”，系统会在到达服务端失效时间时，自动清除异常任务。在等待时间内，用户也可选择“清除异常任务”菜单，自行删除异常任务。

清除异常任务：

(1) 用户以系统管理员或有权限的管理员用户身份注册进入系统管理。

(2) 点击“视图”下级菜单中“清除异常任务”即可执行，清除异常任务的同时也会清除该任务所占的加密点。

清除所有任务：提供清除当前界面所见的所有任务的功能，点击按钮清除所有任务。

清除选定任务：提供手动清除任务功能。选择要清除的任务，点击“清除选定任务”，强制结束该任务(不释放该任务占用的授权点数)。

2. 清除单据锁定

在使用过程中由于不可预见的原因可能会造成单据锁定，此时单据的正常操作将不能使用，此时使用“清除单据锁定”功能，将恢复正常功能的使用。

3. 清退站点

系统管理员或有权限的管理员用户可以选定客户端手动清除任务，同时释放该客户端所占的所有产品许可。

4. 上机日志

为了保证系统的安全运行，系统随时对各个产品或模块的每个操作员的上下机时间、操作的具体功能等情况都进行登记，形成上机日志，以便使所有的操作都有所记录、有迹可寻。

5. 刷新

系统管理一个很重要的用途就是对各个子系统的运行实施适时的监控。为此，系统将正在登录到系统管理的子系统及其正在执行的功能在界面上列示出来，以便于系统管理员用户或账套主管用户进行监控。如果需要看最新的系统内容，就需要启用刷新功能来适时刷新功能列表的内容。

第2章　基础设置

本章主要内容是设置基础档案、业务内容及会计科目。设置基础档案就是把手工资料经过加工整理，根据本单位建立信息化管理的需要，建立软件系统应用平台，是手工业务的延续和提高。

基础设置的主要内容及工作流程如图 2-1 所示。

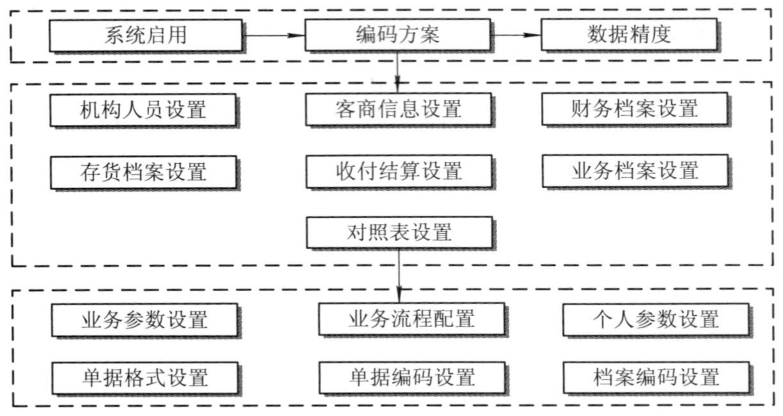

图 2-1　基础设置的主要内容及工作流程图

★ **实训操作：**

(1) 单击“开始｜程序｜用友 U8V10.1｜企业应用平台”或双击桌面“企业应用平台”图标，打开“企业应用平台”登录窗口，如图 2-2 所示。

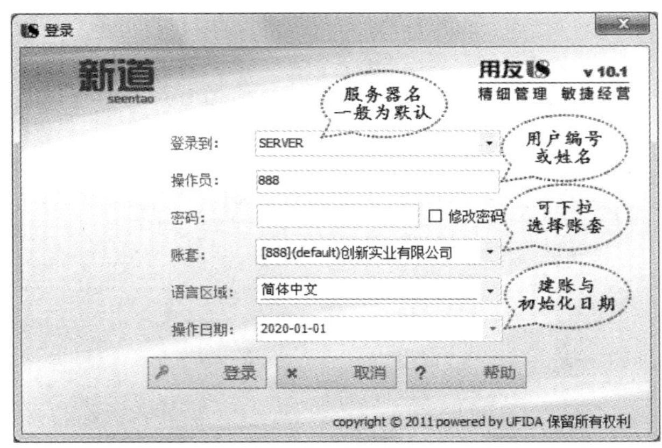

图 2-2　企业应用平台登录

(2) 点击【登录】按钮，进入“企业应用平台”主界面，如图2-3所示。

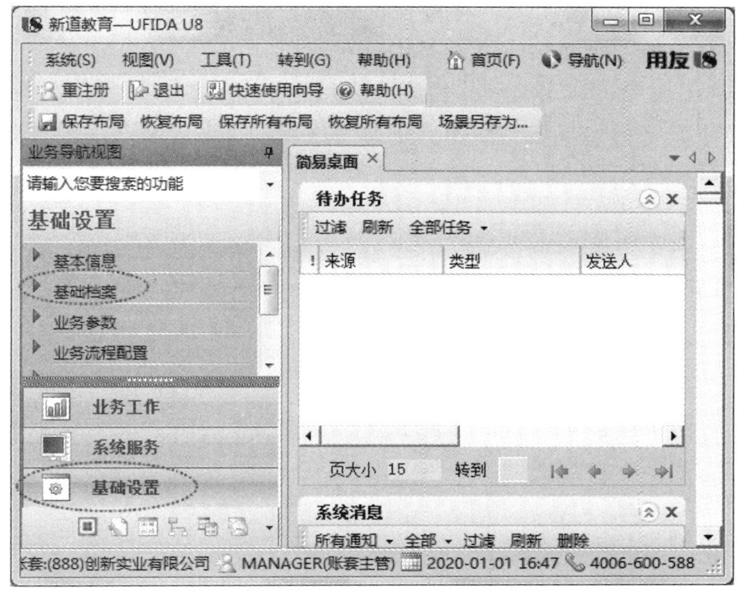

图2-3　企业应用平台

(3) 单击“业务导航视图”中的“基础设置”页签。

2.1　基 本 信 息

基本信息包括系统启用、编码方案、数据精度设置。这些设置已在第1章中完成，如需修改，参考第1章的图1-15、图1-12、图1-13所示信息。

2.2　基 础 档 案

本系统的主要内容就是设置基础档案、业务内容及会计科目。设置基础档案是把手工资料经过加工整理，根据本单位建立信息化管理的需要，建立软件系统应用平台，是手工业务的延续和提高。

基础档案包括：

(1) 机构人员：本单位信息、部门档案、人员档案、人员类别、职务档案、岗位档案。

(2) 客商信息：地区分类、行业分类、供应商分类、供应商档案、客户分类、客户级别、客户联系人档案、客户档案、存货维护申请。

(3) 存货：存货分类、计量单位、存货档案。

(4) 财务：会计科目、凭证类别、外币设置、项目目录、备查科目设置、成本中心、成本中心对照、成本中心组。

(5) 收付结算：结算方式、付款条件、银行档案、本单位开户银行、收付款协议档案。

(6) 业务：仓库档案、收发类别、销售类型、费用项目分类、费月项目、发运方式、

批次档案、需求分类、ATP 模拟方案定义。

(7) 对照表：仓库存货对照表、存货货位对照表、供应商存货对照表、客户存货对照表、单据类型与收付类别对照表、存货自由项对照表。

(8) 其他：常用摘要、自定义项、自定义表结构。

基础档案的增加、删除、修改均在“企业应用平台｜基础设置｜基础档案”下完成。

2.2.1　外币设置

汇率管理是专为外币核算服务的。在填制凭证时所用的汇率应先在此进行定义，以便制单时调用，减少录入汇率的次数和差错。当汇率变化时，应预先在此进行定义，否则，制单时不能正确录入汇率。

对于使用固定汇率(即使用月初或年初汇率)作为记账汇率的用户，在填制每月的凭证前，应预先在此录入该月的记账汇率，否则在填制该月外币凭证时，将会出现汇率为零的错误。

对于使用变动汇率(即使用当日汇率)作为记账汇率的用户，在填制该天的凭证前，应预先在此录入该天的记账汇率。

◇ 实训资料：

创新实业有限公司设计的外币信息见表 2-1。

表 2-1　外　　币

币符	币名	记账汇率	折算方式	汇率小数位	汇率类型
HKD	港币	0.85	外币 * 汇率 = 本位币	5	固定汇率
USD	美元	6.65	外币 * 汇率 = 本位币	5	固定汇率

★ 实训操作：

(1) 双击“财务｜外币设置”，打开“外币设置”窗口，如图 2-4 所示。

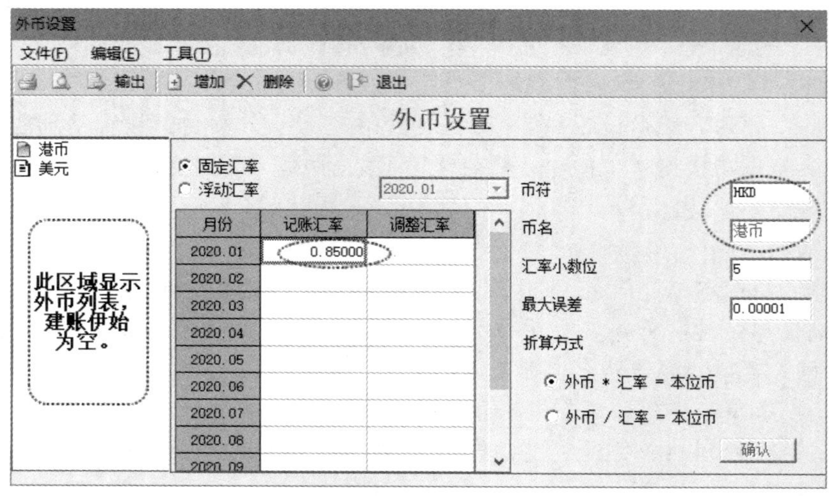

图 2-4　外币设置

(2) 单击工具栏【增加】按钮，录入“币符”“币名”。

(3) 点击【确认】按钮，录入“记账汇率”。

(4) 将表 2-1 中“港币”“美元”等外币设置完成后，单击工具栏【退出】按钮。

2.2.2　指定科目和修改、增加会计科目

指定科目是指指定现金、银行存款科目供出纳管理使用。在查询库存现金、银行存款日记账前，必须指定现金、银行存款总账科目。

账套建立后，系统只预置了大部分常用一级会计科目。根据企业的需要，可以对会计科目进行增加、修改和删除处理。

◇ **实训资料：**

(1) 指定科目：现金总账科目“1001 库存现金”、银行总账科目“1002 银行存款”。

(2) 会计科目表见表 2-2。

表 2-2　会 计 科 目 表

序号	类型	科目编码	科目名称	外币币种	辅助核算受控系统	余额方向
1	资产	1001	库存现金			借
2	资产	100101	人民币			借
3	资产	100102	港币	港币		借
4	资产	100103	美元	美元		借
5	资产	1002	银行存款			借
6	资产	100201	南山工行			借
7	资产	10020101	人民币			借
8	资产	10020102	美元	美元		借
9	资产	100202	蛇口招行			借
10	资产	10020201	人民币			借
11	资产	10020202	港币	港币		借
12	资产	1003	存放中央银行款项			借
13	资产	1011	存放同业			借
14	资产	1012	其他货币资金			借
15	资产	101201	银行汇票			借
16	资产	101202	银行本票			借
17	资产	101203	信用证	美元		借
18	资产	101204	外埠存款			借
19	资产	101205	存出投资款			借
20	资产	1021	结算备付金			借
21	资产	1031	存出保证金			借
22	资产	1101	交易性金融资产			借

续表一

序号	类型	科目编码	科目名称	外币币种	辅助核算 受控系统	余额方向
23	资产	110101	股票			借
24	资产	110102	债券			借
25	资产	110103	基金			借
26	资产	1111	买入返售金融资产			借
27	资产	1121	应收票据		客户往来 应收系统	借
28	资产	1122	应收账款			借
29	资产	112201	人民币客户		客户往来 应收系统	借
30	资产	112202	美元客户	美元	客户往来 应收系统	借
31	资产	1123	预付账款		供应商往来 应付系统	借
32	资产	1131	应收股利			借
33	资产	1132	应收利息			借
34	资产	1201	应收代位追偿款			借
35	资产	1211	应收分保账款			借
36	资产	1212	应收分保合同准备金			借
37	资产	1221	其他应收款			借
38	资产	122101	差旅费		个人往来	借
39	资产	122102	代垫运杂费		客户往来 应收系统	借
40	资产	122103	代付社保			借
41	资产	122104	代付住房公积金			借
42	资产	1231	坏账准备			贷
43	资产	1301	贴现资产			借
44	资产	1302	拆出资金			借
45	资产	1303	贷款			借
46	资产	1304	贷款损失准备			贷
47	资产	1311	代理兑付证券			借
48	资产	1321	代理业务资产			借
49	资产	1401	材料采购			借
50	资产	1402	在途物资			借

续表二

序号	类型	科目编码	科目名称	外币币种	辅助核算受控系统	余额方向
51	资产	1403	原材料		存货核算系统	借
52	资产	1404	材料成本差异			借
53	资产	1405	库存商品		存货核算系统	借
54	资产	1406	发出商品			借
55	资产	1407	商品进销差价			贷
56	资产	1408	委托加工物资			借
57	资产	1411	周转材料		存货核算系统	借
58	资产	1421	消耗性生物资产			借
59	资产	1431	贵金属			借
60	资产	1441	抵债资产			借
61	资产	1451	损余物资			借
62	资产	1461	融资租赁资产			借
63	资产	1471	存货跌价准备			贷
64	资产	1501	持有至到期投资			借
65	资产	150101	债券投资			借
66	资产	150102	其他债券投资			借
67	资产	1502	持有至到期投资减值准备			贷
68	资产	1503	可供出售金融资产			借
69	资产	1511	长期股权投资			借
70	资产	151101	股票投资			借
71	资产	151102	其他股权投资			借
72	资产	1512	长期股权投资减值准备			贷
73	资产	1521	投资性房地产			借
74	资产	1531	长期应收款			借
75	资产	1532	未实现融资收益			贷
76	资产	1541	存出资本保证金			借
77	资产	1601	固定资产			借
78	资产	1602	累计折旧			贷
79	资产	1603	固定资产减值准备			贷
80	资产	1604	在建工程			借
81	资产	160401	生产厂房			借
82	资产	160402	机器设备			借

续表三

序号	类型	科目编码	科目名称	外币币种	辅助核算受控系统	余额方向
83	资产	1605	工程物资			借
84	资产	160501	专用材料			借
85	资产	160502	专用设备			借
86	资产	160503	预付大型设备款			借
87	资产	160504	为生产准备的工具及器具			借
88	资产	1606	固定资产清理			借
89	资产	1611	未担保余值			借
90	资产	1621	生产性生物资产			借
91	资产	1622	生产性生物资产累计折旧			贷
92	资产	1623	公益性生物资产			借
93	资产	1631	油气资产			借
94	资产	1632	累计折耗			贷
95	资产	1701	无形资产			借
96	资产	170101	土地使用权			借
97	资产	1702	累计摊销			贷
98	资产	170201	土地使用权摊销			贷
99	资产	1703	无形资产减值准备			贷
100	资产	1711	商誉			借
101	资产	1801	长期待摊费用			借
102	资产	1811	递延所得税资产			借
103	资产	1821	独立账户资产			借
104	资产	1901	待处理财产损益			借
105	资产	190101	待处理流动资产损益			借
106	资产	190102	待处理固定资产损益			借
107	负债	2001	短期借款			贷
108	负债	2002	存入保证金			贷
109	负债	2003	拆入资金			贷
110	负债	2004	向中央银行借款			贷
111	负债	2011	吸收存款			贷
112	负债	2012	同业存放			贷
113	负债	2021	贴现负债			贷
114	负债	2101	交易性金融负债			贷

续表四

序号	类型	科目编码	科目名称	外币币种	辅助核算受控系统	余额方向
115	负债	2111	卖出回购金融资产款			借
116	负债	2201	应付票据		供应商往来 应付系统	贷
117	负债	2202	应付账款			贷
118	负债	220201	人民币供应商		供应商往来 应付系统	贷
119	负债	220202	美元供应商	美元	供应商往来 应付系统	贷
120	负债	220203	暂估入库		供应商往来	贷
121	负债	2203	预收账款		客户往来 应收系统	贷
122	负债	2211	应付职工薪酬			贷
123	负债	221101	工资			贷
124	负债	2221	应交税费			贷
125	负债	222101	应交增值税			贷
126	负债	22210101	进项税额			贷
127	负债	22210102	已交税金			贷
128	负债	22210103	减免税额			贷
129	负债	22210104	销项税额			贷
130	负债	22210105	出口退税			贷
131	负债	22210106	进项税额转出			贷
132	负债	22210107	出口抵减内销产品应纳税额			贷
133	负债	222102	应交营业税			贷
134	负债	222103	应交消费税			贷
135	负债	222104	应交资源税			贷
136	负债	222105	应交所得税			贷
137	负债	222106	应交土地增值税			贷
138	负债	222107	应交城市维护建设税			贷
139	负债	222108	应交房产税			贷
140	负债	222109	应交土地使用税			贷
141	负债	222110	应交车船使用税			贷
142	负债	222111	应交个人所得税			贷

续表五

序号	类型	科目编码	科目名称	外币币种	辅助核算受控系统	余额方向
143	负债	222112	应交教育费附加			贷
144	负债	2231	应付利息			贷
145	负债	2232	应付股利			贷
146	负债	223201	亚新实业			贷
147	负债	223202	东大电子			贷
148	负债	2241	其他应付款			贷
149	负债	224101	职工福利费			贷
150	负债	224102	工会经费			贷
151	负债	224103	职工教育经费			贷
152	负债	224104	社会保险			贷
153	负债	22410401	个人			贷
154	负债	22410402	企业			贷
155	负债	224105	住房公积金			贷
156	负债	22410501	个人			贷
157	负债	22410502	企业			贷
158	负债	224110	包装物押金		客户往来	贷
159	负债	224111	物业费			贷
160	负债	2251	应付保单红利			贷
161	负债	2261	应付分保账款			贷
162	负债	2311	代理买卖证券款			贷
163	负债	2312	代理承销证券款			贷
164	负债	2313	代理兑付证券款			贷
165	负债	2314	代理业务负债			贷
166	负债	2401	递延收益			贷
167	负债	2501	长期借款			贷
168	负债	2502	应付债券			贷
169	负债	2601	未到期责任准备金			贷
170	负债	2602	保险责任准备金			贷
171	负债	2611	保户储金			贷
172	负债	2621	独立账户负债			借
173	负债	2701	长期应付款			贷
174	负债	2702	未确认融资费用			借

续表六

序号	类型	科目编码	科目名称	外币币种	辅助核算受控系统	余额方向
175	负债	2711	专项应付款			贷
176	负债	2801	预计负债			贷
177	负债	2901	递延所得税负债			贷
178	共同	3001	清算资金往来			借
179	共同	3002	货币兑换			借
180	共同	3101	衍生工具			借
181	共同	3201	套期工具			借
182	共同	3202	被套期项目			借
183	权益	4001	实收资本			贷
184	权益	400101	亚新实业			贷
185	权益	400102	东大电子			贷
186	权益	4002	资本公积			贷
187	权益	400201	资本(或股本)溢价			贷
188	权益	4101	盈余公积			贷
189	权益	410101	法定盈余公积			贷
190	权益	410102	任意盈余公积			贷
191	权益	4102	一般风险准备			贷
192	权益	4103	本年利润			贷
193	权益	4104	利润分配			贷
194	权益	410401	其他转入			贷
195	权益	410402	提取法定盈余公积			贷
196	权益	410403	提取任意盈余公积			贷
197	权益	410404	应付普通股利或利润			贷
198	权益	410405	未分配利润			贷
199	权益	4201	库存股			借
200	成本	5001	生产成本			借
201	成本	500101	基本生产成本			借
202	成本	50010101	A 产品			借
203	成本	5001010101	直接材料			借
204	成本	5001010102	工资薪酬			借
205	成本	5001010103	制造费用			借
206	成本	5001010199	成本结转			借

续表七

序号	类型	科目编码	科目名称	外币币种	辅助核算受控系统	余额方向
207	成本	50010102	B 产品			借
208	成本	5001010201	直接材料			借
209	成本	5001010202	工资薪酬			借
210	成本	5001010203	制造费用			借
211	成本	5001010299	成本结转			借
212	成本	500102	辅助生产成本			借
213	成本	50010201	物料消耗			借
214	成本	50010202	工资薪酬			借
215	成本	50010203	折旧费			借
216	成本	50010204	水电费			借
217	成本	50010299	辅助生产成本结转			借
218	成本	5101	制造费用			借
219	成本	510101	物料消耗			借
220	成本	510102	工资薪酬			借
221	成本	510103	折旧费			借
222	成本	510104	办公费			借
223	成本	510105	水电费			借
224	成本	510106	修理费			借
225	成本	510199	制造费用结转			借
226	成本	5201	劳务成本			借
227	成本	5301	研发支出			借
228	成本	5401	工程施工			借
229	成本	5402	工程结算			贷
230	成本	5403	机械作业			借
231	损益	6001	主营业务收入			贷
232	损益	600101	A 产品			贷
233	损益	600102	B 产品			贷
234	损益	6011	利息收入			贷
235	损益	6021	手续费及佣金收入			贷
236	损益	6031	保费收入			贷
237	损益	6041	租赁收入			贷
238	损益	6051	其他业务收入			贷

续表八

序号	类型	科目编码	科目名称	外币币种	辅助核算受控系统	余额方向
239	损益	605101	材料销售			贷
240	损益	6061	汇兑损益			贷
241	损益	6101	公允价值变动损益			贷
242	损益	6111	投资收益			贷
243	损益	6201	摊回保险责任准备金			贷
244	损益	6202	摊回赔付支出			贷
245	损益	6203	摊回分保费用			贷
246	损益	6301	营业外收入			贷
247	损益	6401	主营业务成本			借
248	损益	640101	A产品			借
249	损益	640102	B产品			借
250	损益	6402	其他业务成本			借
251	损益	6403	营业税金及附加			借
252	损益	6411	利息支出			借
253	损益	6421	手续费及佣金支出			借
254	损益	6501	提取未到期责任准备金			借
255	损益	6502	提取保险责任准备金			借
256	损益	6511	赔付支出			借
257	损益	6521	保单红利支出			借
258	损益	6531	退保金			借
259	损益	6541	分出保费			借
260	损益	6542	分保费用			借
261	损益	6601	销售费用			借
262	损益	660101	工资薪酬			借
263	损益	660102	职工福利费			借
264	损益	660103	工会经费			借
265	损益	660104	社会保险			借
266	损益	66010401	个人			借
267	损益	66010402	企业			借
268	损益	660105	住房公积金			借
269	损益	66010501	个人			借
270	损益	66010502	企业			借

续表九

序号	类型	科目编码	科目名称	外币币种	辅助核算受控系统	余额方向
271	损益	660106	折旧费			借
272	损益	660107	水电费			借
273	损益	660108	物业费			借
274	损益	660109	业务招待费			借
275	损益	660110	办公费			借
276	损益	660111	差旅费			借
277	损益	660116	广告费			借
278	损益	660117	运杂费			借
279	损益	660118	坏账准备			借
280	损益	660199	销售费用结转			借
281	损益	6602	管理费用			借
282	损益	660201	工资薪酬			借
283	损益	660202	职工福利费			借
284	损益	660203	工会经费			借
285	损益	660204	社会保险			借
286	损益	66020401	个人			借
287	损益	66020402	企业			借
288	损益	660205	住房公积金			借
289	损益	66020501	个人			借
290	损益	66020502	企业			借
291	损益	660206	折旧费			借
292	损益	660207	水电费			借
293	损益	660208	物业费			借
294	损益	660209	业务招待费			借
295	损益	660210	办公费			借
296	损益	660211	差旅费			借
297	损益	660216	无形资产摊销			借
298	损益	660217	修理费			借
299	损益	660299	管理费用结转			借
300	损益	6603	财务费用			借
301	损益	660301	利息支出			借
302	损益	660302	手续费			借

续表十

序号	类型	科目编码	科目名称	外币币种	辅助核算受控系统	余额方向
303	损益	660303	汇兑损益			借
304	损益	660304	现金折扣			借
305	损益	660399	财务费用结转			借
306	损益	6604	勘探费用			借
307	损益	6701	资产减值损失			借
308	损益	6711	营业外支出			借
309	损益	671101	清理固定资产损失			借
310	损益	671102	捐赠			借
311	损益	6801	所得税费用			借
312	损益	6901	以前年度损益调整			借

★ 实训操作：

1. 指定会计科目

(1) 双击“财务丨会计科目”，打开“会计科目”窗口，如图2-5所示。

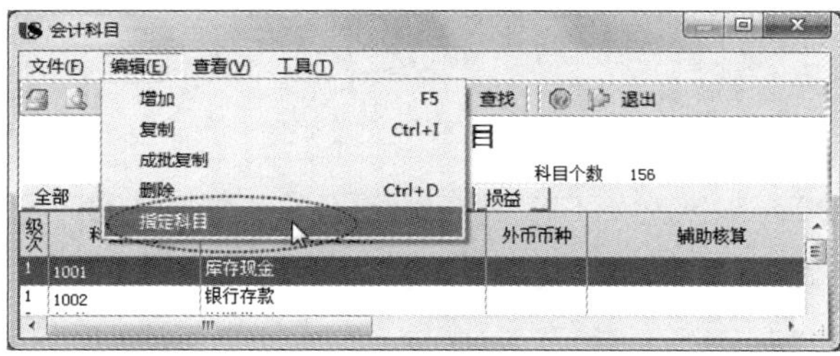

图2-5 会计科目

(2) 单击菜单栏“编辑|指定科目”命令，弹出“指定科目”窗口。

(3) 点击“ > ”按钮将“1001 库存现金”从“待选科目”窗口选入“已选科目”窗口，如图2-6所示。

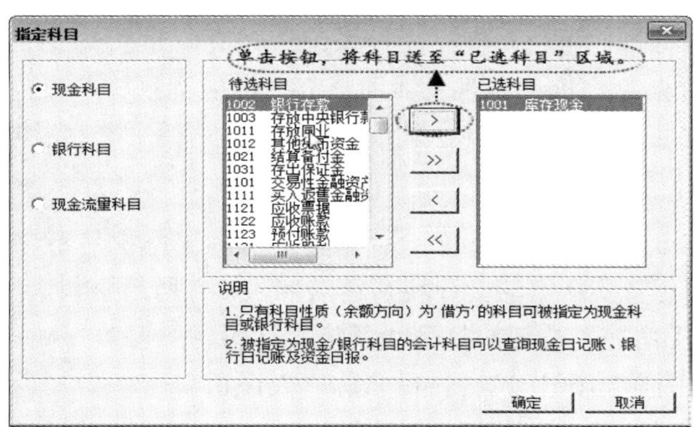

图2-6 指定科目

(4) 单击选中窗口左侧“银行科目”选项，点击“ > ”按钮将“1002 银行存款”从“待选科目”窗口选入“已选科目”窗口。

(5) 点击【确定】按钮，完成操作。

2. 修改会计科目

(1) 在“会计科目”窗口中，双击会计科目“1121 应收票据”(或选中后，再单击工具栏【修改】按钮)，打开“会计科目__修改”窗口。

(2) 点击窗口右下角【修改】按钮，就可以进入修改状态了。

(3) 单击勾选“辅助核算”之“客户往来”选项，“受控系统”默认为“应收系统”，如图 2-7 所示。

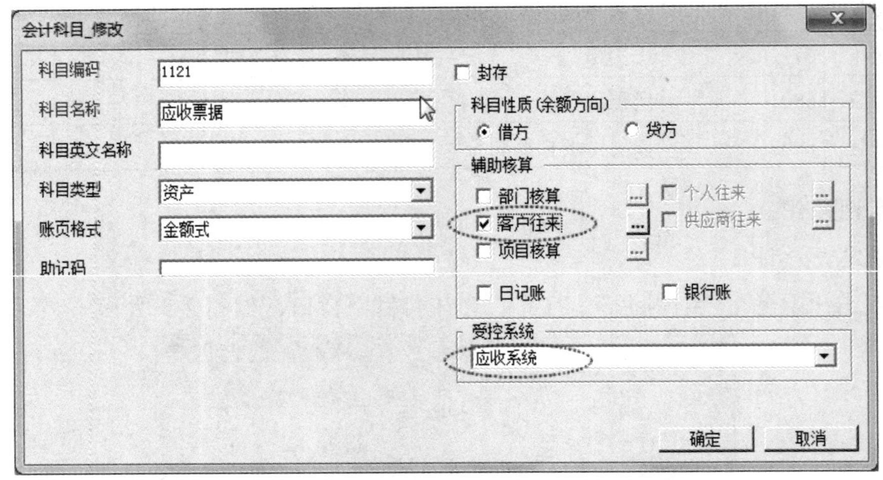

图 2-7　会计科目修改

(4) 点击【确定】、【返回】按钮。

参照以上操作方法继续修改以下科目：

(1) “1123 预付账款”科目属性：辅助核算“供应商往来”、受控系统“应付系统”。

(2) “1403 原材料”科目属性：受控系统“存货核算系统”。

(3) “1405 库存商品”科目属性：受控系统“存货核算系统”。

(4) “1411 周转材料”科目属性：受控系统“存货核算系统”。

(5) “2201 应付票据”科目属性：辅助核算“供应商往来”、受控系统“应付系统”。

(6) “2203 预收账款”科目属性：辅助核算 “客户往来”、受控系统“应收系统”。

3. 增加会计科目

本账套在建账之初已预置了 156 个会计科目，实际工作中是不够的，需要用户自行增加所需科目。实训账套需要新增的会计科目请对照表 2-2 所给资料。

(1) 单击工具栏【增加】按钮，打开“新增会计科目”窗口，如图 2-8 所示。

(2) 录入：科目编码“100101”、科目名称“人民币”。

(3) 点击【确定】按钮，完成科目的增加。

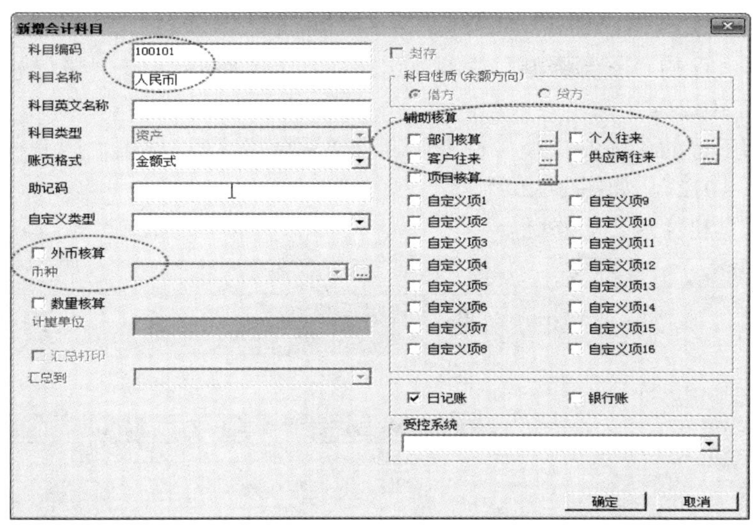

图 2-8　新增会计科目

◆ **自行练习：**

(1) 对照表 2-2 所给资料，完成新科目的增加。

(2) 全部新增完毕后，点击【关闭】按钮，返回“会计科目”窗口。

(3) 单击“会计科目”窗口工具栏【退出】按钮。

操作说明：

① 有些科目需要进行外币核算，则要勾选图中“外币核算”选项，选择具体币种，如图 2-9 所示。

② 有些科目需要进行辅助核算，如“应收账款-人民币客户”要根据“客户往来”进行辅助核算，则要勾选图中“外币核算”之“客户往来”单选项，如图 2-10 所示。

图 2-9　外币核算

图 2-10　辅助核算

2.2.3　凭证类别设置

根据企业业务的具体需求，可将凭证按不同方式进行分类预置，并设置不同类别凭证的限制科目。

★ **实训操作：**

(1) 双击“财务｜凭证类别”，打开“凭证类别预置”窗口，选中“收款凭证 付款凭证 转账凭证”，如图 2-11 所示。

(2) 点击【确定】按钮，打开“凭证类别”设置窗口。

(3) 单击工具栏【修改】按钮。

(4) 双击第一行的“限制类型”栏参照选择“借方必有”；单击“限制科目”栏，录入

"1001，1002，1012"。

(5) 双击第二行的"限制类型"栏参照选择"贷方必有"；单击"限制科目"栏，录入"1001，1002，1012"。

(6) 双击第三行的"限制类型"栏参照选择"凭证必无"；单击"限制科目"栏，录入"1001，1002，1012"。如图 2-12 所示。

(7) 单击工具栏【退出】按钮。

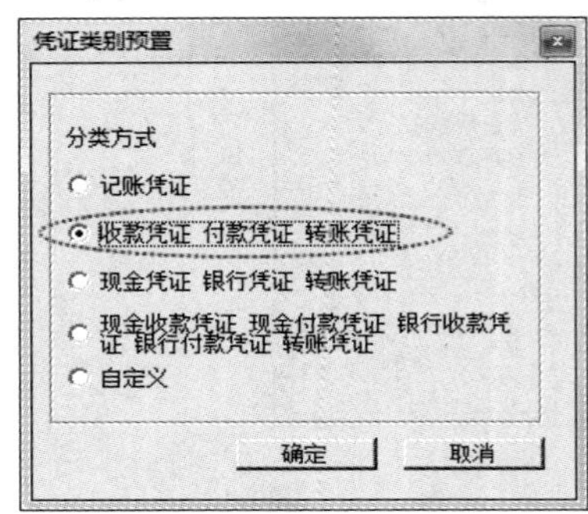

图 2-11　凭证类别预置

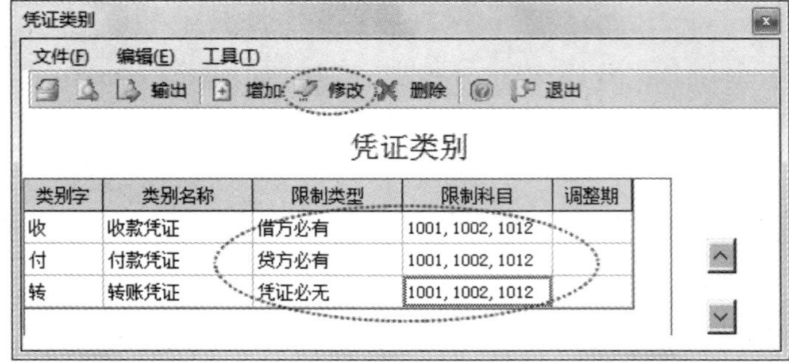

图 2-12　凭证类别预置-限制科目设置

2.2.4　部门档案设置

设置企业各个职能部门的信息，部门指某使用单位下辖的具有分别进行财务核算或业务管理要求的单元体，可以是实际中的部门机构，也可以是虚拟的核算单元(如表 2-3 中的"车间管理"部门)。

◇ **实训资料：**

创新实业有限公司部门档案见表 2-3。

表 2-3　部 门 设 置

部门编码		部 门 名 称
一级	二级	
01		企管部
02		财务部
03		销售部
04		采购部
05		基本生产车间
	051	A 产品生产车间
	052	B 产品生产车间
	053	车间管理
06		辅助生产车间
07		基建队
08		医务室

★ **实训操作：**

(1) 双击"机构人员｜部门档案"，进入"部门档案"设置页面。

(2) 单击工具栏【增加】按钮，录入：部门编码"01"、部门名称"企管部"，如图 2-13 所示。

(3) 单击工具栏【保存】按钮。

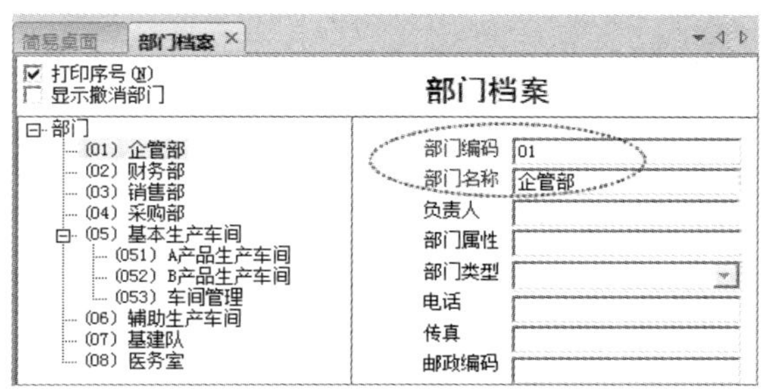

图 2-13　部门设置

◆ **自行练习：**

完成表 2-3 中的各部门的编码、名称等信息；完成后，关闭"部门档案"页面。

操作说明：

① 录入一级部门，请单击图示中"部门"；录入二级部门，请单击图示中一级部门。

② 保存后部门编码不可修改，其他信息可以修改。

③ 在未被其他对象引用的情况下，可以删除部门。

2.2.5　人员类别设置

对企业的人员类别进行分类设置和管理。一般是按树形层次结构进行分类，系统预置在职人员、离退人员、离职人员和其他人员四类顶级类别，用户可以自定义扩充人员子类别。

◇ **实训资料：**

创新实业有限公司人员类别见表 2-4。

表 2-4　人 员 类 别

档案编码	上级类别	档案名称
1011	正式工	企业管理人员
1012	正式工	销售人员
1013	正式工	采购人员
1014	正式工	A 产品生产人员
1015	正式工	B 产品生产人员
1016	正式工	车间管理人员
1017	正式工	辅助生产人员
1018	正式工	基建人员
1019	正式工	福利人员

★ **实训操作：**

(1) 双击“机构人员 | 人员类别”，打开“人员类别”窗口。

(2) 单击左侧窗口中“正式工”条目。

(3) 单击工具栏【增加】按钮，弹出“增加档案项”窗口，录入：档案编码“1011”、档案名称“企业管理人员”，如图 2-14 所示。

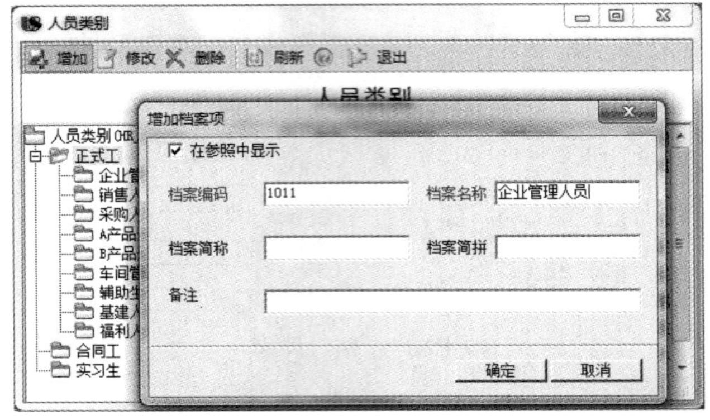

图 2-14　人员类别设置

(4) 点击【确定】按钮。

◆ **自行练习：**

录入表 2-4 中人员类别档案。完成后单击工具栏【退出】按钮。

2.2.6　人员档案设置

设置企业各职能部门中需要进行核算和业务管理的职员信息，必须先设置好部门档案才能在这些部门下设置相应的职员档案。

◇ **实训资料：**

创新实业有限公司人员档案见表 2-5。

表 2-5　人 员 档 案

人员编码	姓名	行政部门	人员类别	性别	银行	账号	操作员	业务员/营业员	业务或费用部门编码
1001	王文明	企管部	企业管理人员	男	招商银行	9555507550850001		√	企管部
1002	江涛	企管部	企业管理人员	男	招商银行	9555507550850002		√	企管部
1003	曾小梅	企管部	企业管理人员	女	招商银行	9555507550850003		√	企管部
2001	陈立仁	财务部	企业管理人员	男	招商银行	9555507550850004	√	√	财务部
2002	王萍	财务部	企业管理人员	女	招商银行	9555507550850005	√	√	财务部
2003	李志高	财务部	企业管理人员	男	招商银行	9555507550850006	√	√	财务部
3001	姜玲	销售部	销售人员	女	招商银行	9555507550850009		√/√	销售部
3002	孙婧婧	销售部	销售人员	女	招商银行	9555507550850010		√/√	销售部
4001	张爱国	采购部	采购人员	男	招商银行	9555507550850007		√	采购部
4002	肖志媛	采购部	采购人员	女	招商银行	9555507550850008		√	采购部

续表

人员编码	姓名	行政部门	人员类别	性别	银行	账号	操作员	业务员/营业员	业务或费用部门编码
5001	王林业	A 产品生产车间	A 产品生产人员	男	招商银行	9555507550850011			
5002	李永庆	A 产品生产车间	A 产品生产人员	男	招商银行	9555507550850012			
5003	陈建设	A 产品生产车间	A 产品生产人员	男	招商银行	9555507550850013			
5004	陈晓燕	B 产品生产车间	B 产品生产人员	女	招商银行	9555507550850014			
5005	张文钊	B 产品生产车间	B 产品生产人员	男	招商银行	9555507550850015			
5006	潘庆云	车间管理	车间管理人员	男	招商银行	9555507550850016			
5007	柯云湘	车间管理	车间管理人员	女	招商银行	9555507550850017			
6001	单田田	辅助生产车间	辅助生产人员	男	招商银行	9555507550850018			
6002	文友利	辅助生产车间	辅助生产人员	男	招商银行	9555507550850019			
7001	刘海峰	基建队	基建人员	男	招商银行	9555507550850020		√	基建队
8001	梅淑怡	医务室	福利人员	女	招商银行	9555507550850021			

★ **实训操作：**

(1) 双击“机构人员 | 人员档案”，打开“人员列表”窗口，如图 2-15 所示。

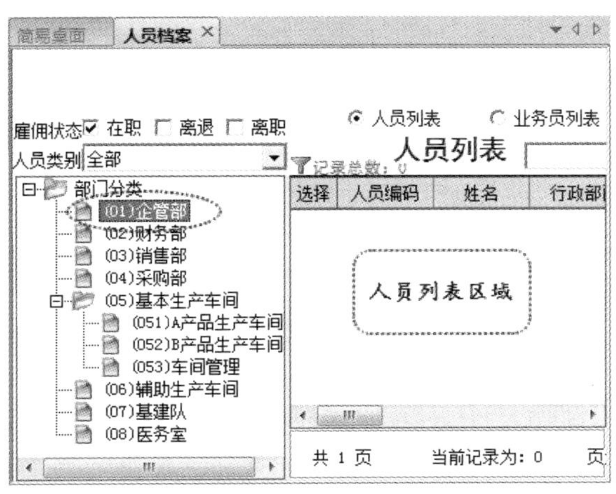

图 2-15　人员列表

(2) 单击工具栏【增加】按钮，打开“人员档案”窗口，如图 2-16 所示。依次增加表 2-5 中人员信息，并逐一【保存】。

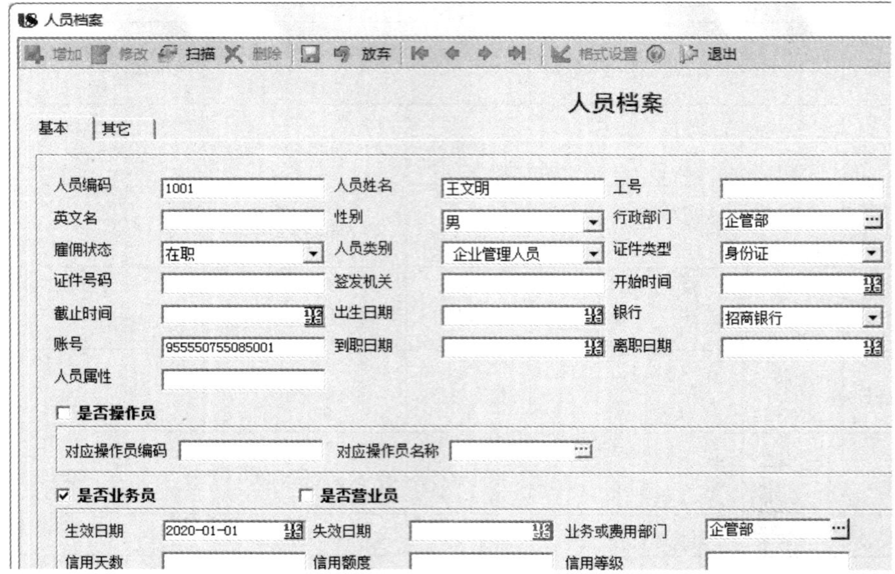

图 2-16　增加人员档案

(3) 所有人员档案录入完毕后，单击工具栏【退出】按钮，返回“人员列表”页面。

(4) 单击工具栏【退出】按钮，关闭“人员列表”页面。

实训进阶：

人员列表排序：在“人员列表窗口”，单击工具栏“栏目”，进入“栏目设置”界面，可以进行列表显示栏目的增减、人员记录排序方式的设置，如图 2-17 所示。

图 2-17　栏目设置

① 设置显示的栏目：在[显示]列双击要显示的信息项，可以设定是否显示该信息项。显示栏中显示“Y”表示在界面中显示这些信息项，否则为不显示。可以使用〖全选〗和〖全消〗按钮进行批量设定。人员编码、姓名和选择三项为系统设定的固定显示项。

请取消“出生日期”信息项，增加“银行账号”信息项的显示。

② 设置信息记录的排序方式：在[排序]一列中双击某信息项，可以切换选择其排序方式。信息项的排序方式有三种：升序、降序、空(不参与)，可选择其一。

请取消“人员编码”信息项排序，设置“部门”信息项为升序排序。

2.2.7　地区分类

企业可以根据自身管理要求出发对客户、供应商的所属地区进行相应的分类，建立地区分类体系，以便对业务数据进行统计、分析。

◈ **实训资料：**

创新实业有限公司地区分类见表2-6。

表2-6　地 区 分 类

地 区 编 码	地 区 名 称
HB	华北地区
HD	华东地区
HX	华西地区
HN	华南地区
HZ	华中地区
US	美国

★ **实训操作：**

(1) 双击“客商信息 | 地区分类”，打开“地区分类”窗口。

(2) 单击工具栏【增加】按钮，依次录入表2-6中的地区编码、地区名称等信息，如图2-18所示。

(3) 逐一保存后，单击工具栏【退出】按钮。

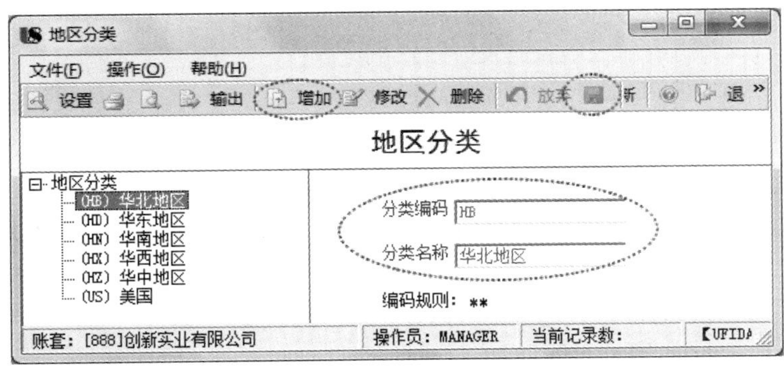

图2-18　地区分类

2.2.8　供应商和客户分类

企业可以根据自身管理的需要对供应商和客户进行分类管理，建立供应商和客户分类体系。

◈ **实训资料：**

创新实业有限公司供应商和客户分类见表2-7。

表 2-7　供应商和客户分类

供应商分类编码		供应商分类名称	客户分类编码		客户分类名称
一级	二级		一级	二级	
0 国内	0020	广州	0 国内	0010	北京
	0021	上海		0755	深圳
	0755	深圳		0020	广州
	0769	东莞		0027	武汉
1 国外	1001	美国	1 国外	1001	美国
	1044	英国		1044	英国

★ **实训操作：**

1. 供应商分类

(1) 双击"客商信息丨供应商分类"，打开"供应商分类"窗口。

(2) 单击工具栏【增加】按钮，依次录入表 2-7 中供应商分类编码、名称等信息，如图 2-19 所示。

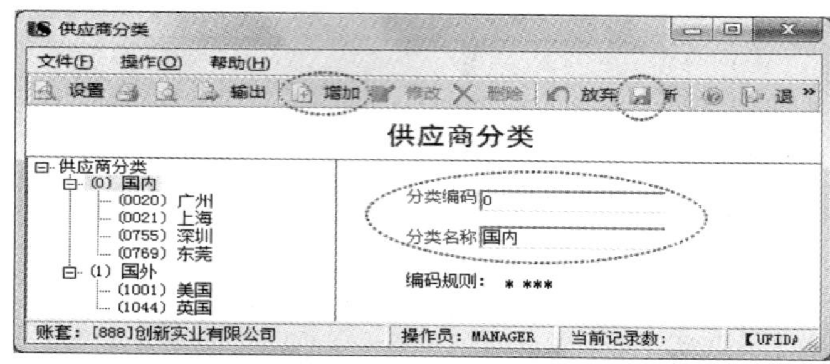

图 2-19　供应商分类

(3) 逐一保存后，单击工具栏【退出】按钮。

2. 客户分类

(1) 双击"客商信息丨客户分类"，打开"客户分类"窗口。

(2) 单击工具栏【增加】按钮，依次录入表 2-7 中客户分类编码、名称等信息，如图 2-20 所示。

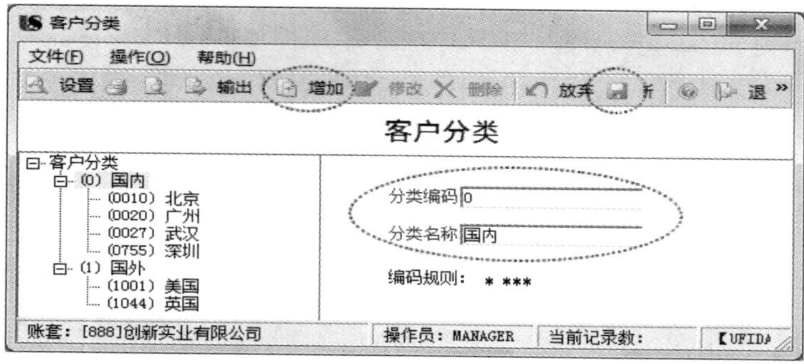

图 2-20　客户分类

(3) 逐一保存后，单击工具栏【退出】按钮。

2.2.9 供应商和客户档案

设置往来供应商的档案信息，以便于对供应商资料管理和业务数据进行录入、统计、分析。如果用户在建立账套时选择了供应商分类，则必须在设置完成供应商分类档案的情况下才能编辑供应商档案。

建立供应商档案主要是为企业的采购管理、库存管理、应付账管理服务的。在填制采购入库单、采购发票和进行采购结算、应付款结算和有关供货单位统计时都会用到供货单位档案，因此必须先设立供应商档案，以便减少工作差错。在输入单据时，如果单据上的供货单位不在供应商档案中，则必须在此建立该供应商的档案。

◇ **实训资料：**

创新实业有限公司供应商和客户档案见表 2-8。

表 2-8 供应商和客户档案

供应商编码	供应商名称	供应商简称	所属分类	税号	开户银行		银行账号
0020001	南方建材股份有限公司	南方建材	广州	02066	中国建设银行广州市天河支行		65632750
0021001	上海日通机电有限公司	日通机电	上海	02188	中国工商银行上海市普陀支行		45237638
0021002	上海黄浦机械厂	黄浦机械	上海	02199	中国工商银行上海市黄浦支行		45237669
0755001	华兴实业有限公司	华兴实业	深圳	755188	中国工商银行深圳市福田支行		75523239
0769001	东莞强发电子有限公司	强发电子	东莞	769088	中国工商银行东莞市莞城支行		32159896
1001001	美国柯特公司	美国柯特	美国	100101	中国银行美国纽约分行		83475941
客户编码	客户名称	客户简称	所属分类	税号	所属银行	开户银行	银行账号
0010001	青港实业有限公司	青港实业	北京	01088	中国光大银行	北京市海淀支行	68406623
0755001	泰丰电子有限公司	泰丰电子	深圳	755066	招商银行	深圳市福田支行	45656729
0755002	鸿基发展有限公司	鸿基发展	深圳	755088	中国银行	深圳市罗湖支行	56721325
0755003	深圳沙井实业有限公司	沙井实业	深圳	755099	招商银行	深圳市沙井支行	56797843
1001001	麦尔斯医电公司	麦尔斯医电	美国	100188	中国银行	美国洛杉矶分行	93475940

注：增值税税率为 13%。

一、供应商档案

★ **实训操作：**

(1) 双击“客商信息 | 供应商分类”，打开“供应商档案”窗口。双击窗口左侧中“国内”条目，单击“(0020)广州”条目，如图 2-21 所示。

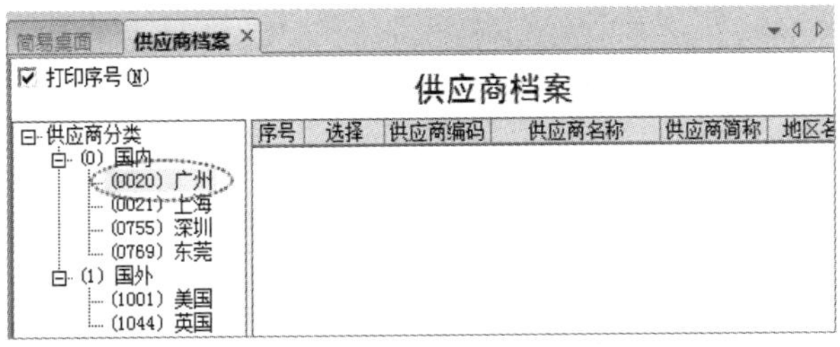

图 2-21 供应商档案列表

(2) 单击工具栏【增加】按钮，打开“增加供应商档案”窗口，录入表 2-8 中供应商“南方建材”的信息，勾选“采购”选项，国外供应商勾选“国外”选项，如图 2-22 所示。

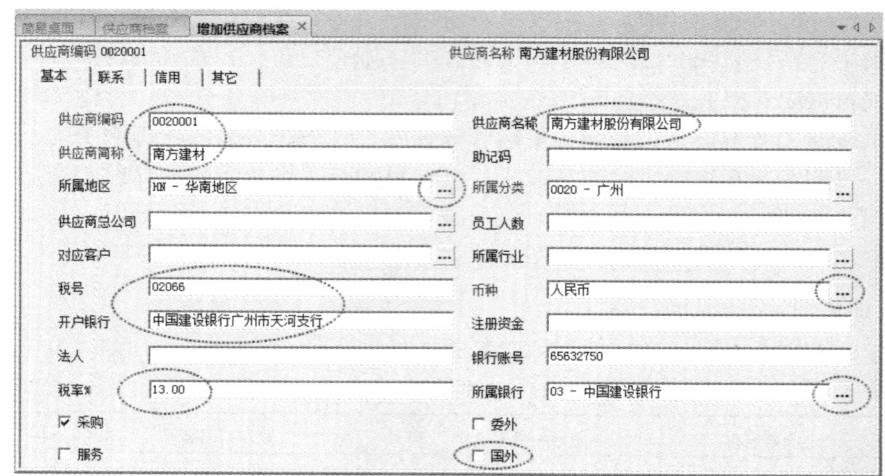

图 2-22　供应商档案增加

(3) 单击工具栏【保存并新增】按钮，继续增加下一供应商记录。

◆ **自行练习：**

录入表 2-8 列示的供应商资料。完成后，关闭“供应商档案”页面。

操作说明：

档案编码一经保存不可修改。必须删除该供应商档案，重新录入。

二、客户档案

★ **实训操作：**

(1) 双击“客商信息｜客户档案”，打开“客户档案”窗口，双击窗口左侧中“国内”条目，单击“(0010)北京”条目，如图 2-23 所示。

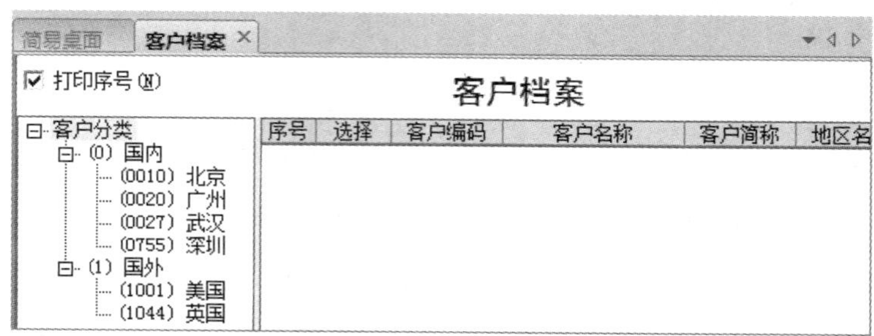

图 2-23　客户档案列表

(2) 单击工具栏【增加】按钮，打开“增加客户档案”窗口，录入表 2-8 中客户“青港实业”的信息，国内客户勾选“国内”选项，国外客户同时勾选“国内”“国外”选项，如图 2-24 所示。

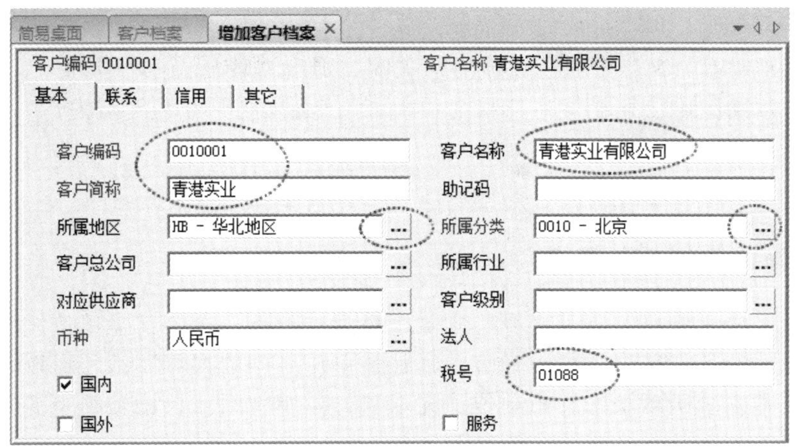

图 2-24　客户档案增加

(3) 单击工具栏【银行】按钮，打开“客户银行档案”窗口，录入表 2-8 中客户银行信息，图 2-25 为成功增加后的示意图。

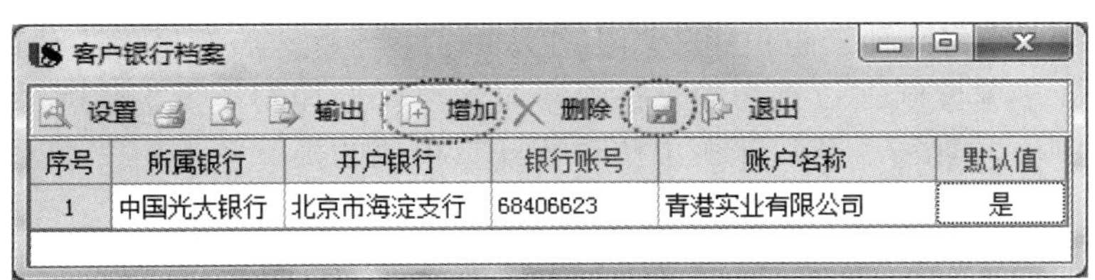

序号	所属银行	开户银行	银行账号	账户名称	默认值
1	中国光大银行	北京市海淀支行	68406623	青港实业有限公司	是

图 2-25　客户银行增加

(4) 单击工具栏【增加】按钮，双击新增空白行中的“所属银行”栏，弹出“银行档案基本参照”窗口，如图 2-26 所示。

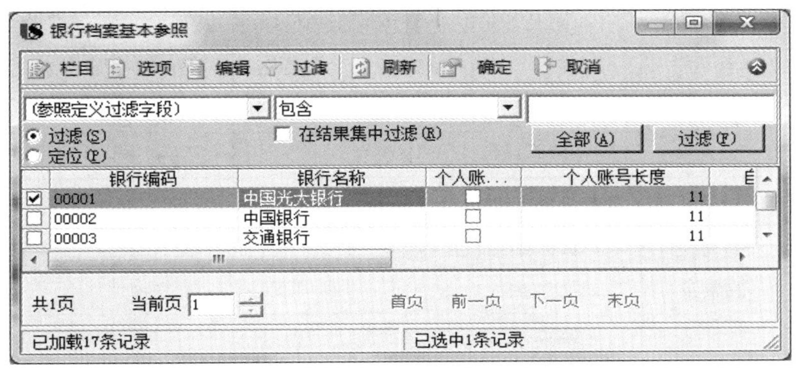

图 2-26　银行参照

(5) 选中后单击工具栏【确认】按钮(或双击“中国光大银行”栏)。

(6) 返回“增加客户档案”窗口，录入：开户银行“北京市海淀支行”、银行账号“68406623”、账户名称“青港实业有限公司”、默认值“是”。

(7) 在“客户银行档案”窗口，依次单击工具栏【保存】、【退出】按钮。

(8) 在“增加客户档案”窗口，单击工具栏【保存并新增】按钮，继续增加下一客户记录。

◆ **自行练习：**

录入表 2-8 列示的客户资料。完成后，关闭、退出“客户档案”页面。

注意：麦尔斯医电公司档案中币种为“美元”；必须同时勾选“国内”“国外”选项。

操作说明：

档案编码一经保存不可修改。必须删除该客户档案，重新录入。

2.2.10　计量单位组和计量单位

计量单位组分无换算、浮动换算、固定换算三种类别，每个计量单位组中有一个主计量单位、多个辅助计量单位，可以设置主辅计量单位之间的换算率；还可以设置采购、销售、库存和成本系统所默认的计量单位。先增加计量单位组，再增加组下的具体计量单位内容。

无换算计量单位组：在该组下的所有计量单位都以单独形式存在，各计量单位之间不需要输入换算率，系统默认为主计量单位。

浮动换算计量单位组：设置为浮动换算率时，可以选择的计量单位组中只能包含两个计量单位。此时需要将该计量单位组中的主计量单位、辅计量单位显示在存货卡片界面上。

固定换算计量单位组：设置为固定换算率时，可以选择的计量单位组中才可以包含两个以上的计量单位，且每一个辅计量单位对主计量单位的换算率不为空。此时需要将该计量单位组中的主计量单位显示在存货卡片界面上。

必须先增加计量单位组，然后再在该组下增加具体的计量单位内容。

◈ **实训资料：**

创新实业有限公司计量单位组和计量单位见表 2-9。

表 2-9　计量单位组和计量单位

计量单位组编码	计量单位组名称	计量单位组类别	计量单位编码	计量单位名称	英文名称单位	主计量单位标志	换算率
1	重量组	固定换算率	11	千克	kg	√	1
		固定换算率	12	克	g		0.001
2	数量组	无换算率	21	件			
		无换算率	22	个			
		无换算率	23	只			
		无换算率	24	把			
		无换算率	25	笔			

一、计量单位组

★ **实训操作：**

(1) 双击“存货｜计量单位”，打开“计量单位”窗口。成功增加所有计量单位分组、计量单位名称后，如图 2-27 所示。

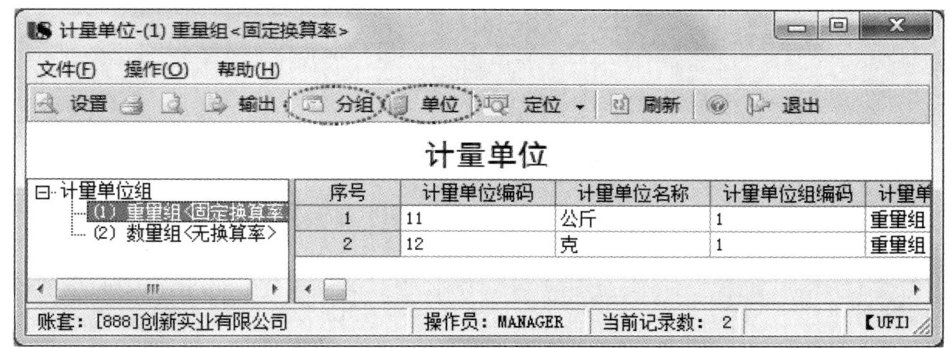

图 2-27 计量单位(组)

(2) 单击工具栏【分组】按钮，打开“计量单位组”窗口。

(3) 单击工具栏【增加】按钮，录入：计量单位组编码“1”、计量单位组名称“重量组”，成功增加2个分组后如图2-28所示。

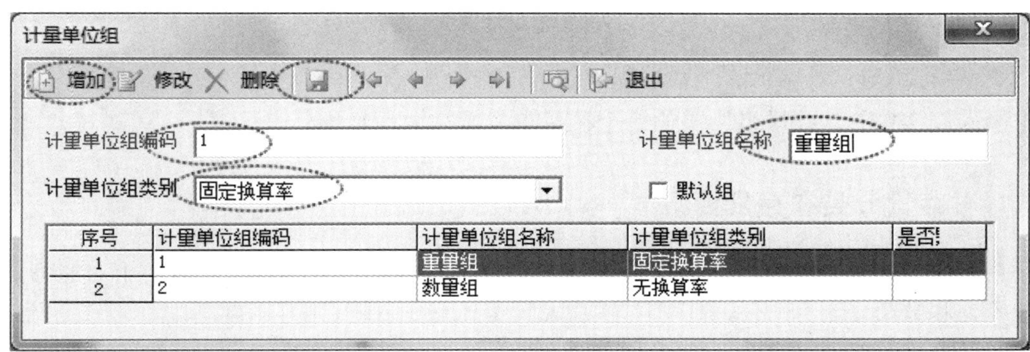

图 2-28 增加计量单位组

(4) 单击工具栏【保存】按钮。

(5) 单击工具栏【增加】按钮，录入：计量单位组编码“2”、计量单位组名称“数量组”、计量单位组类别“无换算率”。单击工具栏【保存】按钮。

(6) 单击工具栏【退出】按钮。

二、计量单位

★ 实训操作：

(1) 在“计量单位”窗口，单击窗口左侧“(1)重量组”，再单击工具栏【单位】按钮。参看图2-27。

(2) 进入“计量单位”编辑(列表)窗口，参看图2-27。

(3) 单击工具栏【增加】按钮，录入：计量单位编码“11”、计量单位名称“千克”。单击工具栏【保存】按钮，如图2-29所示。

(4) 单击工具栏【增加】按钮，录入：计量单位编码“12”、计量单位名称“克”、换算率“0.001”。单击工具栏【保存】、【退出】按钮，完成重量组单位设置。

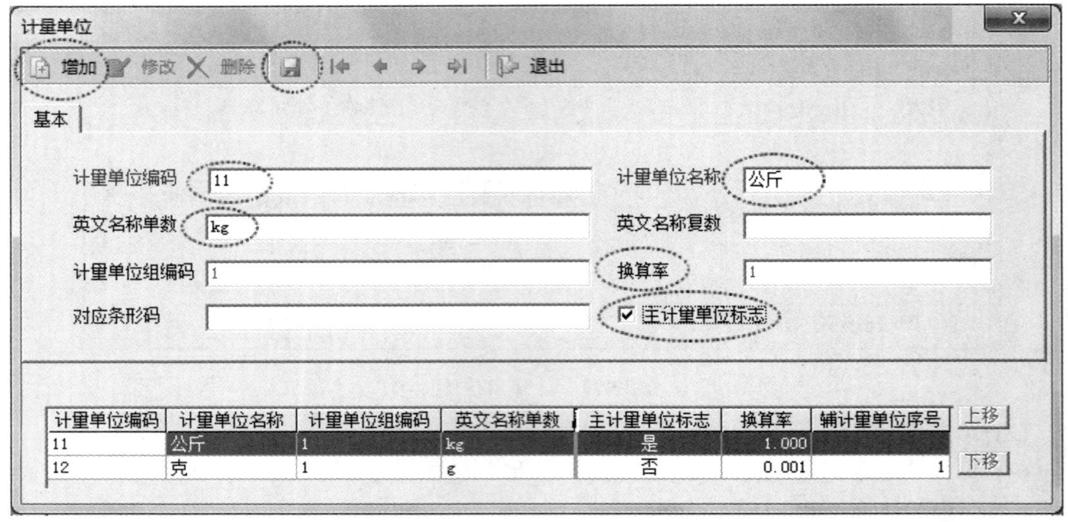

图 2-29　重量组计量单位增加

◆ **自行练习：**

录入表 2-9 中“数量组”中的 5 个计量单位，完成后退出。

2.2.11　存货分类和存货档案

企业可以根据对存货的管理要求对存货进行分类和存货信息管理，以便于对业务数据进行统计和分析。

◇ **实训资料：**

创新实业有限公司存货分类和存货档案见表 2-10。

表 2-10　存货分类和存货档案

存货分类编码	存货分类名称	存货编码	存货名称	进销税率	属性	计价方法	计划价	计量单位组	计量单位
1403	原材料	Y001	甲材料	13	内销、外销、外购、生产耗用	计划价法	120	重量组	千克
		Y002	乙材料	13	内销、外销、外购、生产耗用	计划价法	45	数量组	件
		Y003	丙材料	13	内销、外销、外购、生产耗用	计划价法	80	数量组	个
1405	库存商品	C001	A 产品	13	内销、外销、自制	全月平均法		数量组	件
		C002	B 产品	13	内销、外销、自制	全月平均法		数量组	件
1411	周转材料	Z001	木箱	13	外购、生产耗用	先进先出法		数量组	只
		Z002	纸盒	13	外购、生产耗用	先进先出法		数量组	只
		Z003	扳手	13	外购、生产耗用	移动平均法		数量组	把
5201	劳务费用	F001	运费	9	应税劳务			数量组	笔
		F002	关税		应税劳务			数量组	笔

一、设置存货分类

★ 实训操作：

(1) 双击“存货 | 存货分类”，打开“存货分类”窗口。成功增加 4 种存货分类后，如图 2-30 所示。

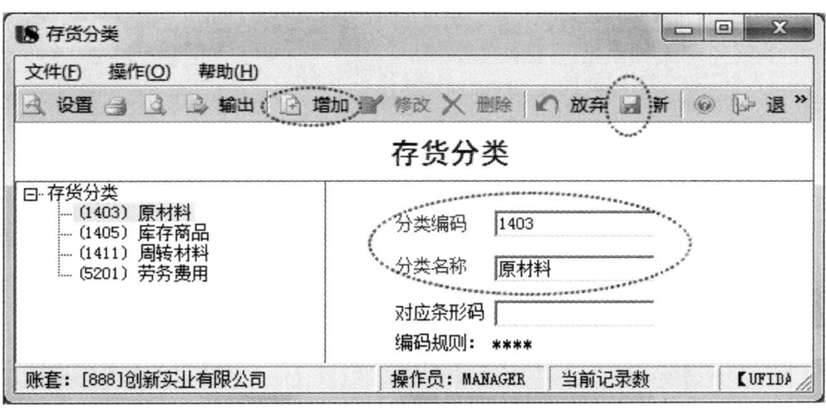

图 2-30　存货分类

(2) 单击工具栏【增加】按钮，录入：分类编码“1403”、分类名称“原材料”。单击工具栏【保存】按钮。

(3) 单击工具栏【增加】按钮，录入：分类编码“1405”、分类名称“库存商品”。单击工具栏【保存】按钮。

(4) 单击工具栏【增加】按钮，录入：分类编码“1411”、分类名称“周转材料”。单击工具栏【保存】按钮。

(5) 单击工具栏【增加】按钮，录入：分类编码“5201”、分类名称“劳务费用”。单击工具栏【保存】按钮。

(6) 完成后，单击工具栏【退出】按钮。

二、设置存货档案

★ 实训操作：

(1) 双击“存货 | 存货档案”，打开“存货档案”窗口，如图 2-31 所示。

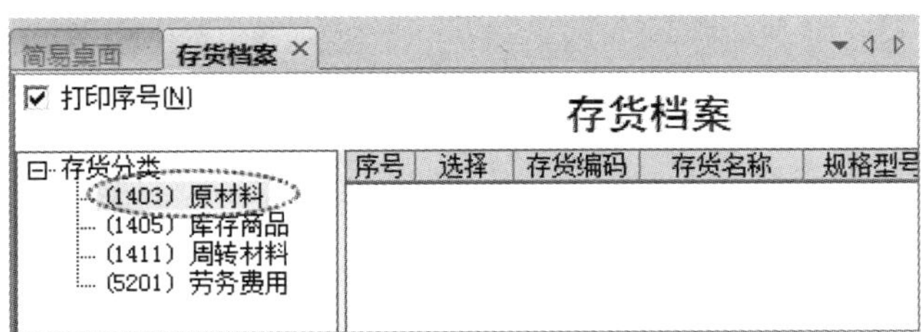

图 2-31　存货档案列表

(2) 先单击窗口左侧“(1403)原材料”，再单击工具栏【增加】按钮，进入“增加存货

档案”页面，如图 2-32 所示。

简易桌面　存货档案　增加存货档案

存货编码 Y001　存货名称 甲材料

基本　成本　控制　其它　计划　MPS/MRP　图片　附件

存货编码	Y001	存货名称	甲材料
存货分类	原材料	存货代码	
计量单位组	1 - 重量组	计量单位组类别	固定换算率
主计量单位	11 - 公斤	生产计量单位	11 - 公斤
采购默认单位	11 - 公斤	销售默认单位	11 - 公斤
库存默认单位	11 - 公斤	成本默认辅计量	
零售计量单...	11 - 公斤	海关编码	
海关计量单位		海关单位换算率	1.00
销项税率%	13.00	进项税率%	13.00
生产国别		生产企业	
生产地点		产地/厂牌	

不同类别的存货，属性不尽相同

存货属性

☑ 内销　☑ 外销　☑ 外购　☑ 生产耗用

图 2-32　“甲材料”档案

(3) 单击“成本”页签，计价方式选择为“计划价法”，计划价/售价录入“120”，如图 2-33 所示。

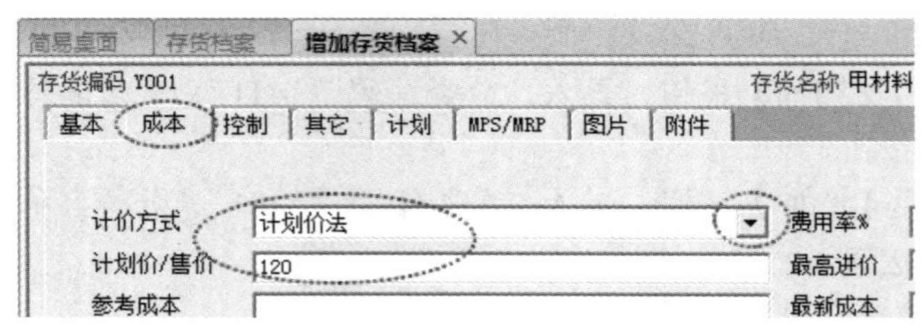

图 2-33　“甲材料”成本信息录入

(4) 单击工具栏【保存并新增】按钮，自动进入下一存货“Y002”档案录入页面。

◆ **自行练习：**

根据表 2-10 提供的资料，完成其他存货档案的录入。

完成后，单击工具栏【保存】、【退出】按钮，返回并退出“存货档案”页面。

2.2.12　结算方式

建立和管理用户在经营活动中所涉及的结算方式。它与财务结算方式一致，如现金结算、支票结算等。结算方式最多可以分为 2 级。结算方式一旦被引用，便不能进行修改和删除的操作。

◇ **实训资料：**

创新实业有限公司结算方式见表 2-11。

表2-11 结算方式

结算方式编码	结算方式名称	是否票据管理
1	现金	否
2	支票	否
201	现金支票	是
202	转账支票	是
3	银行汇票	否
4	商业汇票	否
401	银行承兑汇票	是
402	商业承兑汇票	是
5	电汇	否
6	委托收款	否
7	托收承付	否
8	其他	否

★ **实训操作：**

(1) 双击“收付结算｜结算方式”，打开“结算方式”窗口，成功增加所有结算方式后，如图2-34所示。

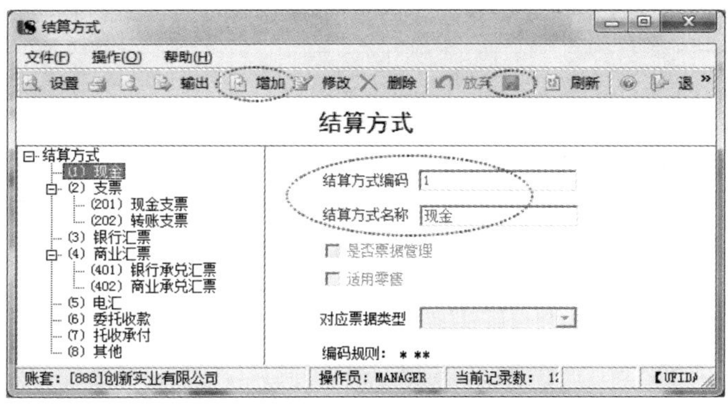

图2-34 结算方式

(2) 单击工具栏【增加】按钮，录入：结算方式编码“1”、结算方式名称“现金”，单击工具栏【保存】按钮。

◆ **自行练习：**

(1) 根据表2-11提供的资料，完成所有结算方式的录入。

(2) 完成后，单击工具栏【保存】、【退出】按钮。

2.2.13 付款条件

付款条件也叫现金折扣，是指企业为了鼓励客户偿还贷款而允诺在一定期限内给予的

规定的折扣优待。这种折扣条件通常可表示为5/10、2/20、n/30，它的意思是客户在10天内偿还贷款，可得到5%的折扣，只付原价的95%的货款；在20天内偿还贷款，可得到2%的折扣，只要付原价的98%的货款；在30天内偿还贷款，则须按照全额支付货款；在30天以后偿还贷款，则不仅要按全额支付贷款，还可能要支付延期付款利息或违约金。

付款条件将主要在采购订单、销售订单、采购结算、销售结算、客户目录、供应商目录中引用。系统最多同时支持4个时间段的折扣。

◇ **实训资料：**

创新实业有限公司付款条件见表2-12。

表2-12　付 款 条 件

付款条件编码	信用天数	优惠天数1	优惠率1	优惠天数2	优惠率2	优惠天数3	优惠率3
01	30	10	2	20	1	30	0

★ **实训操作：**

(1) 双击"收付结算 | 付款条件"，打开"付款条件"窗口。

(2) 单击工具栏【增加】按钮，录入表2-12中的资料，如图2-35所示。

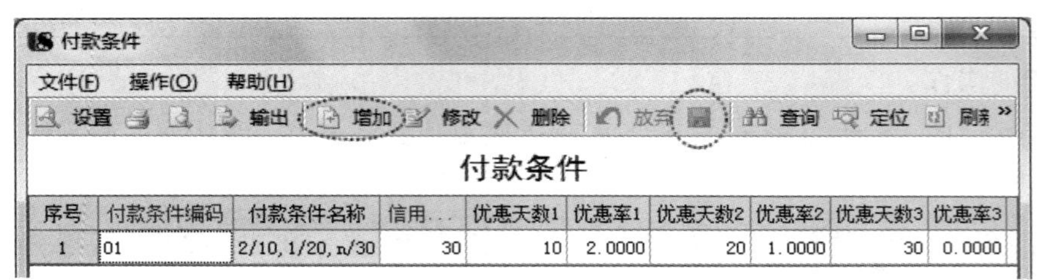

图2-35　付款条件

(3) 单击工具栏【保存】、【退出】按钮。

2.2.14　本单位开户银行

用于维护及查询使用单位的开户银行信息。开户银行一旦被引用，便不能进行修改和删除的操作。

◇ **实训资料：**

创新实业有限公司开户银行信息见表2-13。

表2-13　本单位开户银行

编码	银行账号	币种	开户银行	所属银行编码	所属银行名称
01	123456789012	人民币	南山支行	01	中国工商银行
02	955550755088	美元	蛇口支行	02	招商银行

注：账户名称为"创新实业有限公司"。

★ **实训操作：**

(1) 双击"收付结算 | 本单位开户银行"，打开"本单位开户银行"列表窗口。成功增

加开户银行资料后，如图 2-36 所示。

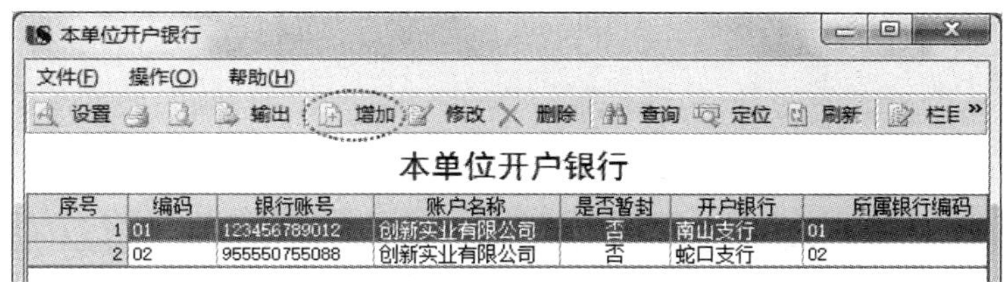

图 2-36 本单位开户银行

(2) 单击工具栏【增加】按钮，打开“增加本单位开户银行”窗口，录入编码为“01”的南山支行开户信息，如图 2-37 所示。

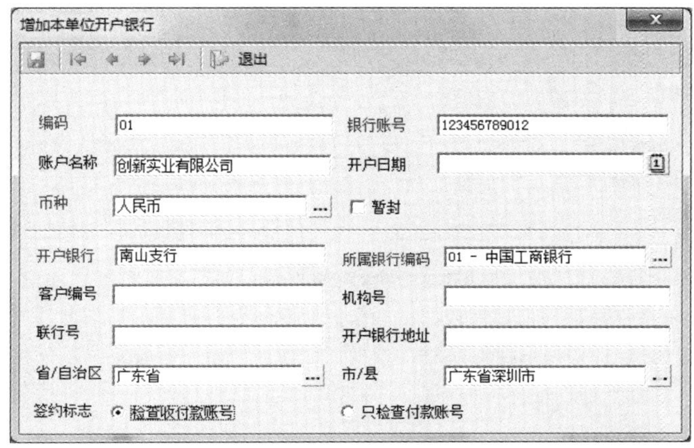

图 2-37 增加本单位开户银行-南山支行

(3) 单击工具栏【保存】按钮。

◆ **自行练习：**

(1) 根据以上操作，继续录入表 2-13 中编码为“02”的蛇口支行开户信息。

(2) 完成后，退出/关闭“本单位开户银行”窗口。

2.2.15 仓库档案

存货一般是用仓库来保管的，对存货进行核算管理，首先应对仓库进行管理，因此进行仓库设置是供销链管理系统的重要基础准备工作之一。

◇ **实训资料：**

创新实业有限公司仓库档案见表 2-14。

表 2-14 仓 库 档 案

仓库编码	仓库名称	计价方式
01	原材料仓	计划价法
02	库存商品仓	全月平均法
03	周转材料仓	先进先出法

★ **实训操作：**

(1) 双击“业务 | 仓库档案”，打开“仓库档案”页面。图 2-38 为完成后的所有仓库档案。

简易桌面 仓库档案

☑ 打印序号(N)

仓库档案

序号	仓库编码	仓库名称	计价方式	是否货位管理
1	01	原材料仓	计划价法	否
2	02	库存商品仓	全月平均法	否
3	03	周转材料仓	先进先出法	否

图 2-38 仓库档案

(2) 单击工具栏【增加】按钮，打开“增加仓库档案”页面。录入：仓库编码“01”、仓库名称“原材料仓”，选择计价方式为“计划价法”，如图 2-39 所示。

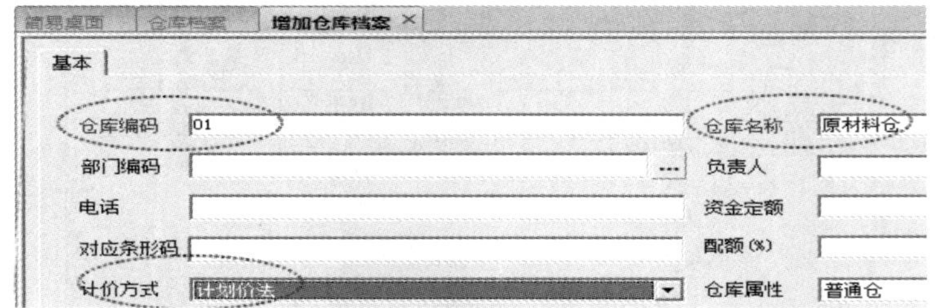

图 2-39 增加仓库档案

(3) 单击工具栏【保存】按钮。

◆ **自行练习：**

(1) 参照以上操作，录入表 2-14 中其他 2 个仓库档案。

(2) 完成后，退出/关闭“仓库档案”页面。

2.2.16 收发类别

收发类别设置，是为了用户对材料的出入库情况进行分类汇总统计而设置的，表示材料的出入库类型，用户可根据各单位的实际需要自由灵活地进行设置。

◇ **实训资料：**

创新实业有限公司收发类别见表 2-15。

表 2-15 收 发 类 别

收发类别编码	收发类别名称	收发标志	收发类别编码	收发类别名称	收发标志
1	入库	收	2	出库	发
101	外购入库	收	201	销售出库	发
102	自制入库	收	202	材料出库	发
103	盘盈入库	收	203	盘亏出库	发
104	捐赠入库	收	204	捐赠出库	发
110	委托加工入库	收	210	委托加工出库	发
111	生产退料	收	211	出租包装物	发

★ 实训操作：

(1) 双击“业务｜收发类别”，打开“收发类别”窗口。

(2) 单击工具栏【增加】按钮，录入：收发类别编码“1”、收发类别名称“入库”，单击单选项“收发标志”之“收”选项，如图 2-40 所示。

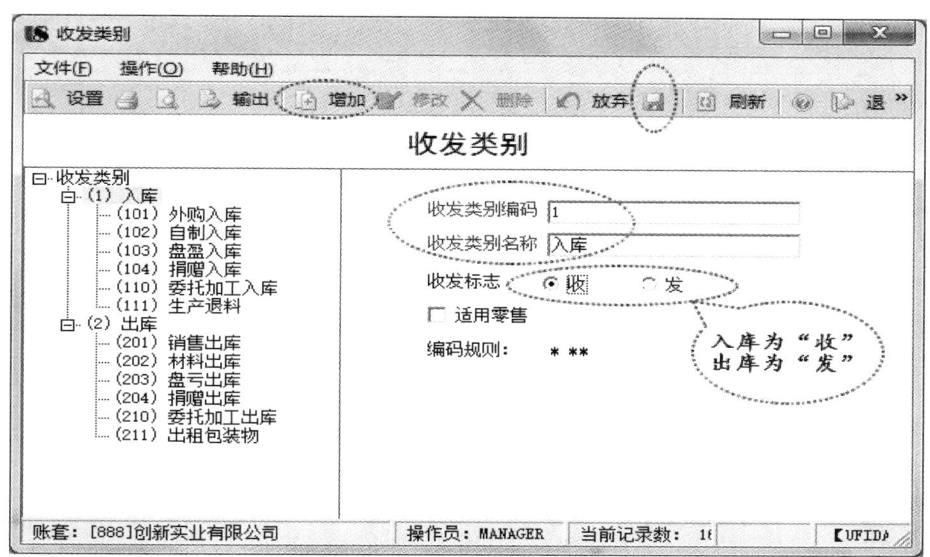

图 2-40　收发类别

(3) 单击工具栏【保存】按钮。

◆ 自行练习：

(1) 参照以上操作，增加表 2-15 中其他收发类别资料。

(2) 完成后，退出“收发类别”窗口。

2.2.17　采购类型

采购类型是由用户根据企业需要自行设定的项目，用户在使用用友采购管理系统，填制采购入库单等单据时，会涉及采购类型栏目。如果用户的企业需要按采购类型进行统计，那就应该建立采购类型项目。

◇ 实训资料：

创新实业有限公司采购类型见表 2-16。

表 2-16　采 购 类 型

采购类型编码	采购类型名称	入库类别	是否默认值
01	直接采购	外购入库	是

★ 实训操作：

(1) 双击“业务｜采购类型”，打开“采购类型”窗口，如图 2-41 所示。

(2) 单击工具栏【增加】按钮，录入：采购类型编码“01”、采购类型名称“直接采购”。参照输入：入库类别“外购入库”、是否默认值“是”。

(3) 单击工具栏【保存】、【退出】按钮。

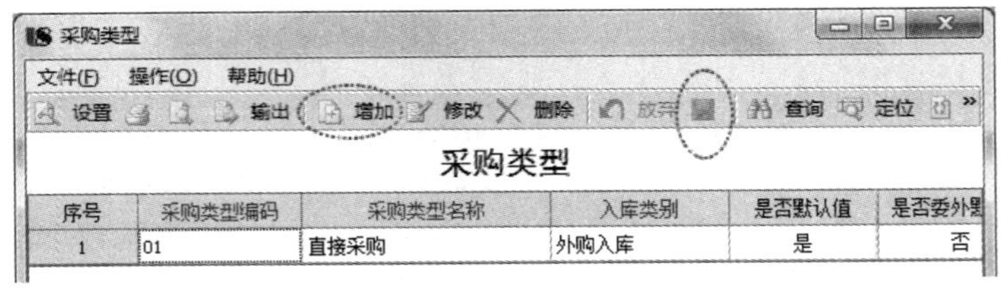

图 2-41　采购类型

2.2.18　销售类型

用户在处理销售业务时，可以根据自身的实际情况自定义销售类型，以便于按销售类型对销售业务数据进行统计和分析。本功能完成对销售类型的设置和管理，用户可以根据业务的需要方便地增加、修改、删除、查询、打印销售类型。

◇ **实训资料：**

创新实业有限公司销售类型见表 2-17。

表 2-17　销 售 类 型

销售类型编码	销售类型名称	出库类别	是否默认值
01	直接销售	销售出库	是

★ **实训操作：**

(1) 双击“业务丨销售类型”，打开“销售类型”窗口，如图 2-42 所示。

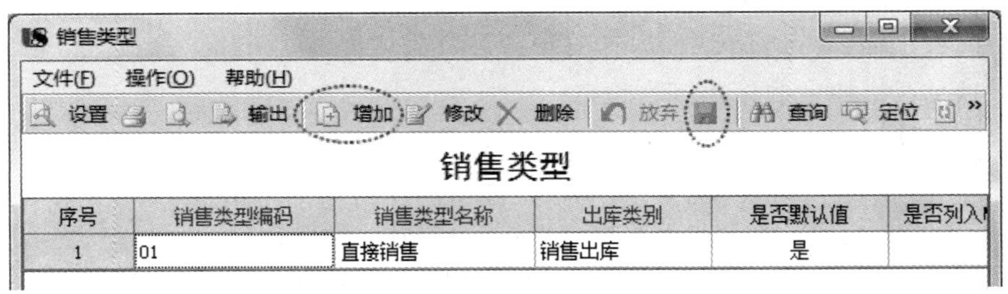

图 2-42　销售类型

(2) 单击工具栏【增加】，录入：销售类型编码“01”、销售类型名称“直接销售”。参照输入：出库类别“销售出库”、是否默认值“是”。

(3) 单击工具栏【保存】、【退出】按钮。

2.2.19　费用项目分类

费用项目分类是对同一类属性的费用，归集成一类，以便于对它们进行统计和分析。根据出口和销售等系统要求，增加费用项目分类档案，在业务数据中进行分析汇总。

◇ **实训资料：**

创新实业有限公司费用项目分类见表 2-18。

表 2-18　费用项目分类

分类编码	分类名称	备注
1	销售费用	
2	代垫费用	

★ 实训操作：

(1) 双击“业务 | 费用项目分类”，打开“费用项目分类”窗口，如图 2-43 所示。

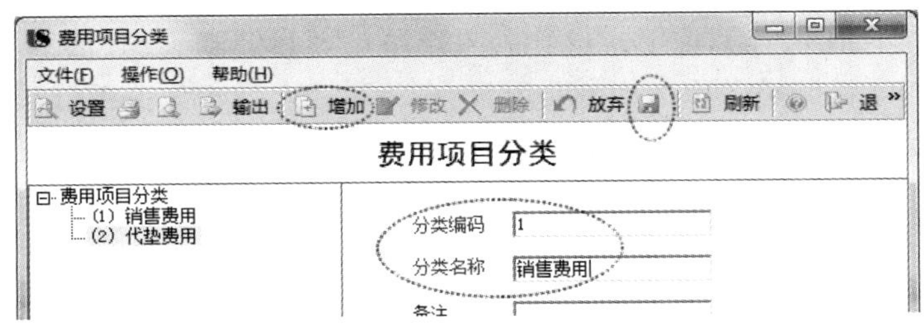

图 2-43　费用项目分类

(2) 单击工具栏【增加】按钮，录入：分类编码“1”、分类名称“销售费用”。

(3) 单击工具栏【保存】按钮，继续录入：分类编码“2”、分类名称“代垫费用”。

(4) 单击工具栏【保存】、【退出】按钮。

2.2.20　费用项目

用户在处理销售业务中的代垫费用、销售支出费用时，应先行在本功能中设定这些费用项目。本功能完成对费用项目的设置和管理，用户可以根据业务的需要方便地增加、修改、删除、查询、打印运输方式。

◇ 实训资料：

创新实业有限公司费用项目见表 2-19。

表 2-19　费 用 项 目

费用项目编码	费用项目名称	费用项目分类名称	会计科目名称
101	运费	销售费用	运杂费
102	装卸费	销售费用	运杂费
201	代垫运杂费	代垫费用	人民币

★ 实训操作：

(1) 双击“业务 | 费用项目”，打开“费用项目”窗口，如图 2-44 所示。

(2) 单击窗口左侧“费用项目分类”之“(1)销售费用”，再单击工具栏【退出】按钮，录入：费用项目编码“101”、费用项目名称“运费”、费用项目分类名称“销售费用”、会计科目名称“运杂费”。

(3) 单击工具栏【保存】按钮，继续录入：费用项目编码“102”、费用项目名称“装卸费”、费用项目分类名称“销售费用”、会计科目名称“运杂费”。

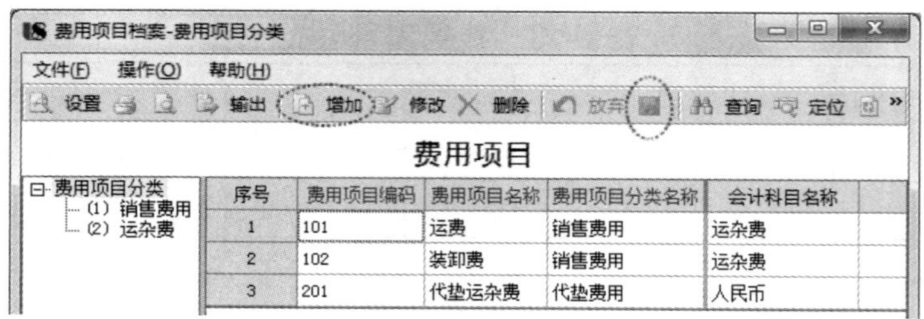

图 2-44　费用项目档案设置

(4) 单击工具栏【保存】按钮，继续录入：费用项目编码“201”、费用项目名称“代垫运杂费”、费用项目分类名称“代垫费用”、会计科目名称“人民币”。

(5) 单击工具栏【保存】、【退出】按钮。

2.2.21　仓库存货对照表

本功能用于设置企业各仓库所能存放的存货或存货所能存放的仓库。

◇ 实训资料：

创新实业有限公司仓库存货对照表见表 2-20。

表 2-20　仓库存货对照表

仓库编码	仓库名称	存货编码	存货名称
01	原材料仓	Y001	甲材料
		Y002	乙材料
		Y003	丙材料
02	库存商品仓	C001	A 产品
		C002	B 产品
03	周转材料仓	Z001	木箱
		Z002	纸盒
		Z003	扳手

★ 实训操作：

仓库存货对照表的设置有两种方式：批量增加、(单个)增加。下面介绍的是批量增加，(单个)增加方式请自行练习。

(1) 双击“对照表｜仓库存货对照表”，打开“仓库存货对照表”窗口，如图 2-45 所示。

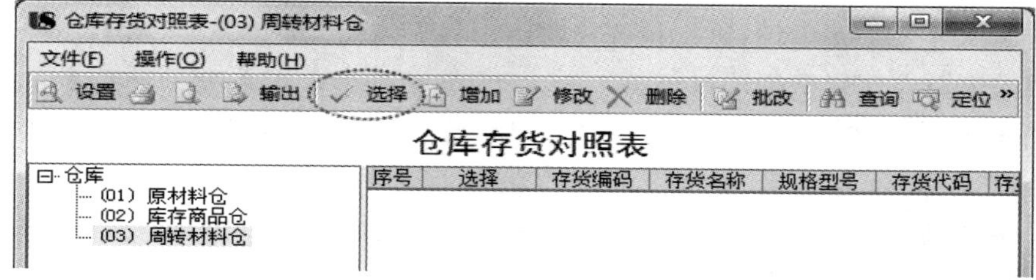

图 2-45　仓库存货对照表

(2) 单击工具栏【选择】按钮，打开“批量增加”窗口，如图2-46所示。

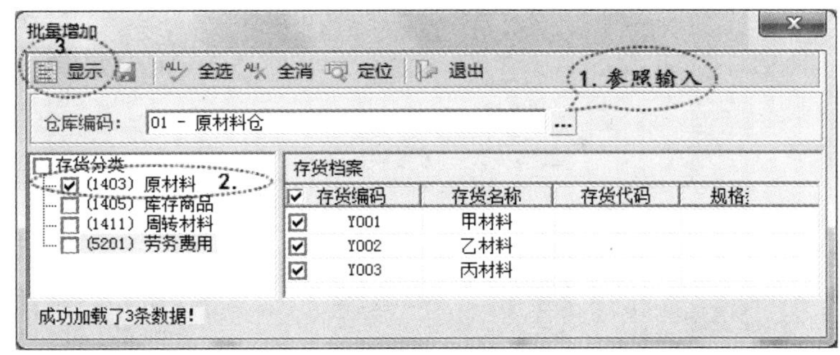

图2-46 批量增加

(3) 参照录入仓库编码：01(原材料仓)。
(4) 勾选左窗口中选项：(1403)原材料。
(5) 单击工具栏【显示】按钮。
(6) 单击工具栏【保存】、【退出】按钮，返回“仓库存货对照表”窗口。

◆ **自行练习：**

参照以上操作，完成表2-20中其他仓库存货对照表设置：
(1) 库存商品仓存货对照表设置。
(2) 周转材料仓存货对照表设置。
(3) 完成后，退出“仓库存货对照表”窗口。

2.2.22 单据类型与收发类别对照表

本功能用于设置不同的单据与收类别或发类别的对应关系，在进行业务处理时，可自动带入默认的收发类别，以提高操作的方便性，用户可进行修改。

◇ **实训资料：**

创新实业有限公司单据类型与收发类别对照表见表2-21。

表2-21 单据类型与收发类别对照表

单据类型	业务类型	收类别编码	收类别名称	发类别编码	发类别名称
采购入库单	普通采购	101	外购入库		
产成品入库单	成品入库	102	自制入库		
其他入库单	其他入库	111	生产退料		
销售出库单	普通销售			201	销售出库
材料出库单	领料			202	材料出库
其他出库单	其他出库			202	材料出库

★ **实训操作：**

(1) 双击“对照表｜单据类型与收发类别对照表”，打开“单据类型与收发类别对照表”窗口。

(2) 单击工具栏【增加】按钮，依次录入表 2-21 中单据类型与收发类别对照信息，如图 2-47 所示。

单据类型与收发类别对照表

序号	单据类型	业务类型	收类别编码	收类别名称	发类别编码	发类别名称
双击	采购入库单	普通采购	101	外购入库		
2	产成品入库单	成品入库	102	自制入库		
3	其他入库单	其他入库	111	生产退料		
4	销售出库单	普通销售			201	销售出库
5	材料出库单	领料			202	材料出库
6	其他出库单	其他出库			202	材料出库

图 2-47　单据类型与收发类别对照表

(3) 单击工具栏【保存】、【退出】按钮。

2.3　单 据 设 置

为了更符合实际要求，我们将“销售管理”中的“销售专用发票”“销售普通发票”“代垫费用单”，“采购管理”中的“专用采购发票”“普通采购发票”“运费发票”的编号设置为“完全手工编号”。业务过程中其他票据编码如需修改，可随时进行操作。

★ 实训操作：

将销售专用发票的编码方式修改为：完全手工编号。

(1) 双击“单据设置｜单据编号设置”，打开“单据编号设置”窗口。

(2) 双击左侧“单据类型”窗口中的“销售管理”，单击“销售专用发票”条目，进入“单据编号设置”状态。

(3) 单击窗口右侧【修改】按钮，勾选“详细信息”下的“完全手工编号”选项，单击【保存】按钮，如图 2-48 所示。

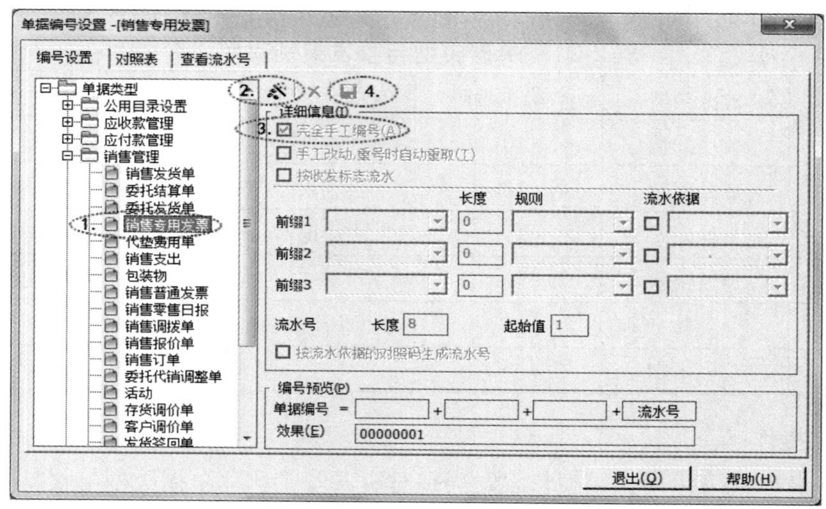

图 2-48　单据编号设置

◆ **自行练习：**

(1) 将销售普通发票、代垫费用单、专用采购发票、普通采购发票、运费发票等单据编号设置为“完全手工编号”。

(2) 修改完毕后，退出“单据设置编号”窗口。

第 3 章　系统初始化

在开始使用财务软件进行财务管理之前，应对会计资料进行整理，录入相应财务会计系统和供应链系统，并对各系统选项进行设置，进而为后续的各项功能应用做好准备。

本账套各系统启用时间为 2020 年 1 月 1 日。初始化实训之前，请将系统时间调整为 2020 年 1 月 1 日。

3.1　总账初始化

3.1.1　主要内容

总账系统初始化包括：

(1) 录入科目期初余额、核对期初余额，并进行试算平衡。

(2) 选项设置：系统在建立新的账套后由于具体情况需要，或业务变更，发生一些账套信息与核算内容不符，可以通过此功能进行账簿选项的调整和查看。可对“凭证选项”“账簿选项”“凭证打印”“预算控制”“权限选项”“会计日历”“其他选项”“自定义项核算”八部分内容的操作控制选项进行修改。

3.1.2　实训

◇ **实训资料：**

(1) 会计科目期初余额见表 3-1。

表 3-1　科目余额表

科目编码	科 目 名 称	方向	币别	期初余额
1001	库存现金	借		8,540
100101	人民币	借		6,840
100102	港币	借		1,700
		借	港币	2,000
1002	银行存款	借		3,196,100
100201	南山工行	借		1,826,100
10020101	人民币	借		496,100
10020102	美元	借		1,330,000
		借	美元	200,000

续表一

科目编码	科 目 名 称	方向	币别	期初余额
100202	蛇口招行	借		1,370,000
10020201	人民币	借		1,200,000
10020202	港币	借		170,000
		借	港币	200,000
1012	其他货币资金	借		765,000
101201	银行汇票	借		100,000
101203	信用证	借		665,000
		借	美元	100,000
1101	交易性金融资产	借		150,000
110101	股票	借		150,000
1121	应收票据	借		234,000
1122	应收账款	借		1 320,200
112201	人民币客户	借		655,200
112202	美元客户	借		665,000
		借	美元	100,000
1123	预付账款	借		500,000
1221	其他应收款	借		4,000
122101	差旅费	借		4,000
1231	坏账准备	贷		7,500
1403	原材料	借		5,225,000
1404	材料成本差异	借		-52,250
1405	库存商品	借		2,500,000
1411	周转材料	借		86,500
1601	固定资产	借		3,752,500
1602	累计折旧	贷		1,273,415
1604	在建工程	借		2,500,000
160401	生产厂房	借		2,500,000
1605	工程物资	借		34,000
160501	专用材料	借		34,000
1701	无形资产	借		4,000,000
170101	土地使用权	借		4,000,000
1702	累计摊销	贷		400,000
170201	土地使用权摊销	贷		400,000

续表二

科目编码	科 目 名 称	方向	币别	期初余额
2001	短期借款	贷		1,000,000
2202	应付账款	贷		959,400
220201	人民币供应商	贷		959,400
2211	应付职工薪酬	贷		58,912
221101	工资	贷		58,912
2221	应交税费	贷		43,500
222101	应交增值税	贷		43,500
22210104	销项税额	贷		43,500
2232	应付股利	贷		300,000
223201	亚新实业	贷		100,000
223202	东大电子	贷		200,000
2241	其他应付款	贷		32,273
224101	职工福利费	贷		20,000
224102	工会经费	贷		320
224104	社会保险	贷		4,953
22410401	个人	贷		1,653
22410402	企业	贷		3,300
224110	包装物押金	贷		2,000
224111	物业费	贷		5,000
2501	长期借款	贷		5,375,000
4001	实收资本	贷		12,300,000
400101	亚新实业	贷		4,100,000
400102	东大电子	贷		8,200,000
4002	资本公积	贷		107,250
400201	资本(或股本)溢价	贷		107,250
4101	盈余公积	贷		2,000,000
410101	法定盈余公积	贷		400,000
410102	任意盈余公积	贷		1,600,000
4104	利润分配	贷		366,340
410405	未分配利润	贷		366,340
借方合计：22,542,675		贷方合计：22,542,675		

(2) 期初往来业务资料见表 3-2。

表 3-2　期初往来业务资料

应收票据

日期	客户	业务员	摘要	金额	票号	票据日期
2019-10-20	泰丰电子	姜玲	三个月无息银行承兑汇票	234,000 元	95555008	2019-10-20

应收账款

日期	客户	业务员	摘要	金额	外币
2019-12-20	青港实业	姜玲	销售 B 产品	585,000 元	
2019-12-25	鸿基发展	姜玲	销售甲材料	70,200 元	
2019-12-26	麦尔斯医电	孙婧婧	销售出口 B 产品	665,000 元	100,000 美元

预付账款

日期	供应商	业务员	摘要	金额
2019-12-08	南方建材	张爱国	预付款购买建筑材料	500,000 元

其他应收款-差旅费

日期	部门	个人	摘要	金额
2019-12-26	企管部	江涛	借差旅费	4,000 元

应付账款

日期	供应商	业务员	摘要	金额
2019-11-10	日通机电	张爱国	采购乙材料	117,000 元
2019-11-10	东莞强发	肖志媛	购买丙材料	23,400 元
2019-11-21	日通机电	张爱国	采购乙材料	819,000 元

其他应付款-包装物押金

日期	客户	业务员	摘要	金额
2019-12-15	青港实业	姜玲	租用 10 只木箱押金	2,000 元

★ **实训操作：**

1. 进入“总账 | 期初余额录入”操作界面

(1) 登录“企业应用平台”。

(2) 单击“业务导航视图” 中“业务工作”页签，进入业务工作主界面，如图 3-1 所示。

(3) 双击“财务会计 | 总账 | 设置 | 期初余额”，打开“期初余额录入”窗口，如图 3-2 所示。

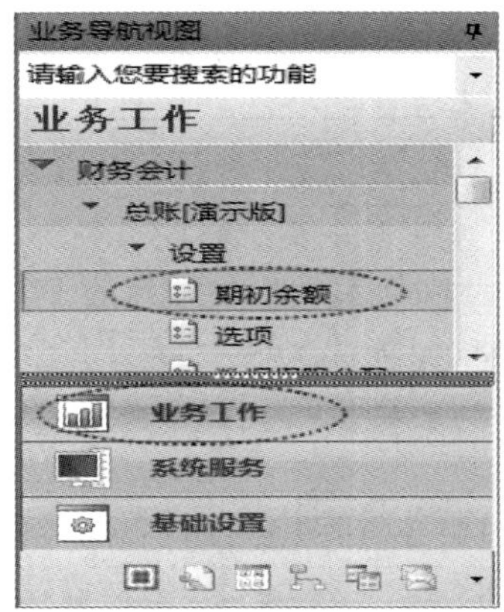

图 3-1　业务导航视图

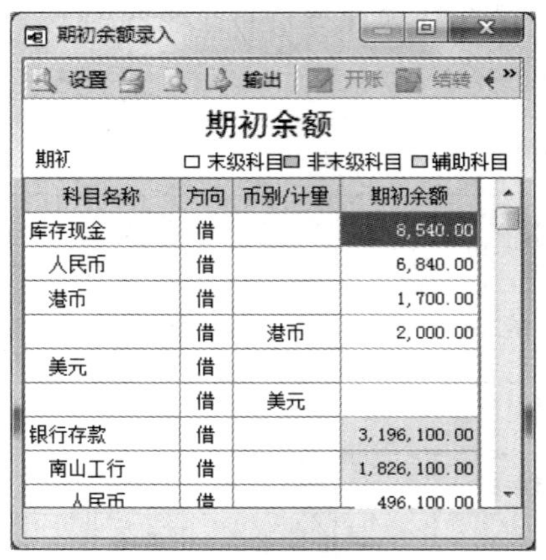

图 3-2　期初余额录入

2. 录入会计科目余额

(1) 末级科目余额(白色行)，单击/双击后直接录入科目余额。

(2) 非末级科目余额(灰色行)，无需录入，其余额由下级科目自动汇总填入。

(3) 有辅助核算的科目余额(黄色行)，双击后弹出“辅助期初余额”窗口，如图 3-3 所示。

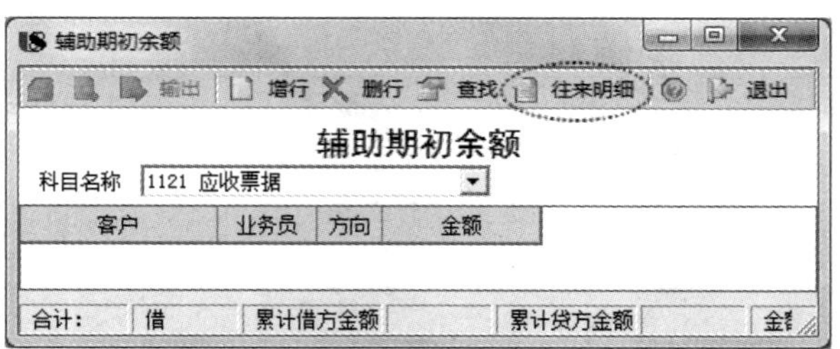

图 3-3　辅助期初余额

(4) 单击工具栏【明细往来】按钮，弹出“期初往来明细”窗口，如图 3-4 所示。

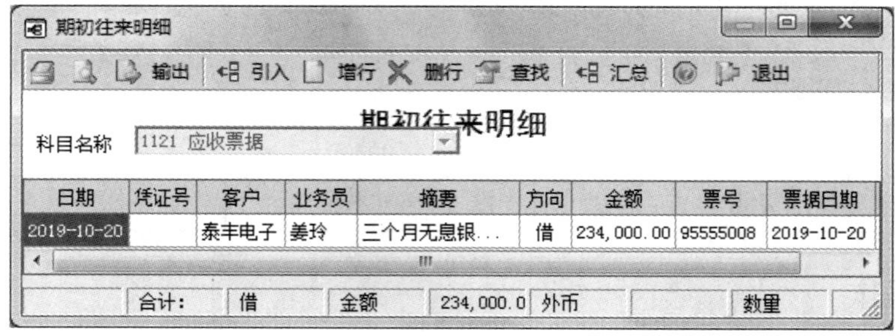

图 3-4　期初往来明细

(5) 单击工具栏【增行】按钮，录入表 3-2 中(应收票据)期初辅助资料(如果出现同一客户/供应商多笔业务资料，应手工汇总金额合并在一行中输入)。

(6) 单击工具栏【退出】按钮，返回“辅助期初余额”窗口。

(7) 单击工具栏【增行】按钮，录入表 3-2 中期初辅助资料，如图 3-5 所示。

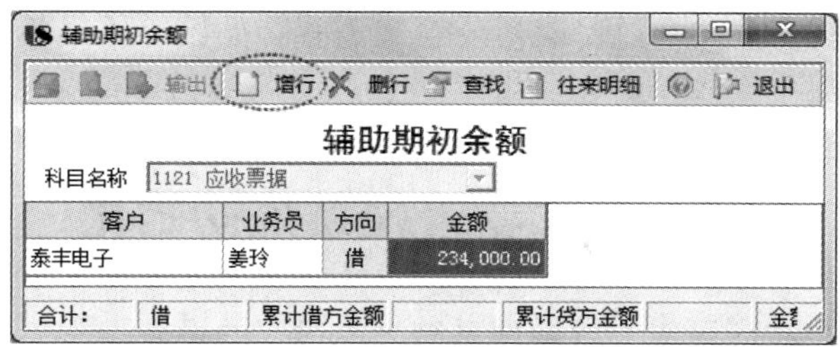

图 3-5　辅助期初余额

(8) 单击工具栏【退出】按钮，返回“期初余额”窗口。

◆ **自行练习：**

完成表 3-2 中总账期初余额的录入(暂不退出“期初余额录入”窗口)。

3. 期初对账

(1) 所有余额录入完成后，单击“期初余额录入”窗口的工具栏【对账】按钮，弹出“期初对账”窗口，如图 3-6 所示。

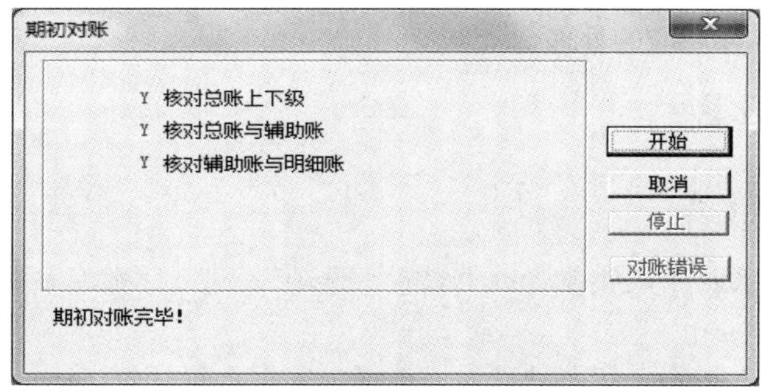

图 3-6　期初对账

(2) 点击【开始】按钮，如出现对账错误，可单击【对账错误】按钮，查看具体错误。

(3) 点击【取消】按钮，返回“期初余额”页面。如有错误，请及时调整相应科目期初余额，直至对账成功。

4. 试算

(1) 单击“期初余额”页面工具栏【试算】按钮，弹出“期初试算平衡表”窗口，如图 3-7 所示。

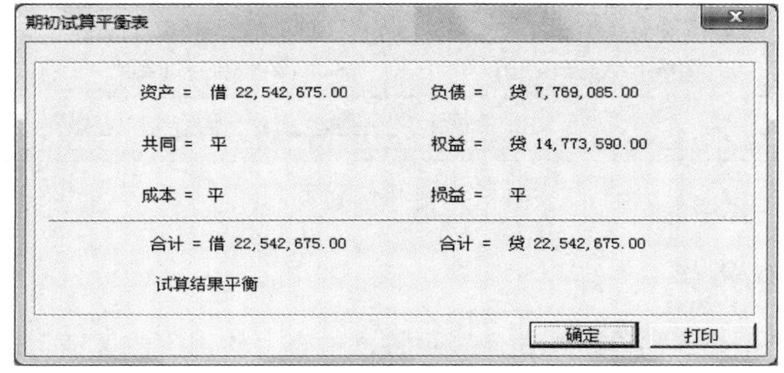

图 3-7　期初试算平衡表

(2) 点击【确定】按钮，返回“期初余额”页面。如试算结果不平衡，请检查调整期初余额，直至试算结果平衡。

3.2　应收款管理系统初始化

系统初始化指用户在应用应收款管理系统之前进行的设置，它包括：

(1) 初始设置：其作用是建立应收管理的基础数据，确定使用哪些单据处理应收业务，确定需要进行账龄管理的账龄区间，确定各个业务类型的凭证科目。有了这些功能，用户可以选择使用自己定义的单据类型，进行单据的录入、处理、统计分析并制单，使应收业务管理更符合用户的需要。

(2) 期初余额：通过期初余额功能，用户可将正式启用账套前的所有应收业务数据录入到系统中，作为期初建账的数据，系统即可对其进行管理，这样既保证了数据的连续性，又保证了数据的完整性。

(3) 系统选项：在运行本系统前，应在此设置运行所需要的账套参数，以便系统根据用户所设定的选项进行相应的处理。

3.2.1　账套参数设置

一、坏账处理方式

(1) 双击“财务会计｜应收款管理｜设置｜选项”，进入“账套参数设置”窗口，如图3-8 所示。

(2) 点击【编辑】按钮，坏账处理方式选择：应收余额百分比法。

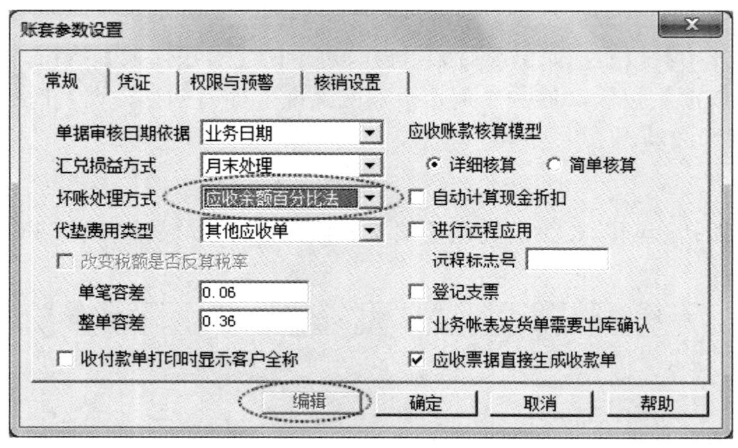

图 3-8　账套参数设置

二、核销生成凭证

(1) 继续在上图(图 3-8)单击“凭证”页签，检查“核销生成凭证”选项是否已勾选。若无，请勾选。

(2) 点击【确定】按钮。

3.2.2 初始设置

应收款管理系统初始设置包括：基础科目设置、控制科目设置、产品科目设置、结算方式科目设置。

根据企业实际情况，应收款管理系统需要进行如下初始设置：

坏账准备设置提取比例为 0.5%，坏账准备期初余额 7500，对方科目为 6701。

★ 实训操作：

1. 坏账准备设置

(1) 双击“财务会计 | 应收款管理 | 设置 | 初始设置”，进入“初始设置”页面；单击左窗口“坏账准备设置”，在右窗口录入相应数据，如图 3-9 所示。

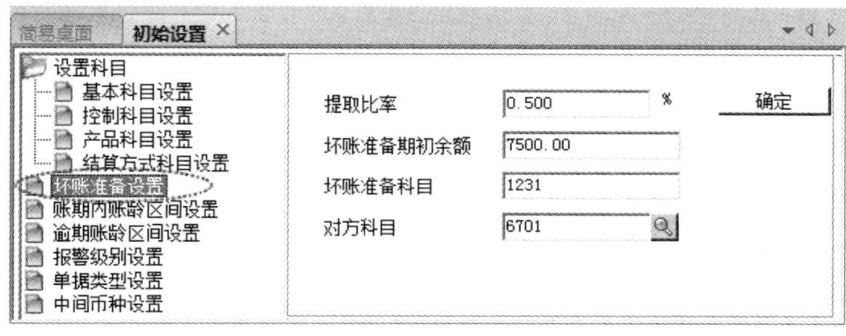

图 3-9　坏账准备设置

(2) 单击【确定】按钮，完成坏账准备设置工作。

2. 科目设置

(1) 基本科目设置。

首先单击“基本科目设置”，再单击工具栏【增加】按钮，然后逐行增加基本科目信息，如图 3-10 所示(右窗口初始状态内容为空)。

基础科目种类	科目	币种
应收科目	112201	人民币
应收科目	112202	美元
预收科目	2203	人民币
汇兑损益科目	660303	人民币
坏账入账科目	1231	人民币
现金折扣科目	660304	人民币
税金科目	22210104	人民币
销售收入科目	600101	人民币
运费科目	660117	人民币

图 3-10　基本科目设置

(2) 控制科目设置。

单击“控制科目设置”，录入客户对应的“应收科目”“预收科目”，如图 3-11 所示。

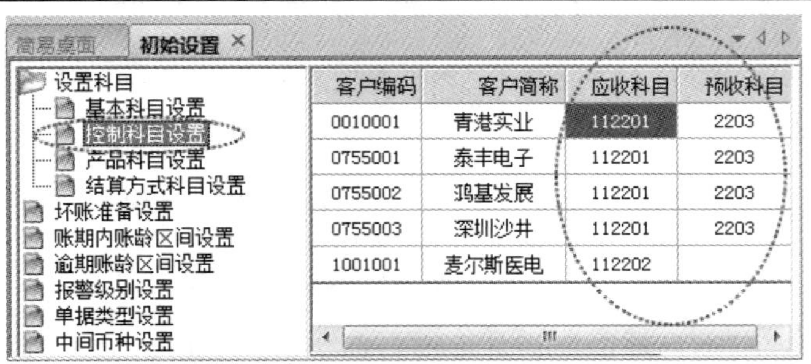

图 3-11　控制科目设置

(3) 产品科目设置。

单击“产品科目设置”，录入客户对应的“销售收入科目”“应交增值税科目”，如图 3-12 所示。

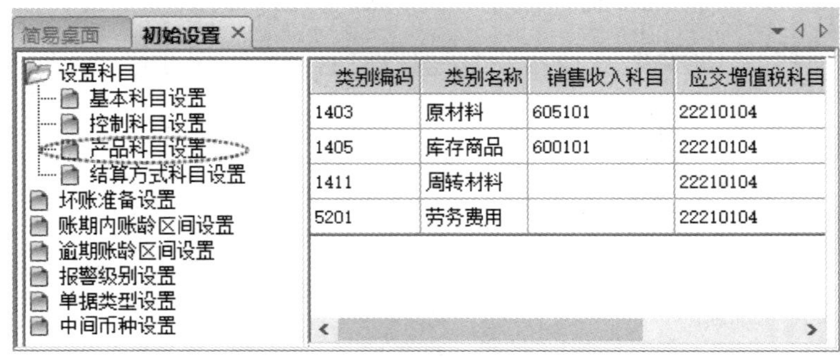

图 3-12　产品科目设置

(4) 结算方式科目设置。

单击“结算方式科目设置”、单击工具栏【增加】按钮，逐行增加结算方式科目设置，如图 3-13 所示(初始状态，右窗口内容为空)。

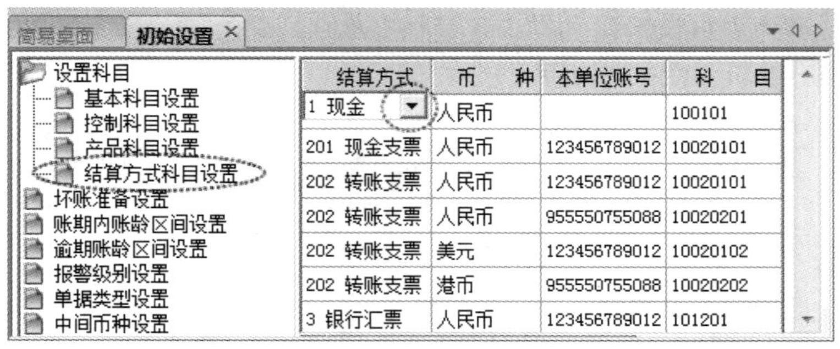

图 3-13　结算方式科目设置

设置完成后，关闭“初始设置”页面。

3.2.3　期初余额

初次使用本系统时，要将上期未处理完全的单据都录入到本系统，以便于以后的处理。当用户进入第二年度处理时，系统自动将上年度未处理完全的单据转为下一年度的期初余额。在下一年度的第一个会计期间里，用户可以进行期初余额的调整。

在期初余额主界面，列出的是所有客户、所有科目、所有合同结算单的期初余额，用户可以通过过滤功能，查看某个客户、某份合同或者某个科目的期初余额。

录入期初余额，包括未结算完的发票和应收单据、预收款单据、未结算完的应收票据以及未结算完毕的合同金额。这些期初数据必须是账套启用会计期间前的数据。

期初余额录入后，可与总账系统对账。在日常业务中，可对期初发票、应收单、预收款、票据进行后续的核销、转账处理。

◇ **实训资料：**

应收票据、应收账款期初往来业务资料见表 3-3。

表 3-3　期初往来业务资料

应收票据

日期	客户	业务员	摘要	票号	票据日期	金额
2019-10-20	泰丰电子	姜玲	三个月无息银行承兑汇票	95555008	2019-10-20	234,000 元

应收账款

日期	客户	业务员	摘要	本币金额	外币
2019-12-20	青港实业	姜玲	销售 B 产品	585,000 元	
2019-12-25	鸿基发展	姜玲	销售甲材料	70,200 元	
2019-12-26	麦尔斯医电	孙婧婧	销售出口 B 产品	665,000 元	100,000 美元
		付款条件：2/10,1/20,n/30			

一、应收票据期初余额

★ **实训操作：**

(1) 双击“财务会计｜应收款管理｜设置｜期初余额”，系统弹出“期初余额-查询”条件设置窗口，该窗口可以设置期初余额的查询条件。

(2) 点击【确定】按钮，进入“期初余额”页面，如图 3-14。

(3) 单击工具栏【增加】按钮，弹出“单据类别”窗口，选择单据名称为应收票据，如图 3-15 所示。

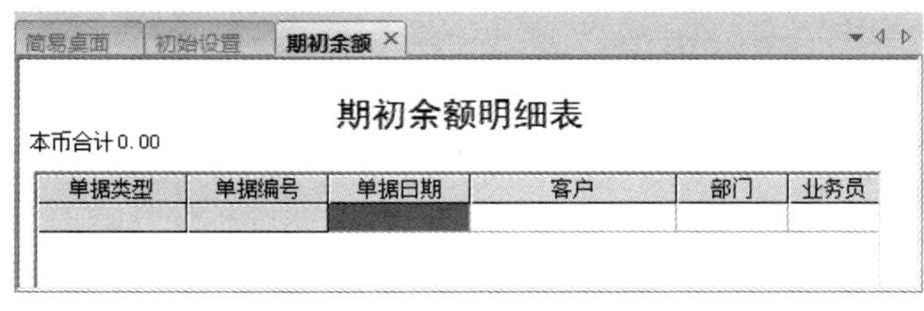

图 3-14　期初余额明细表

图 3-15　单据类别设置

(4) 点击【确定】按钮，进入“期初单据录入”页面。

(5) 单击工具栏【增加】按钮，录入：票据编号等信息，如图 3-16 所示。

(6) 单击工具栏【保存】按钮，关闭(退出)“期初单据录入”页面。暂不关闭“期初余额”页面。

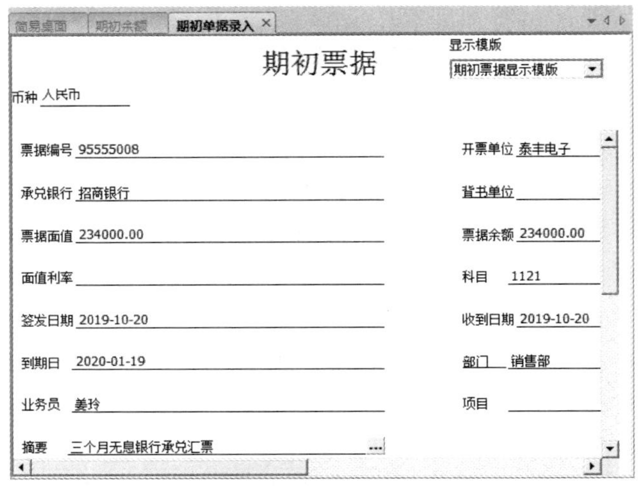

图 3-16　期初票据录入

二、应收账款期初余额

★ 实训操作：

(1) 在“期初余额”页面中，单击工具栏【增加】按钮，弹出“单据类别”窗口，选择单据名称为“应收单”，如图 3-17 所示。

(2) 点击【确定】按钮，进入“单据录入”页面。

(3) 单击工具栏【增加】按钮，修改：单据日期“2019-12-20”，客户“青港实业”、金额“585, 000”、部门“销售部”、业务员“姜玲”、摘要“销售 B 产品”，如图 3-18 所示。

(4) 单击工具栏【保存】按钮。

图 3-17　单据类别设置

图 3-18　期初应收单据录入

◆ 自行练习：

(1) 增加表 3-3 中客户为“鸿基发展”的期初应收单。

(2) 增加表 3-3 中客户为“麦尔斯医电”的期初应收单(注意：有外币、有付款条件)。

(3) 完成后，关闭“单据录入”页面，返回“期初余额”页面。单击工具栏【刷新】按钮，可查看单据列表，如图 3-19 所示。

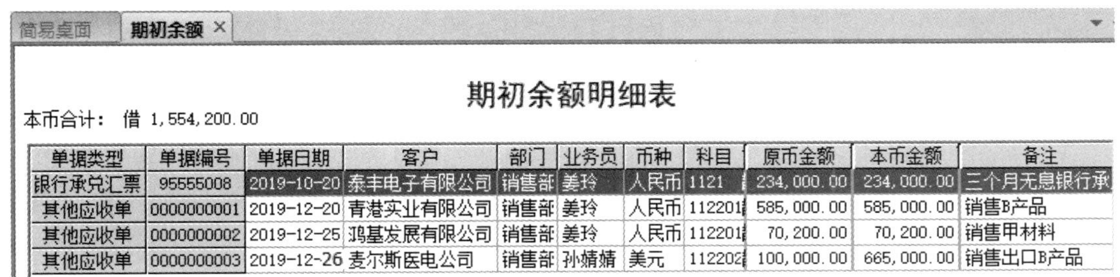

期初余额明细表

本币合计： 借 1,554,200.00

单据类型	单据编号	单据日期	客户	部门	业务员	币种	科目	原币金额	本币金额	备注
银行承兑汇票	95555008	2019-10-20	泰丰电子有限公司	销售部	美玲	人民币	1121	234,000.00	234,000.00	三个月无息银行承
其他应收单	0000000001	2019-12-20	青港实业有限公司	销售部	美玲	人民币	112201	585,000.00	585,000.00	销售B产品
其他应收单	0000000002	2019-12-25	鸿基发展有限公司	销售部	美玲	人民币	112201	70,200.00	70,200.00	销售甲材料
其他应收单	0000000003	2019-12-26	麦尔斯医电公司	销售部	孙婧婧	美元	112202	100,000.00	665,000.00	销售出口B产品

图 3-19　期初余额明细表(完成)

三、与总账系统对账

(1) 在“期初余额”页面，单击工具栏【对账】按钮，进入“期初对账”页面，显示与总账系统期初对账结果。差额项为“0”，表示对账正确，否则请检查并调整总账期初余额或应收账款期初余额，如图 3-20 所示。

科目		应收期初		总账期初		差额	
编号	名称	原币	本币	原币	本币	原币	本币
1121	应收票据	234,000.00	234,000.00	234,000.00	234,000.00	0.00	0.00
112201	人民币客户	655,200.00	655,200.00	655,200.00	655,200.00	0.00	0.00
112202	美元客户	100,000.00	665,000.00	100,000.00	665,000.00	0.00	0.00
2203	预收账款	0.00	0.00	0.00	0.00	0.00	0.00
	合计		1,554,200.00		1,554,200.00		0.00

图 3-20　应收账款期初对账

(2) 关闭“期初对账”页面。

(3) 关闭“期初余额”页面。

3.3　应付款管理系统初始化

系统初始化指用户在应用应付款管理系统之前进行的设置，它包括：

(1) 初始设置：初始设置的作用是建立应付款管理的基础数据，确定使用哪些单据处理应付业务，确定需要进行账龄管理的账龄区间。有了这项功能，用户可以选择使用自己定义的单据类型，使应付业务管理更符合用户的需要。

(2) 期初余额：通过期初余额功能，用户可将正式启用账套前的所有应付业务数据录入到系统中，作为期初建账的数据，系统即可对其进行管理。这样既保证了数据的连续性，又保证了数据的完整性。

(3) 系统选项：在运行本系统前，应在此设置运行所需要的账套参数，以便系统根据用户所设定的选项进行相应的处理。

3.3.1　初始设置

应付款管理系统初始设置包括：基本科目设置、控制科目设置、产品科目设置、结算方式科目设置。

★ **实训操作：**

双击“财务会计｜应付款管理｜设置｜初始设置”，进入“初始设置”页面。

1. 基本科目设置

首先单击左窗口“基本科目设置”，再单击工具栏【增加】按钮，然后逐行增加基本科目信息，如图 3-21 所示(右窗口初始状态内容为空)。

基础科目种类	科目	
应付科目	220201	人民币
应付科目	220202	美元
预付科目	1123	人民币
采购科目	1401	人民币
税金科目	22210101	人民币
汇兑损益科目	660303	人民币

图 3-21　基本科目设置

2. 控制科目设置

单击“控制科目设置”，录入供应商对应的“应付科目”“预付科目“，如图 3-22 所示。

供应商编码	供应商简称	应付科目	预付科目
0020001	南方建材	220201	1123
0021001	日通机电	220201	1123
0021002	上海黄埔	220201	1123
0755001	华兴实业	220201	1123
0769001	东莞强发	220201	1123
1001001	美国柯特	220202	

图 3-22　控制科目设置

3. 产品科目设置

单击“产品科目设置”，录入供应商对应的“销售收入科目”“应交增值税科目”，如图 3-23 所示。

类别编码	类别名称	采购科目	产品采购税金科目	税率
1403	原材料	1401	22210101	13
1405	库存商品			
1411	周转材料	1401	22210101	13
5201	劳务费用	1401	22210101	9

图 3-23　产品科目设置

4. 结算方式科目设置

单击“结算方式科目设置”，单击工具栏【增加】按钮，逐行增加结算方式科目设置，如图 3-24 所示。

简易桌面　初始设置

- 设置科目
  - 基本科目设置
  - 控制科目设置
  - 产品科目设置
  - 结算方式科目设置
- 账期内账龄区间设置
- 逾期账龄区间设置
- 报警级别设置
- 单据类型设置
- 中间币种设置

结算方式	币 ...	本单位账号	科 目
1 现金	人民币		100101
201 现金支票	人民币	123456789012	10020101
202 转账支票	人民币	123456789012	10020101
202 转账支票	人民币	955550755088	10020201
202 转账支票	美元	123456789012	10020102
202 转账支票	港币	955550755088	10020202

图 3-24　结算方式科目设置

设置完成后，关闭“初始设置”页面。

3.3.2　期初余额

初次使用本系统时，要将上期未处理完全的单据都录入到本系统，以便于以后的处理。当用户进入第二年度处理时，系统自动将上年度未处理完全的单据转为下一年度的期初余额。在下一年度的第一个会计期间里，可以进行期初余额的调整。

在期初余额主界面，列出的是所有供应商、所有科目、所有合同结算单的期初余额，用户可以通过过滤功能，查看某个供应商、某份合同或者某个科目的期初余额。

期初余额包括未结算完的发票和应付单据、预付款单据、未结算完的应付票据以及未结算完毕的合同金额。这些期初数据必须是账套启用会计期间前的数据。

期初余额录入完成后须与总账对账，校验数据的正确性，准确无误后记账。

◇ 实训资料：

(1) 应付账款期初往来业务资料见表 3-4。

表 3-4　应付账款期初往来业务资料

日期	供应商	部门	业务员	摘要	金额
2019-11-10	日通机电	采购部	张爱国	采购乙材料	117,000 元
2019-11-10	东莞强发	采购部	肖志媛	采购丙材料	23,400 元
2019-11-21	日通机电	采购部	张爱国	采购乙材料	819,000 元

(2) 预付账款期初往来业务资料见表 3-5。

表 3-5　预付账款期初往来业务资料

日期	供应商	部门	业务员	摘要	金额
2019-12-08	南方建材	采购部	张爱国	预付购买建筑材料	500,000 元

一、应付账款期初余额

★ 实训操作：

(1) 双击“财务会计｜应付款管理｜设置｜期初余额”，系统弹出“期初余额-查询”条

件设置窗口。该窗口可以设置查询条件以查询某个供应商、某份合同或者某个科目的期初余额。

(2) 点击【确定】按钮，进入“期初余额”界面，显示“期初余额明细表”，见图 3-25。

(3) 单击工具栏【增加】按钮，弹出“单据类别”设置窗口，选择单据名称为“应付单”，如图 3-26 所示。

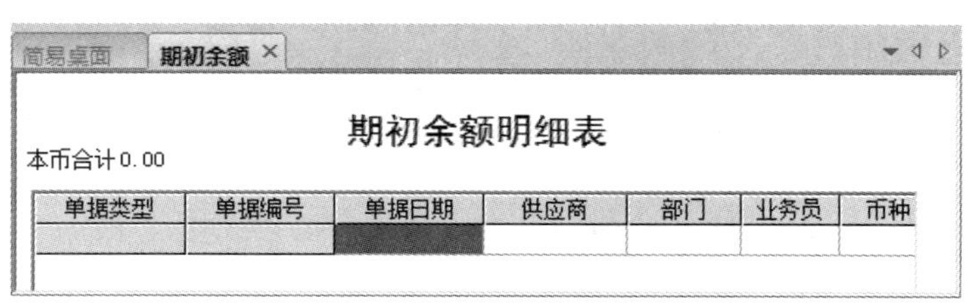

图 3-25　期初余额明细表

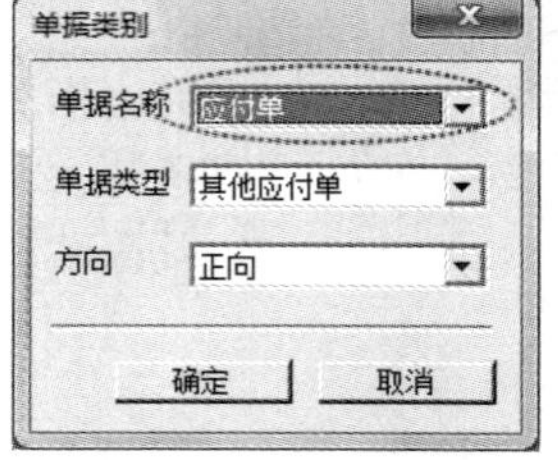

图 3-26　单据类别设置

(4) 点击【确定】按钮，进入“单据录入”页面。录入：单据日期“2019-11-10”、供应商“日通机电”、金额“117, 000”、部门“采购部”、业务员“张爱国”、摘要“采购乙材料”，如图 3-27 所示。

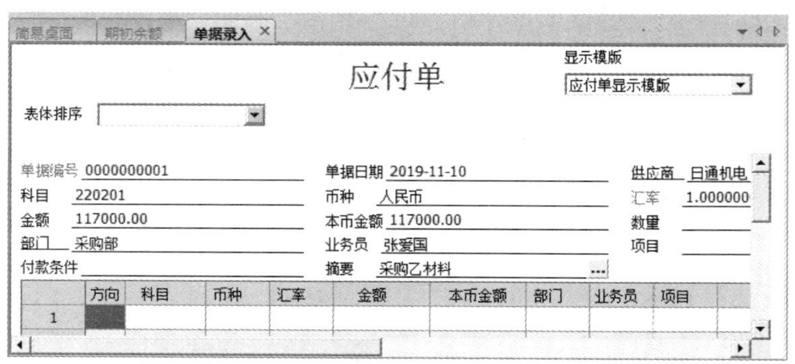

图 3-27　应付单据录入

(5) 单击工具栏【保存】按钮。

◆ **自行练习：**

(1) 增加表 3-4 中供应商为“东莞强发”的期初应付单。

(2) 增加表 3-4 中供应商为“日通机电”的期初应付单。

完成后，关闭“单据录入”页面，返回“期初余额”页面，单击工具栏【刷新】按钮，可查看单据列表，如图 3-30 所示。

二、录入期初预付账款

(1) 单击工具栏【增加】按钮，弹出“单据类别”设置窗口，选择单据名称为“预付款”，如图 3-28 所示。

(2) 点击【确定】按钮，进入“期初单据录入”页面。录入：日期“2019-12-08”、供应商“南方建材”、结算方式“转账支票”、金额“500, 000”、部门“采购部”、摘要“预付款购买建筑材料”，如图 3-29 所示。

图 3-28　单据类别设置

图 3-29　预付单录入

(3) 单击工具栏【保存】按钮。

(4) 关闭“期初单据录入”页面，返回“期初余额”页面。

(5) 单击工具栏【刷新】按钮，可查看单据列表，如图 3-30 所示。

期初余额明细表

本币合计：贷 459,400.00

单据类型	单据编号	单据日期	供应商	部门	业务员	币种	科目	方向	原币金额
其他应付单	0000000001	2019-11-10	上海日通机电	采购部	张爱国	人民币	220201	贷	117,000.00
其他应付单	0000000002	2019-11-10	东莞强发电子	采购部	肖志援	人民币	220201	贷	23,400.00
其他应付单	0000000003	2019-11-21	上海日通机电	采购部	张爱国	人民币	220201	贷	819,000.00
付款单	0000000001	2019-12-08	南方建材股份	采购部	张爱国	人民币	1123	借	500,000.00

图 3-30　期初余额明细表

三、与总账系统对账

(1) 在“期初余额”页面，单击工具栏【对账】按钮，进入“期初对账”页面，显示与总账系统期初对账结果。“差额”项为“0”，表示对账正确，否则请检查总账或应付账余额，如图 3-31 所示。

科目		应付期初		总账期初		差额	
编号	名称	原币	本币	原币	本币	原币	本币
1123	预付账款	-500,000.00	-500,000.00	-500,000.00	-500,000.00	0.00	0.00
2201	应付票据	0.00	0.00	0.00	0.00	0.00	0.00
220201	人民币供应商	959,400.00	959,400.00	959,400.00	959,400.00	0.00	0.00
220202	美元供应商	0.00	0.00	0.00	0.00	0.00	0.00
	合计		459,400.00		459,400.00		0.00

图 3-31　应付账款期初对账

(2) 关闭“期初对账”页面。

(3) 关闭“期初余额”页面。

3.4　销售管理系统初始化

销售管理系统初始化主要包括：销售选项设置、价格管理设置、允销限设置、信用审批人设置、录入期初单据。

★ 实训操作：

(1) 双击"供应链｜销售管理｜设置｜销售选项"，系统打开"销售选项"设置窗口。在"业务控制"页签中勾选"普通销售必有订单"选项，如图 3-32 所示。

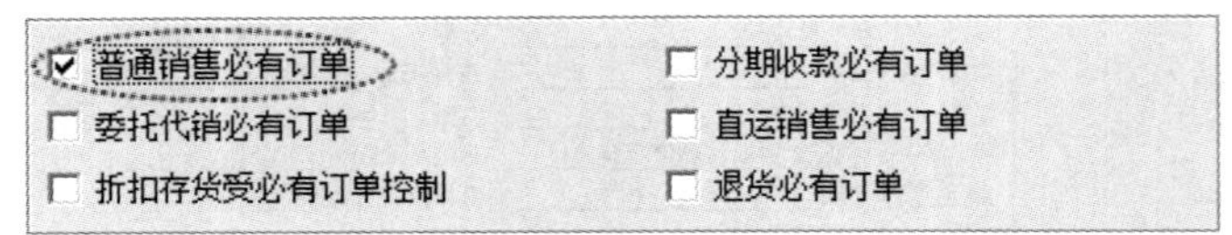

图 3-32　销售选项一

(2) 单击"其他控制"页签，检查并确认下列选项已勾选，如图 3-33 所示。

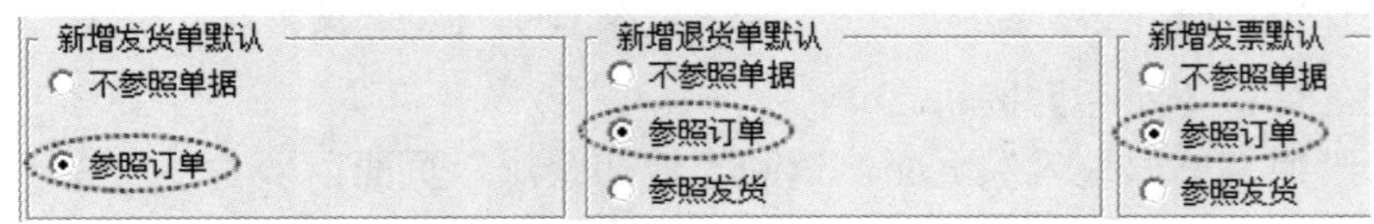

图 3-33　销售选项二

(3) 点击【确定】按钮，关闭"销售选项"窗口。

3.5　采购管理系统初始化

采购管理系统初始化工作包括：

(1) 系统选项设置：系统选项也称系统参数、业务处理控制参数，是指在企业业务处理过程中所使用的各种控制参数，系统参数的设置将决定用户使用系统的业务模式、业务流程、数据流向。

(2) 期初记账：是将采购期初数据记入有关采购账；期初记账后，期初数据不能增加、修改，除非取消期初记账。期初记账后输入的入库单、发票都是启用月份及以后月份的单据，在【月末结账】功能中记入有关采购账。

★ 实训操作：

1. 采购管理选项设置

(1) 双击"供应链｜采购管理｜设置｜采购选项"，打开"采购系统选项设置"窗口，勾选"普通业务必有订单"选项，修改单据默认税率为 13%，如图 3-34(a)、3-34(b)所示。

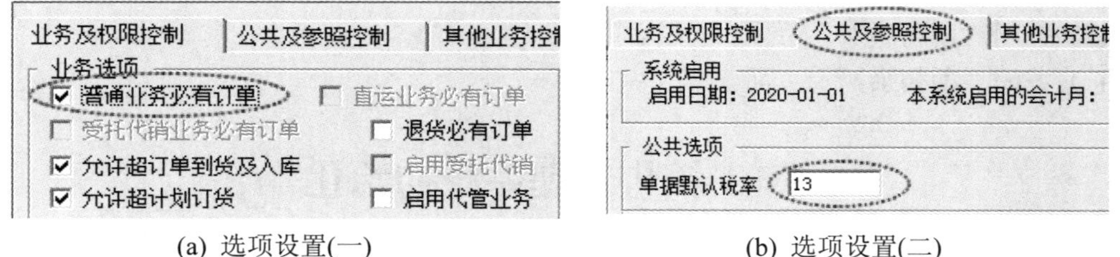

(a) 选项设置(一)　　(b) 选项设置(二)

图 3-34　选项设置

(2) 点击【确定】按钮，退出"采购管理选项设置"窗口。

2. 期初记账

(1) 双击“供应链 | 采购管理 | 设置 | 采购期初记账”，打开“期初记账”对话框，如图 3-35 所示。

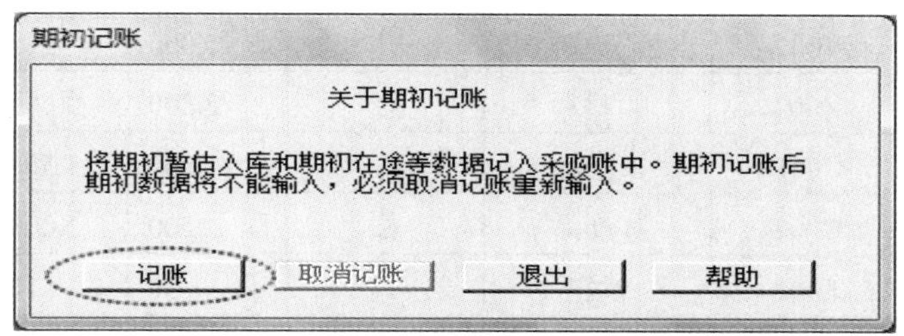

图 3-35　采购管理期初记账

(2) 点击【记账】按钮，弹出“期初记账完毕”提示框，点击【确定】按钮。

3.6　库存管理系统初始化

库存管理系统初始化工作包括：

(1) 系统选项设置：系统选项也称系统参数、业务处理控制参数，是指在企业业务处理过程中所使用的各种控制参数，系统参数的设置将决定用户使用系统的业务模式、业务流程、数据流向。

(2) 期初结存数据录入：使用库存管理系统前，录入各仓库各存货的期初结存数据。重新初始化时，可将上年度 12 月份的库存结存结转到下年度的期初余额中。

(3) 期初不合格品录入：使用库存管理系统前，录入未处理的不合格品结存量，以不合格品记录单的形式录入。期初不合格品记录单审核后增加不合格品量，可进行不合格品处理。

(4) 库存年结单据设置：设置单据制单人、审核人。

一、选项设置

(1) 双击“供应链 | 库存管理 | 初始设置 | 选项”，打开“库存选项设置”窗口。在“通用设置”页签下，勾选“库存生成销售出库单”选项，如图 3-36 所示。

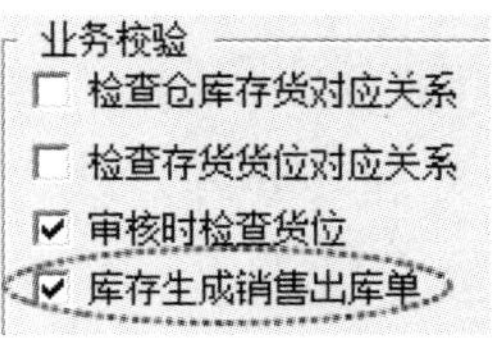

图 3-36　库存选项设置

(2) 点击【确定】按钮，退出“库存选项设置”窗口。

二、期初结存

◇ 实训资料：

创新实业有限公司三个仓库共八种存货，各存货期初结存资料见表 3-6。

表 3-6　各存货期初结存资料

仓库	存货编码	存货名称	计量单位	数量	金额	入库类别
01 原材料仓	Y001	甲材料	千克	40,000	4,800,000	外购入库
	Y002	乙材料	件	5,000	225,000	外购入库
	Y003	丙材料	个	2,500	200,000	外购入库
02 库存商品仓	C001	A 产品	件	1,000	1,500,000	自制入库
	C002	B 产品	件	500	1,000,000	自制入库
03 周转材料仓	Z001	木箱	只	50	10,000	外购入库
	Z002	纸盒	只	1,000	30,000	外购入库
	Z002	纸盒	只	2,000	45,000	外购入库
	Z003	扳手	把	50	1,500	外购入库

注：外购入库部门(采购部)、A 产品自制入库部门(A 产品生产车间)、B 产品自制入库部门(B 产品生产车间)。

★ **实训操作：**

(1) 双击“供应链｜库存管理｜初始设置｜期初结存”，进入“库存期初数据录入”页面，如图 3-37 所示。

(2) 依次单击工具栏【修改】、【增行】按钮，在表体中录入：存货编码“Y001”、数量“40, 000”、金额“4, 800, 000”、入库类别“外购入库”、部门“采购部”。

图 3-37　库存期初——原材料仓

◆ **自行练习：**

(1) 继续增行录入表 3-6 中原材料仓中存货乙材料、丙材料的期初结存资料。完成后单击工具栏【保存】、【审批】按钮。

(2) 更换图 3-37 中右上角“仓库”为“库存商品仓”后，录入表 3-6 中库存商品仓中存货 A 产品、B 产品的期初结存资料。完成后单击工具栏【保存】、【审批】按钮。

(3) 更换图 3-37 中右上角“仓库”为“周转材料仓”后，录入表 3-6 中库存商品仓中存货木箱、纸盒及扳手的期初结存资料。完成后单击工具栏【保存】、【审批】按钮。

(4) 全部完成后，关闭“库存期初数据录入”页面。

3.7　存货核算系统初始化

存货核算系统初始化包括：

(1) 账套参数设置：由用户根据自己的需要建立系统应用环境，将用友存货核算系统变成适合本单位实际需要的专用系统。

(2) 科目设置：包括存货科目、对方科目、税金科目、运费科目、结算科目、应付科目、非合理损耗科目。

(3) 期初数据录入：由用户根据自己的需要输入存货的期初余额和计划价/售价法核算的期初差异。

一、账套参数设置

(1) 双击“供应链｜存货核算｜初始设置｜选项｜选项录入”，系统弹出“选项录入”窗口，将销售成本核算方式设置为销售出库单，如图 3-38 所示。

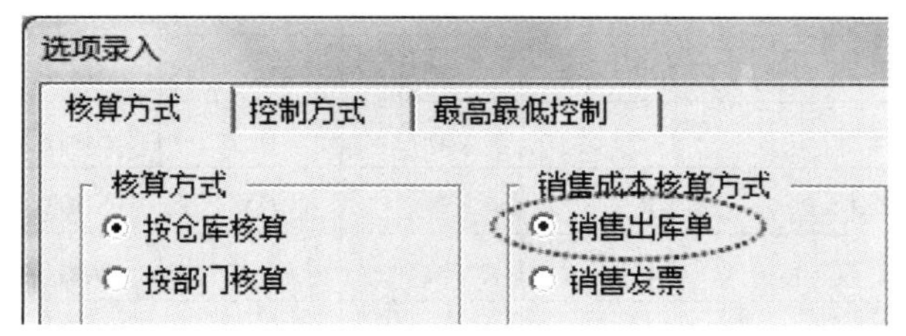

图 3-38　存货系统选项设置

(2) 点击【确定】按钮，退出选项设置。

二、科目设置

★ 实训操作：

(1) 双击“供应链｜存货核算｜初始设置｜科目设置｜存货科目”，系统弹出“存货科目”窗口，如图 3-39 所示。

仓库编码	仓库名称	存货分类编码	存货分类...	存货科目编码	存货科目名称	差异科目编码
01	原材料仓	1403	原材料	1403	原材料	1404
02	库存商品仓	1405	库存商品	1405	库存商品	
03	周转材料仓	1411	周转材料	1411	周转材料	

图 3-39　存货科目

(2) 单击工具栏【增加】按钮，依次增加表 3-7 中资料。

表 3-7　存 货 科 目

仓库编码	仓库名称	存货分类编码	存货分类名称	存货科目编码	存货科目名称	差异科目编码	差异科目名称
01	原材料仓	1403	原材料	1403	原材料	1404	材料成本差异
02	库存商品仓	1405	库存商品	1405	库存商品		
03	周转材料仓	1411	周转材料	1411	周转材料		

(3) 录入完毕后，单击工具栏【保存】、【退出】按钮。

◆ **自行练习：**

根据表 3-8 中的资料，设置存货对方科目。录入完毕后，单击工具栏【保存】、【退出】按钮。

表 3-8　对 方 科 目

收发类别编码	收发类别名称	存货分类编码	存货编码	部门编码	对方科目编码	对方科目名称
101	外购入库	1403		04	1401	材料采购
102	自制入库	1405	C001	051	5001010199	成本结转
102	自制入库	1405	C002	052	5001010299	成本结转
111	生产退料	1403		051	5001010101	直接材料
111	生产退料	1403		052	5001010201	直接材料
201	销售出库	1403		03	6402	其他业务成本
201	销售出库	1405	C001	03	640101	A 产品
201	销售出库	1405	C002	03	640102	B 产品
202	材料出库			01	660210	办公费
202	材料出库			051	5001010101	直接材料
202	材料出库			052	5001010201	直接材料
202	材料出库			053	510101	物料消耗
202	材料出库			06	50010201	物料消耗
202	材料出库			07	160401	生产厂房
203	盘亏出库				190101	待处理流动资产损益

注：“101 外购入库、111 生产退料”栏的“暂估科目”设为“220203　暂估入库”。

三、期初数据

◇ **实训资料：**

存货期初结存资料见表 3-9。

表 3-9　存货期初结存资料

存货编码	存货名称	计量单位	材料成本差异
Y001	甲材料	千克	−48,000
Y002	乙材料	件	−2,250
Y003	丙材料	个	−2,000

（一）期初余额

★ 实训操作：

(1) 双击“供应链 | 存货核算 | 初始设置 | 期初数据 | 期初余额”，打开“期初余额”窗口。

(2) 单击表头“仓库”下拉框，选择“01 原材料仓”，如图 3-40 所示。

(3) 单击工具栏【增加】按钮，逐行录入：存货编码(Y001、Y002、Y003)、数量(40, 000、5,000、2,500)。

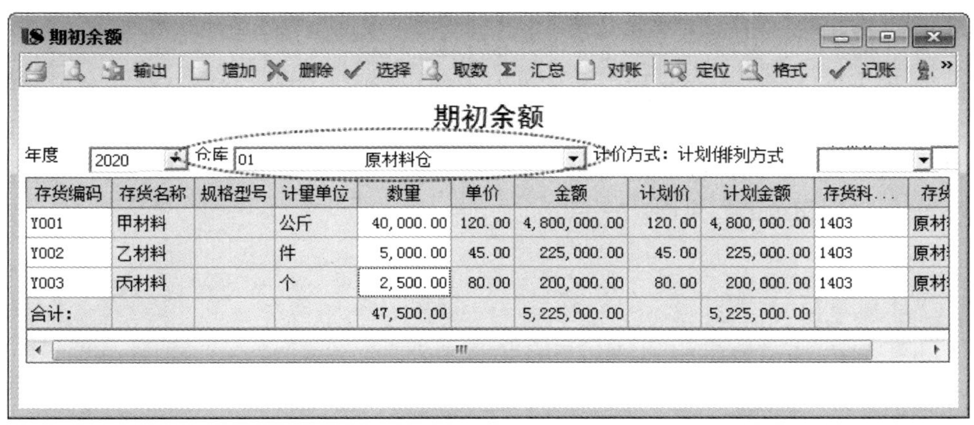

图 3-40　期初余额(原材料仓)

◆ 自行练习：

(1) 增加录入表 3-6 中库存商品仓中存货(A 产品、B 产品)期初结存数量。

(2) 增加录入表 3-6 中周转材料仓中存货(木箱、纸盒、扳手)期初结存数量。

(3) 单击工具栏【对账】按钮，进行库存管理系统与存货核算系统期初对账。如库存管理系统与存货核算系统期初对账一致，则系统提示对账成功；否则，请检查错误，调整数据直至对账成功。

(4) 单击工具栏【退出】按钮。

（二）期初差异

(1) 双击“供应链 | 存货核算 | 初始设置 | 期初数据 | 期初差异”，如图 3-41 所示。

(2) 单击窗口左上角“仓库”下拉框，选择“01 原材料仓”，录入各项差异数据、差异科目(1404)。

(3) 单击工具栏【保存】按钮，系统弹出“保存完毕”信息提示后，点击【确定】按钮。

(4) 关闭“期初差异”页面。

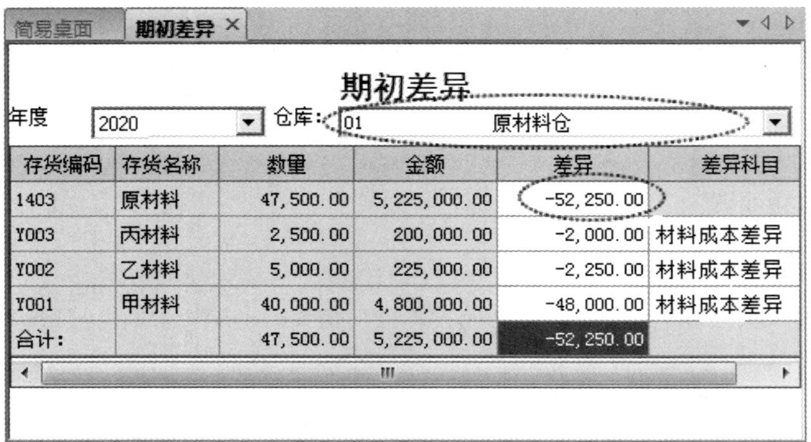

图 3-41　期初差异

(三) 期初记账

(1) 双击“供应链 | 存货核算 | 初始设置 | 期初数据 | 期初余额”，参看图 3-40 所示。

(2) 单击工具栏【记账】按钮，记账成功后该按钮切换成【恢复】按钮。如需修改期初余额，可单击【恢复】按钮，修改完毕后再单击【记账】按钮，【记账】与【记账】轻松切换。

(3) 关闭“期初余额”页面。

第二部分　财务会计

财务会计(Financial accounting)是以货币为主要量度，对企业已发生的交易、事项，运用专门的方法进行确认、计量，并以财务会计报告为主要形式，定期向各经济利益相关者提供会计信息的经济管理活动。它是通过对企业已经完成的资金运动进行全面系统的核算与监督，以为外部与企业有经济利害关系的投资人、债权人和政府有关部门提供企业的财务状况与盈利能力等经济信息为主要目标而进行的经济管理活动。财务会计是现代企业的一项重要的基础性工作，通过一系列会计程序，提供决策有用的信息，并积极参与经营管理决策，提高企业经济效益，服务于市场经济的健康有序发展。

用友 ERP-U8 财务会计系统主要包括总账、应收款管理、应付款管理、固定资产管理、UFO 报表、现金流量表几个模块。各模块主要功能简述如下：

(1) 总账。总账是财务系统软件的核心，业务数据在生成凭证以后，全部归集到总账系统进行处理，总账系统也可以进行日常的收款、付款、报销等业务的凭证制单工作；从建账、日常业务、账簿查询到月末结账等全部的财务处理工作均在总账系统实现。

(2) 应收款管理。应收款管理是指在赊销业务中，从授信方（销售商）将货物或服务提供给受信方（购买商），债权成立开始，到款项实际收回或作为坏账处理结束，授信企业采用系统的方法和科学的手段，对应收账款回收全过程所进行的管理，其目的是保证足额、及时收回应收账款，降低和避免信用风险。

(3) 应付款管理。应付款管理是对企业因购买材料、商品或接受劳务供应等业务应支付给供应者的账款进行管理。应付账款是由于在购销活动中买卖双方取得物资与支付货款在时间上的不一致而产生的负债。企业的其他应付账款，如应付赔偿款、应付租金、存入保证金等，不属于应付账款的核算内容。

(4) 固定资产管理。固定资产管理是指对固定资产的计划、购置、验收、登记、领用、使用、维修、报废等全过程的管理。

(5) UFO 报表。UFO 报表系统是会计信息系统中一个相对独立的子系统，它为企业内部各部门及外部相关部门提供综合反映企业一定时期财务状况、经营成果和现金流量等会计信息。

(6) 现金流量表。现金流量表是反应一定时期内(如月度、季度或年度)企业经营活动、投资活动和筹资活动对其现金及现金等价物所产生影响的财务报表。现金流量表是原先财务状况变动表或者资金流动状况表的替代物。它详细描述了由公司的经营、投资与筹资活动所产生的现金流。

第 4 章　总　账

总账系统适用于各类企事业单位进行凭证管理、账簿处理、个人往来款管理、部门管理、项目核算和出纳管理等。

4.1　总账系统功能

4.1.1　总账功能概述

(1) 设置：包括期初余额录入、选项设置、数据权限分配、金额权限分配、总账套打工具、账簿清理等业务处理。

(2) 凭证：包括填制凭证、出纳签字、主管签字、审核凭证、查询凭证、打印凭证、科目汇总、摘要汇总表、记账、常用凭证等业务处理。

(3) 出纳：包括现金日记账、银行日记账、资金日报、账簿打印、支票登记簿、银行对账、长期未达账审计等业务处理。

(4) 现金流量表：包括期初录入、现金流量凭证查询、现金流量明细表、现金流量统计表等处理。

(5) 账表：包括我的账表、科目账、客户往来辅助账、个人往来账、部门辅助账、项目辅助账、账簿打印等业务处理。

(6) 综合辅助账：包括科目辅助明细账、科目辅助汇总表、多辅助核算明细账、多辅助汇总账等查询打印处理。

(7) 期末：包括转账定义、转账生成、对账、结账等业务处理。

4.1.2　总账业务——凭证处理流程图

凭证处理流程如图 4-1 所示。

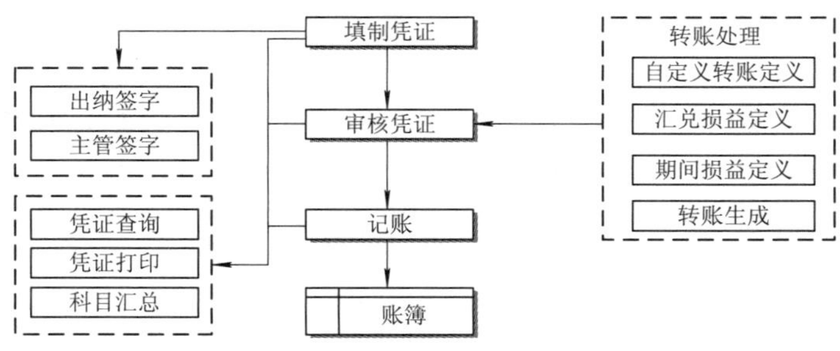

图 4-1　凭证处理流程图

4.1.3　常用功能介绍

一、凭证处理

(一) 填制凭证

记账凭证是总账系统处理的起点，也是所有查询数据的最主要的一个来源。日常业务处理首先从填制凭证开始。

★ **实训操作：**

(1) 双击“财务会计｜总账｜凭证｜填制凭证”，显示单张凭证。

(2) 单击工具栏【增加】按钮或按【F5】键，增加一张新凭证，光标定位在凭证类别上，输入或参照选择一个凭证类别字。

(3) 凭证编号：如果在“总账｜设置｜选项”中选择“系统编号”则由系统按时间顺序自动编号；否则，请手工编号，允许最大凭证号为 32767。系统规定每页凭证可以有五笔分录；当某号凭证不只一页，系统自动将在凭证号后标上几分之一，如：收 –0001 号 0002/0003 表示为收款凭证第 0001 号凭证共有三张分单，当前光标所在分录在第二张分单上。

(4) 系统自动取当前业务日期为记账凭证填制的日期，可修改。

(5) 在“附单据数”处输入原始单据张数。当用户需要将某些图片、文件作为附件链接凭证时，可单击“附单据数”录入框右侧的图标，选择文件的链接地址即可。

(6) 单击凭证右上角的输入框输入，用户可以根据需要输入凭证自定义项。

(7) 输入凭证分录的摘要，按【F2】键或参照按钮输入常用摘要，但常用摘要的选入不会清除原来输入的内容。

(8) 输入末级科目或按【F2】键参照录入。

(9) 若科目为银行科目，且在结算方式设置中确定要进行票据管理，在“总账|设置|选项”中设置“支票控制”，那么这里会要求输入“结算方式”“票号”及“发生日期”。

(10) 如果科目设置了辅助核算属性，则在这里还要输入辅助信息，如部门、个人、项目、客户、供应商、数量等。录入的辅助信息将在凭证下方的备注中显示。

(11) 录入该笔分录的借方或贷方本币发生额，金额不能为零，但可以是红字，红字金额以负数形式输入。如果方向不符，可按空格键调整金额方向。

(12) 若想放弃当前未完成的分录的输入，可按工具栏【删除】按钮或【Ctrl + D】键删除当前分录即可。

(13) 当凭证全部录入完毕后，单击工具栏【保存】按钮或【F6】键保存这张凭证。

(二) 删除凭证(未签字、未审核、未记账)

★ **实训操作：**

(1) 双击“总账｜凭证｜填制凭证”，打开“填制凭证”界面。

(2) 通过单击工具栏 |◆ ◆ ◆ ◆| 按钮翻页查找或点击【查询】按钮输入条件查找要作废的凭证。

(3) 单击工具栏【作废/恢复】按钮，凭证左上角显示“作废”字样。重复操作可恢复凭证。

(4) 单击工具栏【整理凭证】按钮，可以将已作废的凭证彻底删除，也可整理凭证断号。

(三) 冲销凭证(已记账)

★ 实训操作：

(1) 双击“总账｜凭证｜填制凭证”，打开“填制凭证”界面。

(2) 单击工具栏【冲销凭证】按钮，系统弹出凭证选择框，确定需要冲销的凭证信息后，点击【确定】按钮系统自动制作一张红字冲销凭证。

二、出纳签字

出纳凭证由于涉及企业现金的收入与支出，应加强对出纳凭证的管理。出纳人员可通过出纳签字功能对制单员填制的带有现金银行科目的凭证进行检查核对，主要核对出纳凭证的出纳科目的金额是否正确，审查认为错误或有异议的凭证，应交与填制人员修改后再核对。

★ 实训操作：

1. 出纳签字与取消

进入“总账｜凭证｜出纳签字”页面，双击某张凭证，则屏幕显示此张凭证，单击工具栏【签字】按钮，凭证下方出纳处显示当前操作员姓名，表示这张凭证出纳员已签字。若想对已签字的凭证取消签字，单击工具栏【取消】按钮取消签字。

2. 签字批量处理方式

为了提高工作效率，系统提供对已审核的凭证进行成批签字的功能，选择工具栏【批处理】按钮下的“成批出纳签字”和“成批取消签字”功能，可进行签字的成批操作。

3. 补结算方式和票号功能

如果在录入凭证时没有录入结算方式和票据号，系统提供在出纳签字时还可以补充录入。选择菜单栏“出纳”中的“票据结算”功能，列示所有需要进行填充结算方式、票据号、票据日期的分录，包括已填写的分录；填制结算方式和票号时，针对票据的结算方式进行相应支票登记判断。

三、凭证审核与取消

审核凭证是审核员按照财会制度，对制单员填制的记账凭证进行检查核对，主要审核记账凭证是否与原始凭证相符，会计分录是否正确等。审查认为错误或有异议的凭证，应打上出错标记，同时可写入出错原因并交与填制人员修改后，再审核。只有具有审核凭证权限的人才能使用本功能。

★ **实训操作：**

1. 设置审核凭证查询条件

(1) 双击“总账｜凭证｜审核凭证”，显示“审核凭证查询条件”界面。可以根据凭证类别、凭证号、日期、用户信息、来源等设定查询条件。

(2) 点击【确定】按钮，显示凭证一览表。

2. 审核与取消

(1) 双击某张凭证，则显示此张凭证，如果此凭证不是你要审核的凭证，可以单击工具栏 ⇤ ← → ⇥ 按钮翻页查找或单击工具栏【查询】按钮重新输入条件查找。

(2) 审核人员在确认该张凭证正确后，单击工具栏【审核】按钮将在审核处自动签上审核人名，并在凭证上显示审核日期，即该张凭证审核完毕，系统自动显示下一张待审核凭证。

(3) 若审核人员发现该凭证有错误，可按工具栏【标错】按钮，对凭证进行标错，以便制单人可以对其进行修改。

(4) 查找到已审核凭证，单击工具栏【取消】取消审核。

3. 成批审核或成批取消

查询所需并显示所需凭证，单击工具栏【批处理】按钮下的【成批审核凭证】，系统自动对当前范围内的所有未审核凭证执行审核；单击工具栏【批处理】下的【成批取消审核】，系统自动对当前范围内的所有已审核凭证执行取消审核。

操作说明：

① 审核人和制单人不能是同一个人。

② 取消审核签字只能由审核人自己进行。

③ 凭证一经审核，就不能被修改、删除，只有被取消审核签字后才可以进行修改或删除。

④ 审核人除了要具有审核权外，还要具有对待审核凭证制单人所制凭证的审核权，这个权限在“基础设置”的“数据权限”中设置。

⑤ 作废凭证不能被审核，也不能被标错。

⑥ 已标错的凭证不能被审核，若想审核，需先取消标错后才能审核。已审核的凭证不能标错。

⑦ 预算审批通过的凭证，只能进行审核，不能进行凭证其他操作。

⑧ 企业可以依据实际需要加入审核后方可执行领导签字的控制，同时取消审核时控制领导尚未签字。可在“选项”中选中“主管签字以后不可以取消审核和出纳签字”。

四、记账与恢复

记账凭证经审核签字后，即可用来登记总账和明细账、日记账、部门账、往来账、项目账以及备查账等。本系统记账采用向导方式，使记账过程更加明确。

★ 实训操作：

1. 记账

(1) 双击“总账｜凭证｜记账”，打开“记账”页面。可以选择记账月份，填写记账凭证范围。

(2) 点击【记账】按钮记账。

2. 恢复记账

(1) 双击“总账｜期末｜对账”，打开“对账”窗口。选择记账月份，填写记账凭证范围。

(2) 按下【Ctrl + H】键，左侧业务导航图 “总账｜凭证”菜单中增加显示 “恢复记账前状态”功能(再次按下【Ctrl + H】键隐藏此菜单)。

(3) 根据需要选择月份、恢复方式、会计科目、凭证范围后，点击【确定】按钮恢复记账。

4.2 业务实训

实训前请将操作系统时间调整为“2020-01-31”，再登录“企业应用平台”，在“业务工作”页签下进行日常业务处理。

业务一　1 月 4 日，以银行存款支付上月物业管理费 RMB5,000 元，缴纳上月销项增值税 RMB43,500 元，转账支票号为南山工行(№00496712、№00496713)。

★ 实训操作：

(1) 双击“财务会计｜总账｜凭证｜填制凭证”，系统进入“填制凭证”页面。

(2) 单击工具栏【增加】按钮(或按【F5】键)。

(3) 单击凭证类别的参照按钮，选择“付 付款凭证”。

(4) 修改：制单日期“2020-01-04”。

(5) 在“摘要”栏直接录入摘要(支付上月物业管理费)。

(6) 按回车键或单击“科目名称”栏，单击科目名称栏的参照按钮(或按【F2】键)，选择科目(其他应付款/物业费)。

(7) 按回车键或单击“借方金额”栏，录入借方金额(5, 000)。

(8) 按回车键(自动复制上一行摘要)；按回车键或单击“科目名称”栏，单击科目名称栏(第二行)的参照按钮(或按【F2】键)，选择科目“银行存款/南山工行/人民币”。

(9) 按回车键，弹出辅助项“结算方式”对话框，单击“结算方式”栏的参照按钮，选择“转账支票”或直接录入(202)；录入票号(00496712)、发生日期(2020-01-04)，如图 4-2 所示。

(10) 单击“辅助项”窗口【确定】按钮，退出窗口。

(11) 录入贷方金额(5, 000)(或直接按“=”键)。

(12) 继续增加表 4-1 中的第 3、4 条分录，完成后的付款凭证如表 4-1 所示。

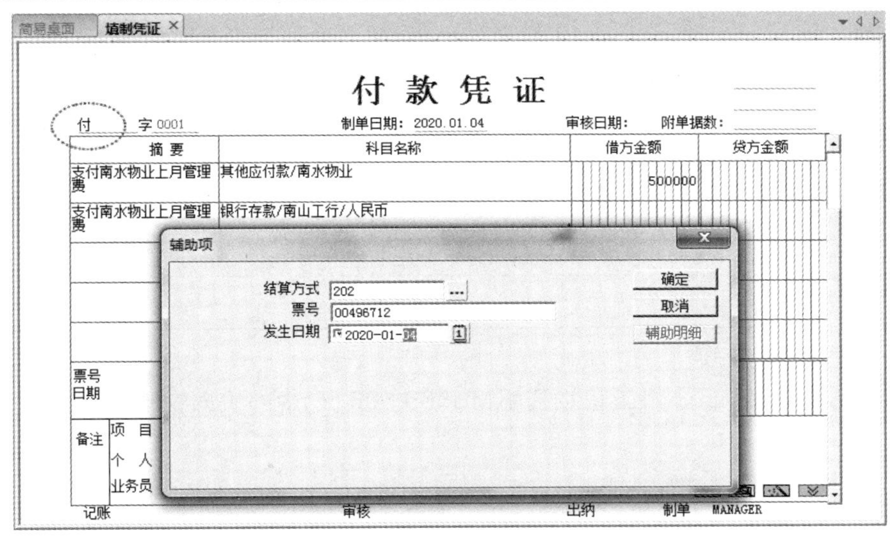

图 4-2　填制凭证

表 4-1　交纳上月物业费和销项增值税

付　字　0001　　　　　　制单日期：2020-01-04

摘要	科目名称	借方金额	贷方金额
支付上月物业管理费	其他应付款 / 物业费	5,000	
支付上月物业管理费	银行存款 / 南山工行/人民币 辅助项：202-00496712、2020-01-04		5,000
缴纳上月销项增值税	应交税费/应交增值税/销项税额	43,500	
缴纳上月销项增值税	银行存款/南山工行/人民币 辅助项：202-00496713、2020-01-04		43,500

(13) 单击工具栏【保存】按钮，继续其他业务操作。

◆ 自行练习：

业务二　1 月 6 日，企管部江涛报销差旅费 RMB5,400 元，其中餐费 RMB800 元，预借款不足部分补给现金，见表 4-2。

表 4-2　江涛报销差旅费

付　字　0002　　　　　　制单日期：2020-01-06

摘要	科目名称	借方金额	贷方金额
江涛报销差旅费	管理费用/差旅费	4,600	
江涛报销差旅费	管理费用/业务招待费	800	
江涛报销差旅费	其他应收款/差旅费 辅助项：企管部、江涛、2020-01-06		4,000
江涛报销差旅费	库存现金/人民币		1,400

业务三　1 月 6 日，以现金 RMB500 元购买办公用品，交企管部使用，见表 4-3。

表 4-3　购买办公用品

付　字　0003　　制单日期：2020-01-06

摘要	科目名称	借方金额	贷方金额
企管部购买办公用品	管理费用/办公费	500	
企管部购买办公用品	库存现金/人民币		500

业务四　1 月 11 日，将工程物资(RMB566,500 元)全部投入在建厂房工程使用，见表 4-4。

表 4-4　工程物资投入使用

转　字　0001　　制单日期：2020-01-11

摘要	科目名称	借方金额	贷方金额
工程物资投入使用	在建工程/生产厂房	566,500	
工程物资投入使用	工程物资/专用材料		566,500

业务五　1 月 19 日，开出蛇口招行转账支票(№1154291)支付上月工资 RMB58,912 元，见表 4-5。

表 4-5　支付上月工资

付　字　0004　　制单日期：2020-01-19

摘要	科目名称	借方金额	贷方金额
支付上月工资	应付职工薪酬/工资	58,912	
支付上月工资	银行存款/蛇口招行/人民币* 辅助项：202-1154291、2020-01-19		58,912

业务六　1 月 20 日，将股票全部转让，取得收入 RMB250, 000 元存入南山工行，见表 4-6。

表 4-6　股票转让收入

收　字　0001　　制单日期：2020-01-20

摘要	科目名称	借方金额	贷方金额
股票转让收入	银行存款/南山工行/人民币	250,000	
股票转让收入	交易性金融资产/股票		150,000
股票转让收入	投资收益		100,000

业务七　1 月 21 日，开出蛇口招行转账支票(№4431256)支付厂房工程施工费用 HKD50,000 港币，见表 4-7。

表 4-7　支付厂房工程施工费用

付　字　0005　　　　　　制单日期：2020-01-21

摘要	科目名称	外币	借方金额	贷方金额
支付工程施工费用	在建工程/生产厂房		42,500	
支付工程施工费用	银行存款/蛇口招行/港币 辅助项：202-4431256、2020-01-21	HKD 50,000		42,500

业务八　1 月 21 日，开出南山工行支票(№00068921)提取现金 RMB5,000 元，见表 4-8。

表 4-8　提现

付　字　0006　　　　　　制单日期：2020-01-21

摘要	科目名称	借方金额	贷方金额
提现	库存现金/人民币	5,000	
提现	银行存款/南山工行/人民币 辅助项：201-00068921、2020-01-21		5,000

业务九　1 月 22 日，现金支付职工李永庆培训费 RMB3,850 元，见表 4-9。

表 4-9　支付职工培训费

付　字　0007　　　　　　制单日期：2020-01-22

摘要	科目名称	借方金额	贷方金额
支付李永庆培训费	其他应付款/职工福利费	3,850	
支付李永庆培训费	库存现金/人民币		3,850

业务十　1 月 23 日，开出南山工行支票(№ 00496714)，向吉安希望小学捐款 RMB10,000 元助学，见表 4-10。

表 4-10　捐款凭证

付　字　0008　　　　　　制单日期：2020-01-23

摘要	科目名称	借方金额	贷方金额
向吉安希望小学捐款	营业外支出/捐赠	10,000	
向吉安希望小学捐款	银行存款/南山工行/人民币 辅助项：202-00496714、2020-01-23		10,000

业务十一　1 月 24 日，开出招行转账支票(№1154292、1154293)支付股东利润 RMB300,000 元，其中：亚新实业 100,000 元，东大电子 200,000 元，见表 4-11。

表 4-11　支付股利凭证

付　字　0009　　　　制单日期：2020-01-24

摘要	科目名称	借方金额	贷方金额
支付股东利润	应付股利/亚新实业	100,000	
支付股东利润	应付股利/东大电子	200,000	
支付股东利润	银行存款/蛇口招行/人民币 辅助项：202-1154292、2020-01-24		100,000
支付股东利润	银行存款/蛇口招行/人民币 辅助项：202-1154293、2020-01-24		200,000

业务十二　1 月 25 日，接社保局通知，从招行人民币账户扣缴保险费 RMB4,953 元，其中 RMB1,653 元应由职工交纳，企业负担 RMB3,300 元，见表 4-12。

表 4-12　支付保险费凭证

付　字　0010　　　　制单日期：2020-01-25

摘要	科目名称	借方金额	贷方金额
支付社会保险费	其他应付款/社会保险/个人	1,653	
支付社会保险费	其他应付款/社会保险/企业	3,300	
支付社会保险费	银行存款/蛇口招行/人民币		4,953

业务十三　1 月 25 日，支付水电费 RMB7,020 元，已从南山工行扣款，费用分担如下：基本生产车间 RMB2,300 元、辅助生产车间 RMB600 元、企管部 RMB2,020 元、销售部 RMB2,100 元，见表 4-13。

表 4-13　缴纳水电费凭证

付　字　0011　　　　制单日期：2020-01-25

摘要	科目名称	借方金额	贷方金额
支付水电费	制造费用/水电费	2,300	
支付水电费	生产成本/辅助生产成本/水电费	600	
支付水电费	管理费用/水电费	2,020	
支付水电费	销售费用/水电费	2,100	
支付水电费	银行存款/南山工行/人民币		7,020

业务十四　1 月 29 日，对基本生产车间进行设备维修。维修费用 RMB2,000 元，以南山工行转账支票(№00496715)支付，见表 4-14。

表 4-14　支付设备维修费凭证

付　字　0012　　　　　　　　制单日期：2020-01-29

摘要	科目名称	借方金额	贷方金额
支付设备维修费	制造费用/修理费	2,000	
支付设备维修费	银行存款/南山工行/人民币 辅助项：　202-00496715、2020-01-29		2,000

业务十五　出纳签字："付 1""付 2"号凭证出纳签字。

★ 实训操作：

(1) 单击工具栏【重注册】按钮，如图 4-3 所示。更换操作员为"WP"或"王萍"。

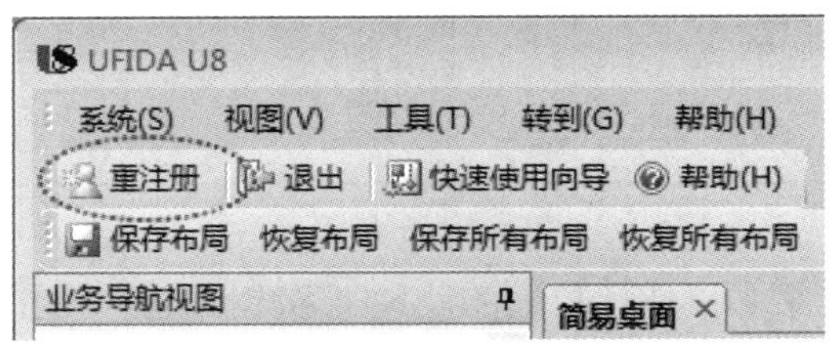

图 4-3　重注册

(2) 双击"财务会计｜总账｜凭证｜出纳签字"，系统弹出"出纳签字"条件设置对话框，设置条件：凭证类别"付 付款凭证"、选中"月份"单选项、录入凭证号"1-2"，如图 4-4 所示。

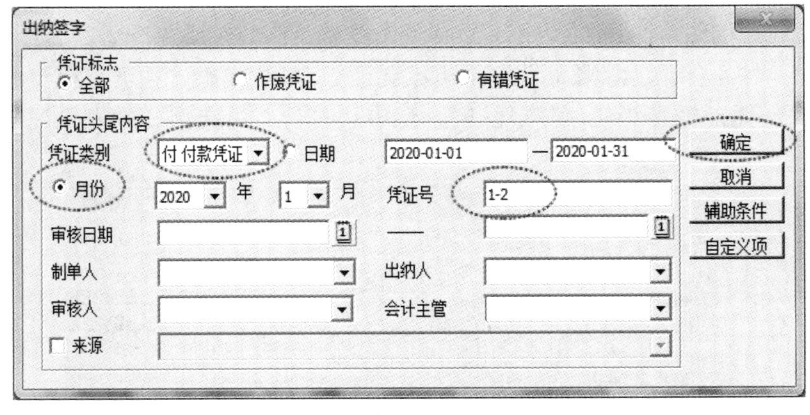

图 4-4　设置凭证签字条件

(3) 点击【确定】按钮，打开"出纳签字列表"窗口，显示满足条件凭证列表，如图 4-5 所示。

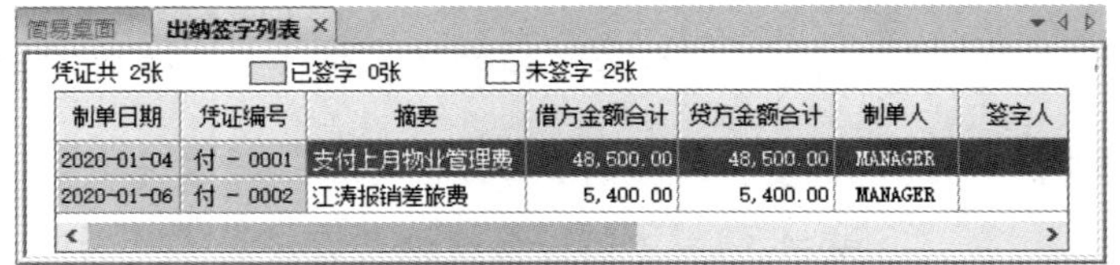

制单日期	凭证编号	摘要	借方金额合计	贷方金额合计	制单人	签字人
2020-01-04	付 - 0001	支付上月物业管理费	48,500.00	48,500.00	MANAGER	
2020-01-06	付 - 0002	江涛报销差旅费	5,400.00	5,400.00	MANAGER	

图 4-5　满足条件凭证列表

(4) 双击列表中的第 1 张凭证，如图 4-6 所示。

付 款 凭 证

摘要	科目名称	借方金额	贷方金额
支付上月物业管理费	其他应付款/物业费	500000	
支付上月物业管理费	银行存款/南山工行/人民币		500000
缴纳上月销项增值税	应交税费/应交增值税/销项税额	4350000	
缴纳上月销项增值税	银行存款/南山工行/人民币		4350000
合计		4850000	4850000

图 4-6　出纳签字

(5) 单击工具栏【签字】按钮，单击工具栏➡按钮，再单击工具栏【签字】按钮。

(6) 完成后，依次关闭“出纳签字”“出纳签字列表”页面。

业务十六　审核凭证：审核“付 1”“付 2”号付款凭证。

★ 实训操作：

(1) 单击工具栏【重注册】按钮，更换操作员为“LZG”或“李志高”。

(2) 双击“财务会计｜总账｜凭证｜审核凭证”，系统弹出“凭证审核”条件设置对话框，设置条件：凭证类别“付 付款凭证”、选中“月份”单选项、录入凭证号“1-2”，如图 4-7 所示。

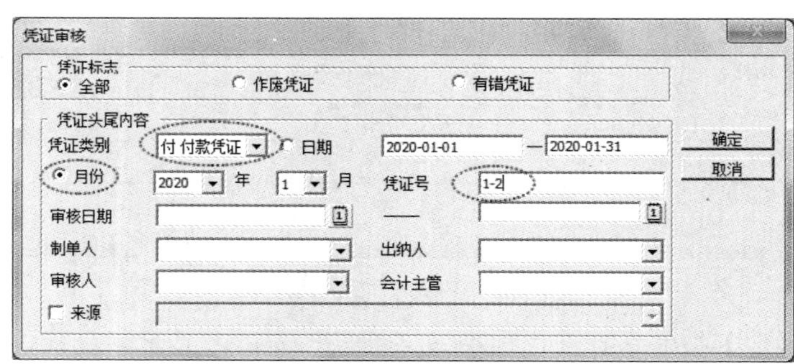

图 4-7　设置凭证审核条件

(3) 点击【确定】按钮，打开“凭证审核列表”页面，显示满足条件凭证列表，如图 4-8 所示。

简易桌面　凭证审核列表

凭证共 2张　　已审核 0 张　　未审核 2 张

制单日期	凭证编号	摘要	借方金额合计	贷方金额合计	制单人	审核人
2020-01-04	付 - 0001	支付上月物业管理费	48,500.00	48,500.00	MANAGER	
2020-01-06	付 - 0002	江涛报销差旅费	5,400.00	5,400.00	MANAGER	

图 4-8　满足条件凭证列表

(4) 双击列表中第一张凭证，进入“审核凭证”页面。单击工具栏【审核】按钮，该张凭证审核(人)已签章“李志高”，如图 4-9 所示。

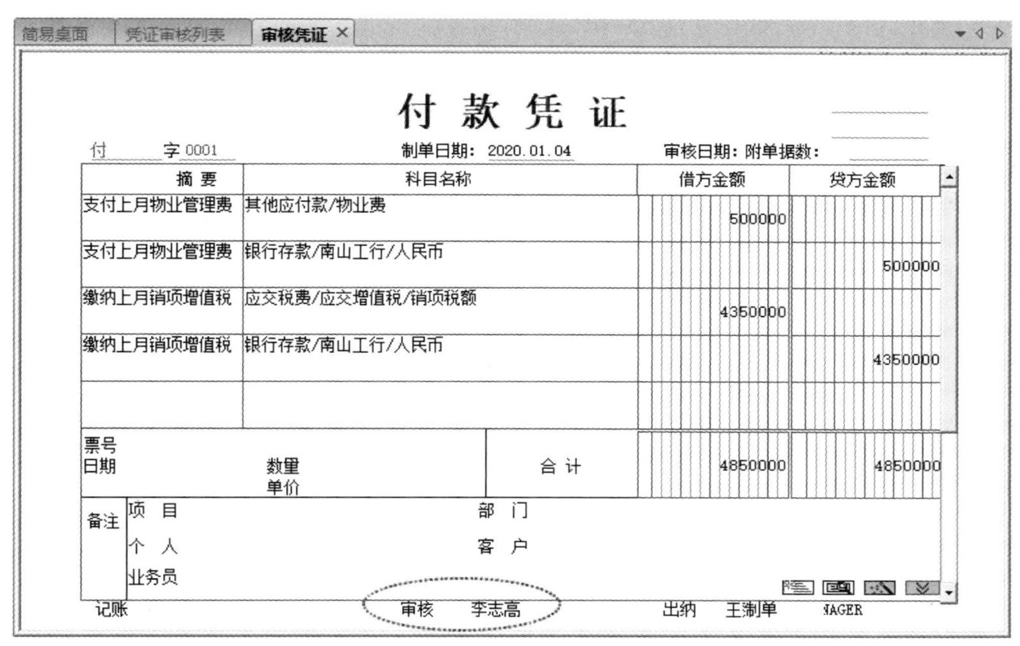

图 4-9　审核凭证

(5) 系统自动翻页到第 2 张凭证，再单击【审核】按钮。完成后，依次关闭“审核凭证”“凭证审核列表”页面。

业务十七　记账：“付 1”“付 2”号凭证记账。

★ 实训操作：

(1) 单击工具栏【重注册】按钮，更换操作员为本人编码或姓名，登录“企业应用平台”。

(2) 双击“财务会计｜总账｜凭证｜记账”，系统弹出“记账”窗口。

(3) 单击“全选”按钮，如图 4-10 所示。

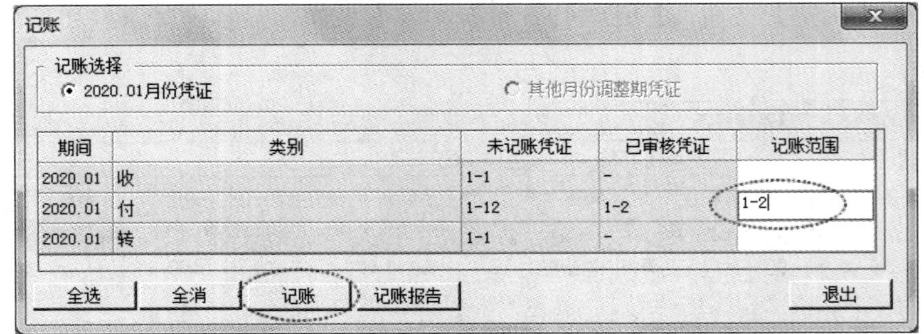

图 4-10　记账范围

(4) 点击【记账】按钮，系统弹出“期初试算平衡表”。

(5) 点击【确定】按钮，系统弹出记账信息及“记账完毕”提示框。

(6) 点击【确定】按钮，点击【退出】按钮。

操作说明：

实训十五、十六、十七分别是对出纳签字、审核、记账业务功能进行初步演练，期末将对所有凭证进行相应业务处理。

第 5 章　应收款管理

应收款管理通过发票、其他应收单、收款单等单据的录入，对企业的往来账款进行综合管理，可及时、准确地提供客户的往来账款余额资料，提供各种分析报表，如账龄分析表、周转分析表、欠款分析表、坏账分析表、回款分析表等，通过各种分析报表，用户可以合理地进行资金的调配，提高资金的利用效率。

5.1　系 统 功 能

一、应收款管理系统功能

(1) 设置：负责初始设置、期初余额录入、选项设置等，包括建立应收管理的基础数据；将正式启用账套前的所有应收业务数据录入到系统中，作为期初建账的数据；设置运行所需要的账套参数，以便系统根据用户所设定的选项进行相应的处理。

(2) 应收单据处理：包括应收单据录入、应收单据审核等，用于记录各种应收业务单据的内容，查阅各种应收业务单据，完成应收业务管理的日常工作。

(3) 收款单据处理：主要是对结算单据(收款单、付款单即红字收款单)进行管理，包括收款单、付款单的录入与审核。

(4) 选择收款：负责进行一次对多个客户、多笔款项进行收款核销的业务处理。

(5) 核销处理：包括手工核销、自动核销，用于解决收回客商款项核销该客商应收款的处理，建立收款与应收款的核销记录，监督应收款及时核销，加强往来款项的管理。

(6) 票据管理：负责对银行承兑汇票和商业承兑汇票进行管理。

(7) 转账：负责应收冲应收、预收冲应收、应收冲应付、红票对冲等业务处理。

(8) 坏账处理：负责计提坏账准备、坏账发生、坏账收回、坏账查询等业务处理。

(9) 汇兑损益：负责计算外币单据的汇兑损益并对其进行相应的处理。

(10) 制单处理：负责将应收款管理系统业务生成凭证，并将凭证传递至总账进行记账。

(11) 单据查询：包括发票查询、应收单查询、收付款单查询、凭证查询、单据报警查询、信用报警查询、应收核销明细表。

(12) 账表管理：包括报表、业务账簿、统计分析、科目账查询。

(13) 其他处理：负责远程应用、取消操作等，包括进行远程数据的传递、取消操作、月末结账等处理。对原始单据进行了审核、对收款单进行了核销等操作后，发现操作失误，

可将其恢复到操作前的状态，以便进行修改。

(14) 期末处理：月末结账、取消月结，进行期末结账工作。

二、应收款管理系统业务处理流程

应收款管理系统业务处理流程如图 5-1 所示。

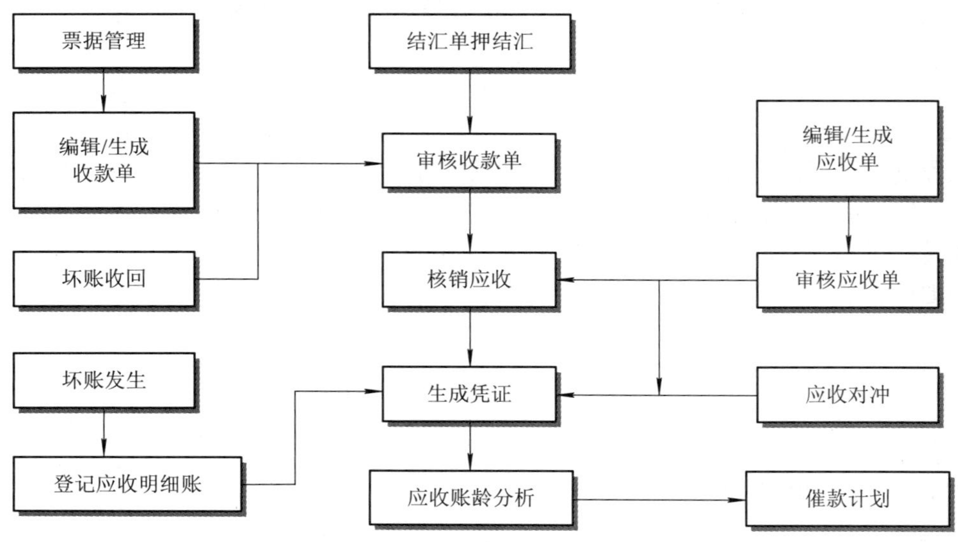

图 5-1　业务处理流程

5.2　业 务 实 训

为适应教学的需要，实训前请将操作系统时间调整为“2020-01-31”，再登录“企业应用平台”，在“业务工作”页签下进行应收款管理业务处理。实训中单据日期为业务实际发生日期，凭证制单日期为“2020-01-31”。

业务一　1 月 2 日，青港实业汇入南山工行 RMB585,000 元偿还前欠货款。

★ 实训操作：

1. 收款单录入

(1) 双击“财务会计 | 应收款管理 | 收款单据处理 | 收款单据录入”，进入“收付款单录入”页面。

(2) 单击工具栏【增加】按钮，录入：日期(2020-01-02)、客户(青港实业)、结算方式(其他)、金额(585,000)、部门(销售部)、摘要(收到青港实业货款)。点击表体第 1 行，录入：科目(112201)，如图 5-2 所示。

(3) 单击工具栏【保存】按钮。

(4) 单击工具栏【审核】按钮，弹出“是否立即制单？”对话框，点击【是】按钮，弹出收款凭证，如表 5-1 所示。

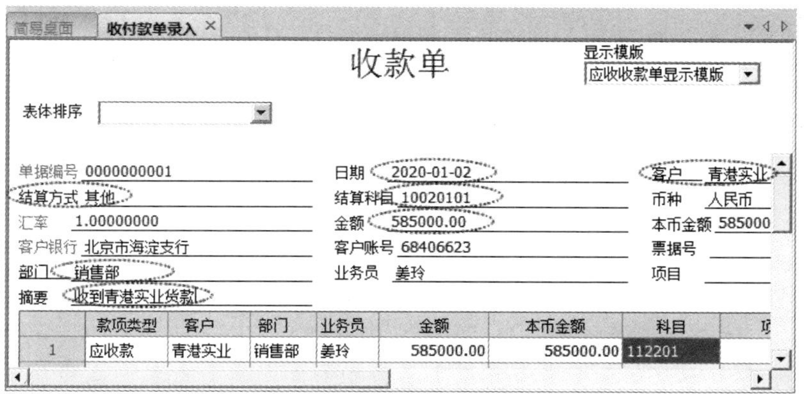

图 5-2　收款单

表 5-1　收 款 凭 证

收　字 0002

摘要	科目名称	借方金额	贷方金额
收到青港实业货款	银行存款/南山工行/人民币	585,000	
收到青港实业货款	应收账款/人民币客户		585,000

(5) 单击工具栏【保存】按钮。

(6) 关闭“填制凭证”页面(不要关闭“收付款单录入”页面)。

2. 核销期初应收账款

(1) 在“收付款单录入”页面，单击工具栏【核销】按钮，系统打开“核销条件”窗口。

(2) 点击【确定】按钮，进入“单据核销”页面，录入：本次结算(585,000)，如图 5-3 所示。

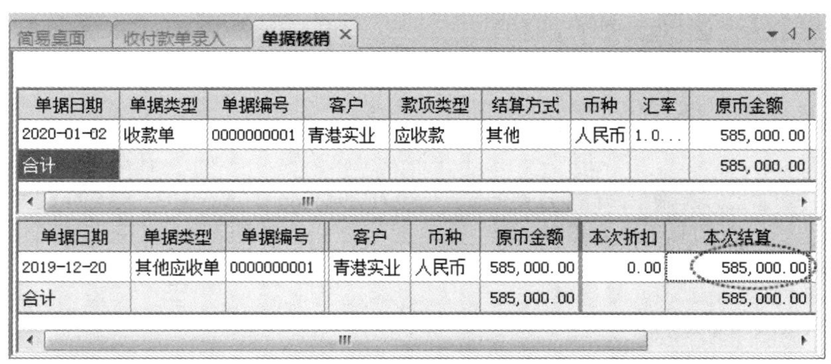

图 5-3　核销

(3) 单击工具栏【保存】按钮，完成核销操作，应收单被完全核销，不再显示在窗口中。

(4) 关闭“单据核销”页面。

业务二　1 月 4 日，接南山工行通知，收妥麦尔斯医电账款 USD98,000 美元。

★ 实训操作：

1. 收款单录入

(1) 双击"财务会计｜应收款管理｜收款单据处理｜收款单据录入"，进入"收付款单录入"页面。

(2) 单击工具栏【增加】按钮。录入或参照输入表头数据：日期(2020-01-04)、客户(麦尔斯医电)、结算方式(其他)、结算科目(10020102)、金额(98, 000)、部门(销售部)、摘要(收到货款)；点击表体第 1 行，确认科目(112202)，如图 5-4 所示。

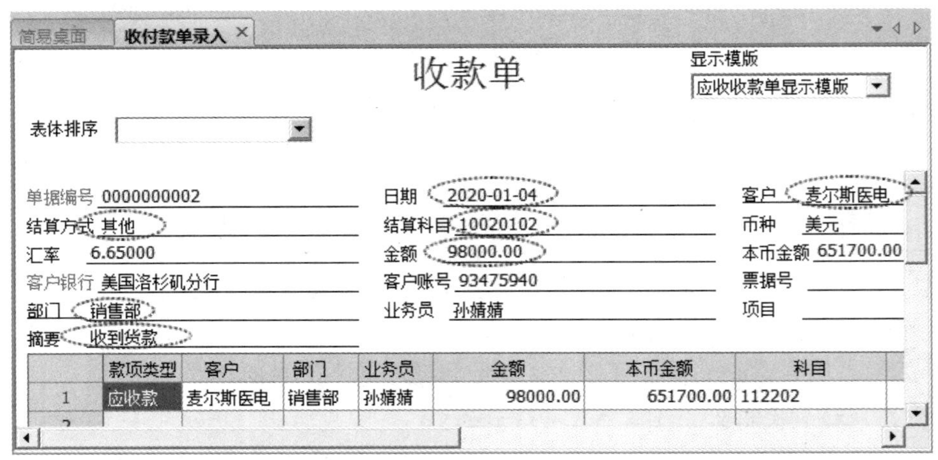

图 5-4　收款单录入

(3) 单击工具栏【保存】按钮。

(4) 单击工具栏【审核】按钮，系统弹出"是否立即制单?"提示框，单击【是】按钮。

(5) 系统弹出收款凭证，如表 5-2 所示。

表 5-2　收款凭证

收　字 0003

摘要	科目名称	外币	借方金额	贷方金额
收到货款	银行存款/南山工行/美元	USD 98,000	651,700	
收到货款	应收账款/美元客户	USD 98,000		651,700

(6) 单击工具栏【保存】按钮。

(7) 关闭"填制凭证""收付款单录入"页面。

2. 核销

(1) 双击"财务会计｜应收款管理｜核销处理｜手工核销"，弹出"核销条件"窗口，参照输入：客户(麦尔斯医电)、币种(美元)、计算日期(2020-01-04)，如图 5-5 所示。

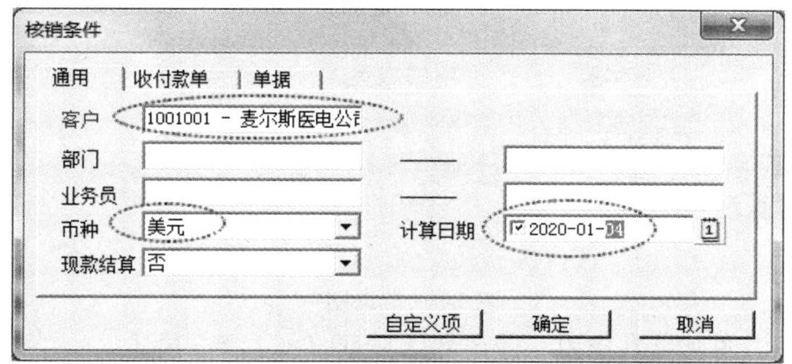

图 5-5　核销条件设置

(2) 点击【确定】按钮，进入“单据核销”页面，录入：本次折扣(2,000)、本次结算(98,000)，如图 5-6 所示。

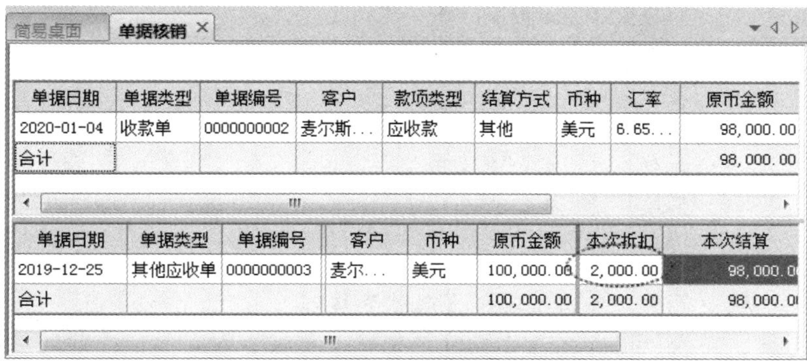

简易桌面　单据核销

单据日期	单据类型	单据编号	客户	款项类型	结算方式	币种	汇率	原币金额
2020-01-04	收款单	0000000002	麦尔斯...	应收款	其他	美元	6.65...	98,000.00
合计								98,000.00

单据日期	单据类型	单据编号	客户	币种	原币金额	本次折扣	本次结算
2019-12-25	其他应收单	0000000003	麦尔...	美元	100,000.00	2,000.00	98,000.00
合计					100,000.00	2,000.00	98,000.00

图 5-6　核销

(3) 单击工具栏【保存】按钮，关闭“单据核销”页面。

3. 核销制单

(1) 双击“财务会计｜应收款管理｜制单处理”，打开“制单查询”窗口，在窗口左侧取消“发票制单”选项，选择“核销制单”选项，如图 5-7 所示。

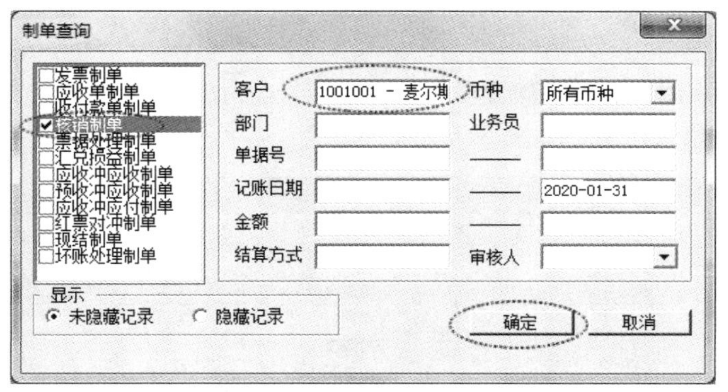

图 5-7　制单查询

(2) 点击【确定】按钮，进入“制单”页面。凭证类别选择“转账凭证”，单击工具栏【全选】按钮，“选择标志”列自动填入“1”，如图 5-8 所示。

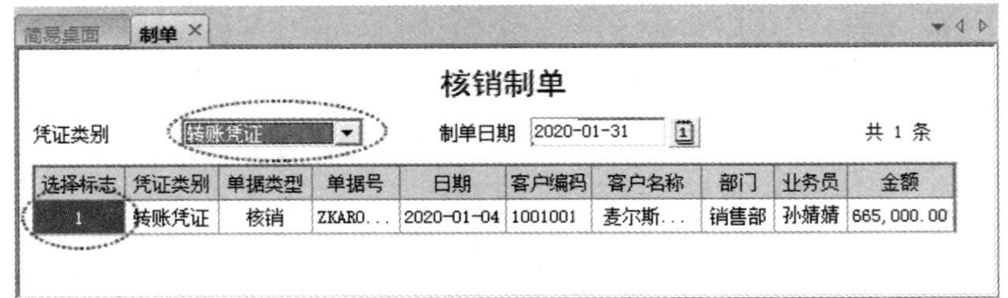

图 5-8　核销制单

(3) 单击工具栏【制单】按钮，弹出转账凭证，如表 5-3 所示。

表 5-3　转账凭证

转　字 0002

摘要	科目名称	外币	借方金额	贷方金额
现金折扣	财务费用/现金折扣		13,300	
销售出口 B 产品	应收账款/美元客户	USD 2,000		13,300

(4) 单击工具栏【保存】按钮。

(5) 依次关闭“填制凭证”“制单”页面。

操作说明：

① 取消核销：双击“财务会计 | 应收款管理 | 其他处理 | 取消操作”，操作类型选择“核销”，选中核销业务后，单击工具栏【确认】按钮。

② 删除凭证：双击“财务会计 | 应收款管理 | 单据查询 | 凭证查询”，单击选择凭证后，单击工具栏【删除】按钮，再进行“取消核销”操作。

业务三　**1 月 21 日应收泰丰电子票据到期，款项收妥存入工商银行。**

实训提示：

实训前请查看应收票据期初余额。

★ 实训操作：

(1) 双击“财务会计 | 应收款管理 | 票据管理”，弹出“查询条件选择”窗口。参照输入：票据类型、出票人信息，如图 5-9 所示。

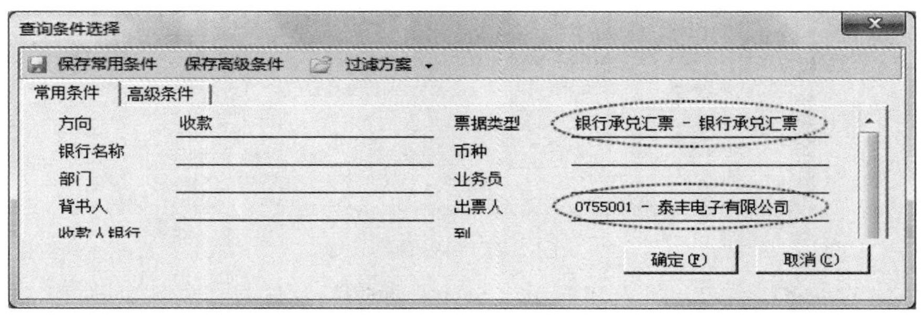

图 5-9　查询条件选择

(2) 点击【确定】按钮，进入“票据管理”页面，双击“选择”，如图 5-10 所示。

简易桌面　票据管理

票据总数：1

票据管理

记录总数：1

选择	序号	方向	票据类型	收到日期	票据编号	银行名称	票据摘要	币种	出票日期
Y	1	收款	银行承兑汇票	2019-10-20	95555008		三个月无息...	人民币	2019-10-20
合计									

图 5-10　票据管理

(3) 单击工具栏【结算】按钮，进入“票据结算”窗口。录入：结算日期、结算科目、托收单位信息，如图 5-11 所示。

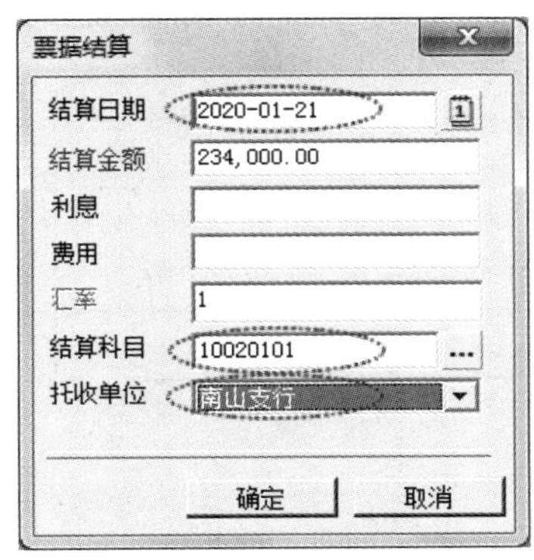

图 5-11　票据结算设置

(4) 点击【确定】按钮，弹出“是否立即制单?”提示框，单击【是】按钮，进入“填制凭证”页面，如图 5-12 所示。

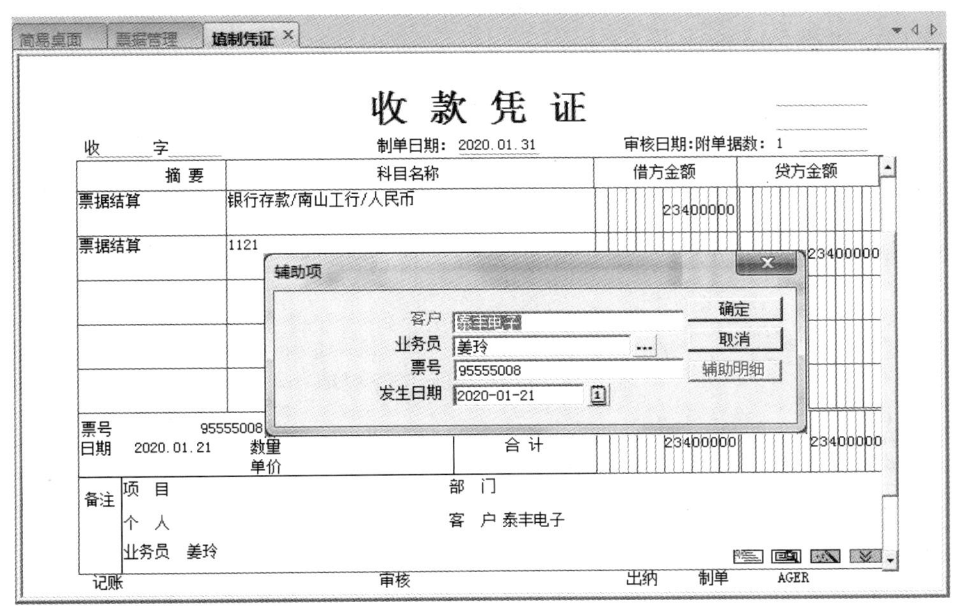

图 5-12　填制凭证

(5) 录入贷方科目(1121)，检查辅助项。确认后保存并关闭“填制凭证”“票据管理”页面。

业务四　1 月 26 日，(销售部姜玲)收到鸿基发展转账支票(№00569876)一张以支付其前购甲材料价款 RMB70,200 元，存入蛇口招行。

◆ 自行练习：

(1) 填制“收款单”。

(2) 收款单审核、制单(参见表 5-4)。

表 5-4　收款单制单

收　字 0005

摘要	科目名称	借方金额	贷方金额
收到鸿基发展货款	银行存款/蛇口招行/人民币 辅助项：202-00569876、2020-01-26	70,200	
收到鸿基发展货款	应收账款/人民币客户		70,200

(3) 核销。

业务五　1 月 31 日，计提坏账准备金。

★ 实训操作：

(1) 双击“财务会计｜应收款管理｜坏账处理｜计提坏账准备”，进入“应收账款百分比法”页面，如图 5-13 所示。

简易桌面　应收账款百分比法 ×

应收账款...	计提比率	坏账准备	坏账准备余额	本次计提
0.00	0.500%	0.00	7,500.00	-7,500.00

图 5-13　计提坏账准备

(2) 单击工具栏【确认】按钮，系统弹出“是否立即制单？”提示框，单击【是】按钮。

(3) 进入“填制凭证”页面，凭证如表 5-5 所示，保存凭证退出。

表 5-5　计提坏账准备制单

转　字 0003

摘要	科目名称	借方金额	贷方金额
计提坏账准备	资产减值损失	−7,500	
计提坏账准备	坏账准备		−7,500

第6章 应付款管理

应付款管理系统，其功能是通过发票、其他应付单、付款单等单据的录入，对企业的往来账款进行综合管理，及时、准确地提供供应商的往来账款余额资料，提供各种分析报表，帮助用户合理地进行资金的调配，提高资金的利用效率。

6.1 系统功能

一、应付款管理系统功能

(1) 设置：负责初始设置、期初余额录入、选项设置等，包括建立应付管理的基础数据。将正式启用账套前的所有应付业务数据录入到系统中，作为期初建账的数据；设置运行所需要的账套参数。

(2) 应收单据处理：负责对应付单据(采购发票、应付单)进行管理，包括应付单据的录入、审核。

(3) 付款单据处理：负责对结算单据(收款单、付款单即红字收款单)进行管理，包括付款单、收款单的录入、审核。

(4) 核销处理：包括手工核销、自动核销，负责付款核销应付款的工作。

(5) 选择付款：负责进行一次支付多个供销商、多笔款项的业务处理。

(6) 票据管理：负责对银行承兑汇票和商业承兑汇票进行管理。

(7) 转账：负责应付冲应付、预付冲应付、应付冲应收、红票对冲等业务处理。

(8) 坏账处理：负责计提坏账准备、坏账发生、坏账收回、坏账查询等业务处理。

(9) 汇兑损益：负责计算外币单据的汇兑损益并对其进行相应的处理。

(10) 制单处理：负责将应付款管理系统业务生成凭证，并将凭证传递至总账进行记账。

(11) 单据查询：包括发票查询、应收单查询、收付款单查询、凭证查询、单据报警查询、信用报警查询、应收核销明细表。

(12) 账表管理：包括报表、业务账簿、统计分析、科目账查询。

(13) 其他处理：包括远程应用、取消操作。远程应用负责集团内部总公司和异地付款之间的数据传递；取消操作是指对原始单据进行了审核、对付款单进行了核销等操作后，发现操作失误，可将其恢复到操作前的状态，以便进行修改。

(14) 期末处理：月末结账、取消月结，进行期末结账工作。

二、应付款管理系统业务处理流程

应付款管理系统业务处理流程如图6-1所示。

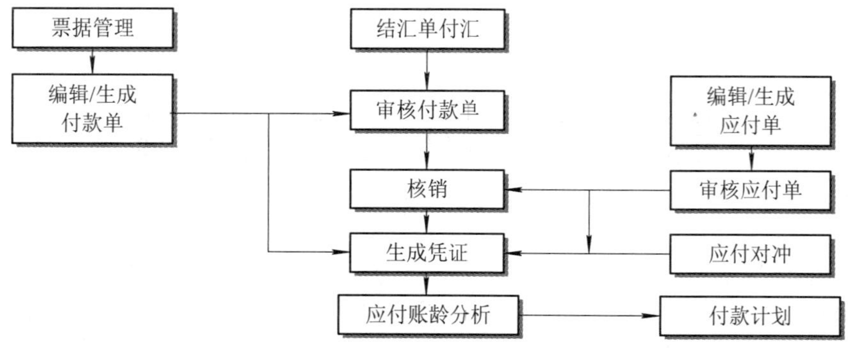

图 6-1　业务处理流程

6.2 业 务 实 训

为适应教学的需要，实训前请将操作系统时间调整为“2020-01-31”，再登录“企业应用平台”，在“业务工作”页签下进行应付款管理业务处理。实训中单据日期为业务实际发生日期，凭证制单日期为“2020-01-31”。

业务一　1 月 5 日，从南山工行(转账支票№0049716)汇出 RMB117,000 元支付日通机电账款。

★ 实训操作：

1. 填制“付款单”

(1) 双击“财务会计 | 应付款管理 | 付款单据处理 | 付款单据录入”，进入“收付款单录入”页面。

(2) 单击工具栏【增加】按钮；录入表头数据：日期(2020-01-05)，供应商(日通机电)、结算方式(转账支票)、结算科目(10020101)；录入金额(117,000)、票据号(00496716)、摘要(支付日通机电账款)，如图 6-2 所示。

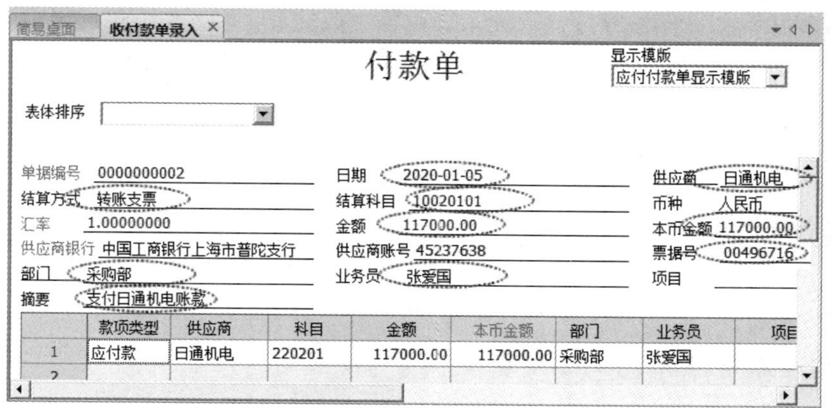

	款项类型	供应商	科目	金额	本币金额	部门	业务员	项目
1	应付款	日通机电	220201	117000.00	117000.00	采购部	张爱国	
2								

图 6-2　付款单录入

(3) 单击表体第 1 行，系统自动填入信息。

(4) 单击工具栏【保存】按钮。

(5) 单击工具栏【审核】按钮，系统弹出“是否立即制单?”提示框，单击【是】按钮。

(6) 系统打开“填制凭证”窗口，如图 6-3 所示。

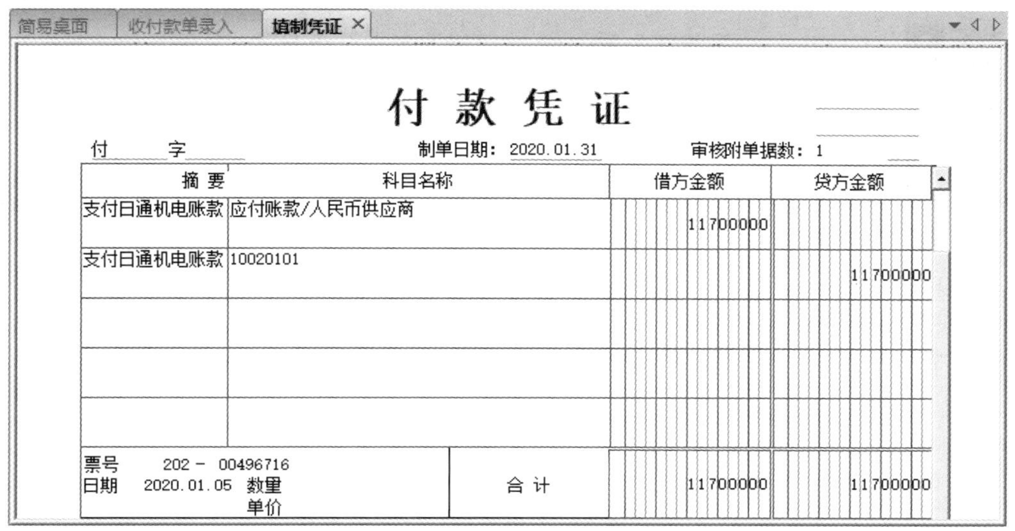

图 6-3　付款凭证

(7) 单击工具栏【保存】按钮。

(8) 关闭“填制凭证”页面，返回“收付款单录入”页面。

2. 核销期初应付账款

(1) 在“收付款单录入”页面，单击【核销】按钮，打开“核销条件”窗口。点击【确定】按钮，进入“单据核销”页面，录入：本次结算(117,000)，如图 6-4 所示。

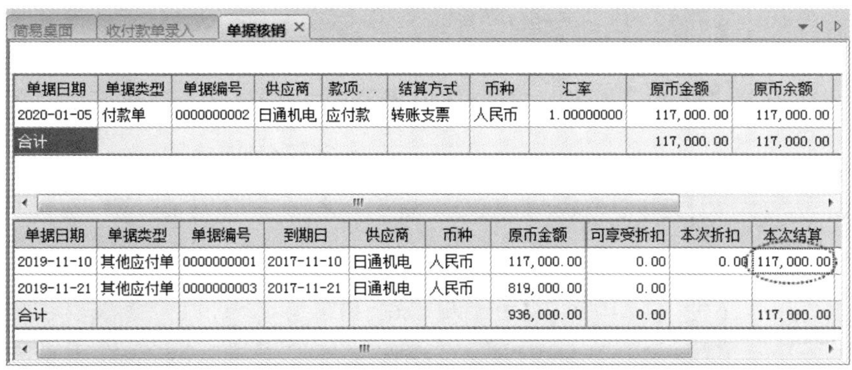

单据日期	单据类型	单据编号	供应商	款项...	结算方式	币种	汇率	原币金额	原币余额
2020-01-05	付款单	0000000002	日通机电	应付款	转账支票	人民币	1.00000000	117,000.00	117,000.00
合计								117,000.00	117,000.00

单据日期	单据类型	单据编号	到期日	供应商	币种	原币金额	可享受折扣	本次折扣	本次结算
2019-11-10	其他应付单	0000000001	2017-11-10	日通机电	人民币	117,000.00	0.00	0.00	117,000.00
2019-11-21	其他应付单	0000000003	2017-11-21	日通机电	人民币	819,000.00	0.00		
合计						936,000.00	0.00		117,000.00

图 6-4　单据核销

(2) 单击工具栏【保存】按钮。

(3) 依次关闭“单据核销”“收付款单录入”页面。

相关操作：

(1) 取消核销：双击“财务会计｜应付款管理｜其他处理｜取消操作”，操作类型选择

“核销”。

(2) 删除凭证：双击“财务会计｜应付款管理｜单据查询｜凭证查询”，单击选择凭证后【删除】，再取消核销。

业务二 1 月 6 日，(采购部张爱国)从蛇口招行账户汇出 RMB12,995 元给华兴实业，预付采购甲材料款。

★ **实训操作：**

(1) 双击“财务会计｜应付款管理｜付款单据处理｜付款单据录入”，进入“收付款单录入”页面。

(2) 单击工具栏【增加】按钮，录入：单据日期(2020-01-06)、供应商(华兴实业)、结算方式(其他)、结算科目(10020201)、金额(12,995)、部门(采购部)、业务员(张爱国)、摘要(预付华兴实业材料款)。单击表体第 1 行，选择：款项类型(预付款)，如图 6-5 所示。

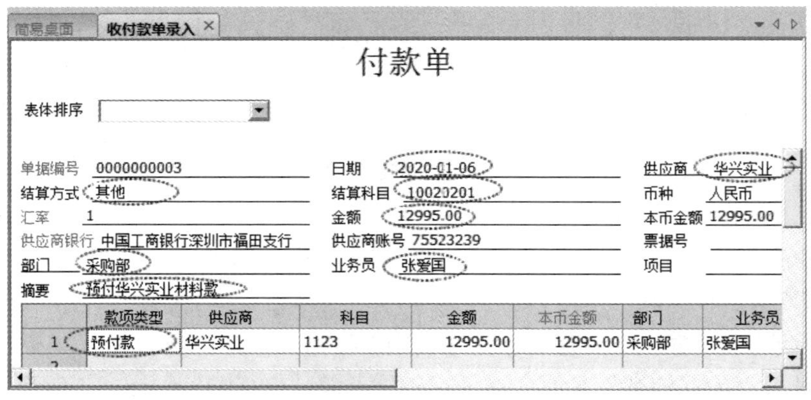

图 6-5　付款单(预付)

(3) 单击工具栏【保存】按钮。

(4) 单击工具栏【审核】按钮，系统弹出“是否立即制单？”提示框，点击【是】按钮。

(5) 系统打开“填制凭证”窗口，如图 6-6 所示。

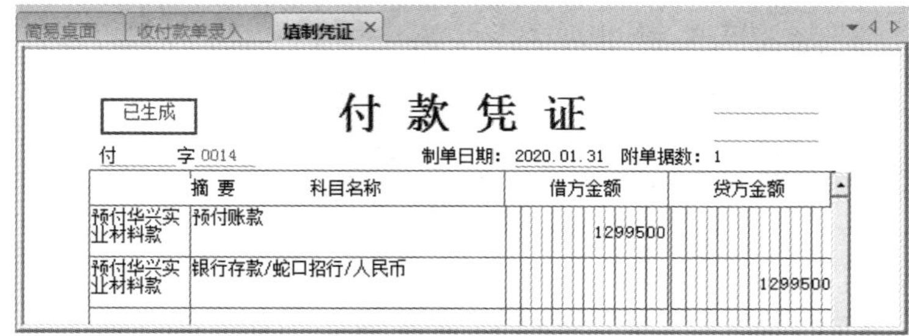

图 6-6　预付款凭证

(6) 单击工具栏【保存】按钮。

(7) 关闭“填制凭证”“收付款单录入”页面。

业务三　1 月 8 日，向南方建材购入工程物资一批，价款 RMB450,000 元，增值税率 13%，运杂费 RMB6,000 元，由南山工行(转账支票№00496717)汇出 RMB14,500 元付清余款。

操作说明：

该业务属于应付业务。因工程物资未纳入存货管理，所以不在供应链系统的采购管理中处理。针对一些专项采购或小额零星采购，可以不纳入存货核算。

★ 实训操作：

1. 填制“应付单”

(1) 双击“财务会计｜应付款管理｜应付单据处理｜应付单据录入”，系统弹出“单据类别”设置窗口，如图 6-7 所示。

(2) 选择单据名称“应付单”，点击【确定】按钮，进入“应付单”页面。

(3) 单击工具栏【增加】按钮，录入：单据日期(2020-01-08)、供应商(南方建材)、金额(514, 500)、部门(采购部)、摘要(向南方建材购入工程物资一批)。单击表体第 1 行，参照输入：科目(160501)，如图 6-8 所示。

图 6-7　选择单据类别

简易桌面　应付单

应付单

表体排序

单据编号 0000000004　单据日期 2020-01-08　供应商 南方建材
科目 220201　币种 人民币　汇率 1
金额 514500.00　本币金额 514500.00　数量 0.00
部门 采购部　业务员 张爱国　项目
付款条件　摘要 向南方建材购入工程物资一批

	方向	科目	币种	汇率	金额	本币金额	部门	业务员	摘要
1	借	160501	人民币	1.000...	514500.00	514500.00	采购部	张爱国	向南方建材购入工程物

图 6-8　应付单

(4) 单击工具栏【保存】按钮。

(5) 单击工具栏【审核】按钮，系统弹出“是否立即制单？”提示框，单击【是】按钮。

(6) 系统打开“填制凭证”窗口，将凭证类别修改为“转”，如表 6-1 所示。

表 6-1　应付单凭证

转　字 0004

摘要	科目名称	借方金额	贷方金额
向南方建材购入工程物资一批	工程物资/专用材料	514,500	
向南方建材购入工程物资一批	应付账款/人民币供应商		514,500

(7) 单击工具栏【保存】按钮。

(8) 关闭“填制凭证”“应付单”页面。

2. 预付冲应付

期初预付 500,000 元冲销应付金额 514,500 元中的 500,000 元。

(1) 双击“财务会计｜应付款管理｜转账｜预付冲应付”，打开“预付冲应付”窗口。

(2) 录入：日期(2020-01-08)、转账总金额(500,000)、供应商(南方建材)、币种(人民币)，如图 6-9 所示。

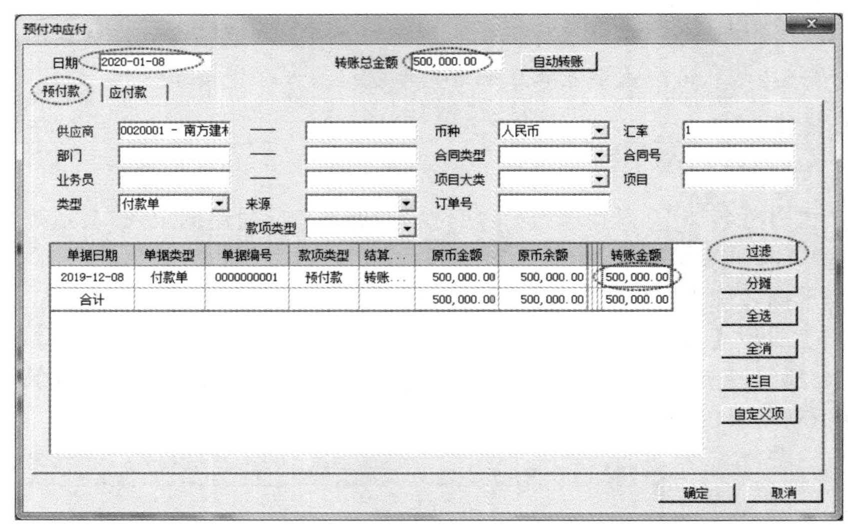

图 6-9　预付单过滤

(3) 点击【过滤】按钮，过滤出付款单，在转账金额栏录入“500,000”。

(4) 单击“应付款”页签，在转账金额栏录入“500,000”，如图 6-10 所示。

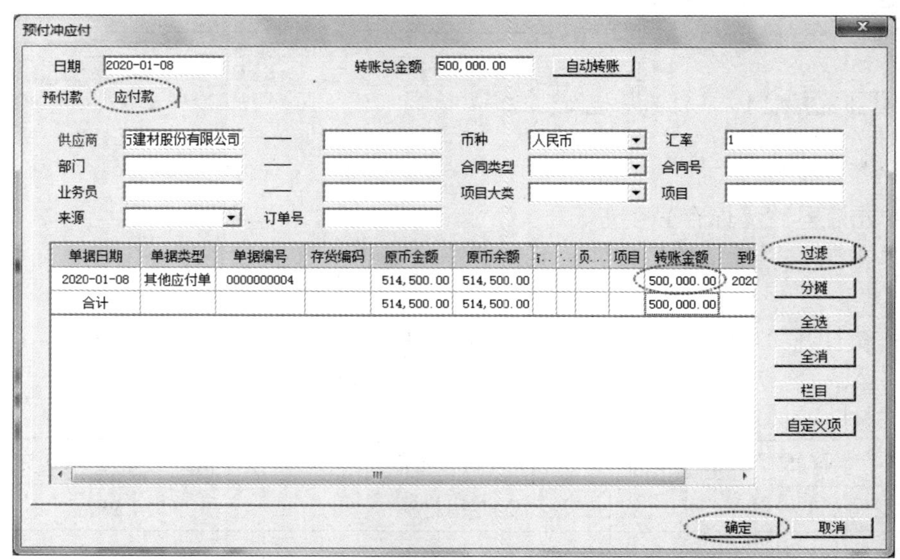

图 6-10　应付单过滤

(5) 点击【确定】按钮，系统弹出“是否立即制单？”提示框，点击【是】按钮。

(6) 系统打开“填制凭证”窗口，将凭证类别修改为“转”，如表 6-2 所示。

表 6-2　预付冲应付凭证

转　字 0005

摘要	科目名称	借方金额	贷方金额
预付款购买建筑材料	预付账款	–500,000	
向南方建材购入工程物资一批	应付账款/人民币供应商	500,000	

(7) 单击工具栏【保存】按钮。

(8) 单击工具栏【退出】按钮，返回“预付冲预付”窗口。点击【取消】按钮，关闭“预付冲应付”窗口。

3. 填制“付款单”

期初预付 500,000 元不足以冲销应付金额 514,500 元，其余 14,500 元，直接填制付款单支付。

(1) 双击“财务会计｜应付款管理｜付款单据处理｜付款单据录入”，进入“收付款单录入”页面。

(2) 单击工具栏【增加】按钮，录入表头数据：日期(2020-01-08)、供应商(南方建材)、结算方式(转账支票)、结算科目(10020101)、金额(14,500)、部门(采购部)、票据号(00496717)、摘要(购入工程物资)，如图 6-11 所示。

图 6-11　付款单

(3) 单击表体第 1 行，录入：科目(220201)。

(4) 单击工具栏【保存】按钮。

(5) 单击工具栏【审核】按钮，系统弹出“是否立即制单？”，点击【是】按钮。

(6) 系统打开“填制凭证”窗口，如表 6-3 所示。

表 6-3　付 款 单 凭 证

付　字 0015

摘要	科目名称	借方金额	贷方金额
购入工程物资	应付账款/人民币供应商	14,500	
购入工程物资	银行存款/南山工行/人民币 辅助项：202-00496717、2020-01-08		14,500

(7) 单击工具栏【保存】按钮。

(8) 关闭“填制凭证”页面，返回“收付款单录入”页面。

4. 核销

(1) 在“收付款单录入”页面，单击【核销】按钮，打开“核销条件”窗口。点击【确定】按钮，进入“单据核销”页面，录入：本次结算(14,500)，如图 6-12 所示。

简易桌面　收付款单录入　单据核销 ×

单据日期	单据类型	单据编号	供应商	款项...	结算方式	原币金额	原币余额	本次结算
2020-01-08	付款单	0000000004	南方建材	应付款	转账支票	14,500.00	14,500.00	14,500.00
合计						14,500.00	14,500.00	14,500.00

单据日期	单据类型	单据编号	到期日	供应商	原币金额	原币余额	本次折扣	本次结算
2020-01-08	其他应付单	0000000004	2020-01-08	南方建材	514,500.00	14,500.00	0.00	14,500.00
合计					514,500.00	14,500.00		14,500.00

图 6-12　付款单核销应付单

(2) 单击工具栏【保存】按钮。

(3) 依次关闭“单据核销”“填制凭证”“收付款单录入”页面。

业务四　**1 月 20 日，开出转账支票(南山工行№00496718)，预付深圳市美图广告有限公司广告费 RMB5,000 元。**

[深圳市美图广告有限公司档案：编码(0755002)、税号(0755018)、银行(招商银行西丽支行 9555500100020003)]

★ **实训操作：**

1. 填制“付款单—预付款”

(1) 双击“财务会计｜应付款管理｜付款单据处理｜付款单据录入”，进入“收付款单录入”页面。

(2) 单击工具栏【增加】按钮；单击供应商栏的...按钮，打开“供应商档案基本参照”窗口；单击工具栏【编辑】按钮，打开“供应商档案”窗口；单击工具栏【增加】按钮，录入题中所给深圳市美图广告有限公司资料。

(3) 录入表头数据：日期(2020-01-20)、供应商(美图广告)、结算方式(转账支票)、结算科目(10020101)、金额(5,000)、部门(销售部)、业务员(姜玲)、票据号(00496718)、摘要(预付广告费)，如图 6-13 所示。

(4) 单击表体第 1 行，选择：款项类型(预付款)。

(5) 单击工具栏【保存】按钮。

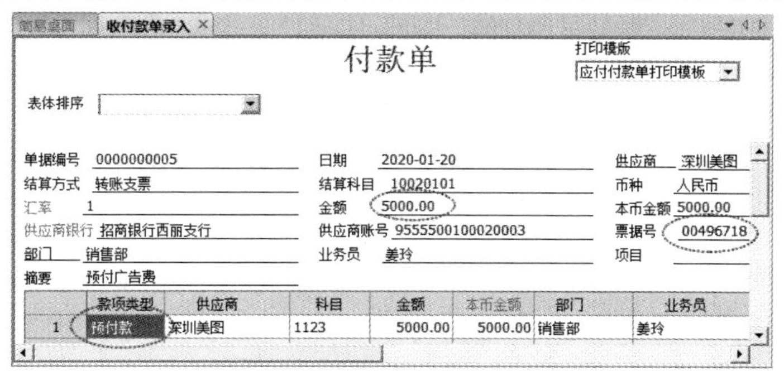

图 6-13　付款单

2. 制单

(1) 单击工具栏【审核】按钮，系统弹出“是否立即制单？”，点击【是】按钮。

(2) 系统打开“填制凭证”窗口，如表 6-4 所示。

表 6-4　付款单凭证

付　字 0016

摘要	科目名称	借方金额	贷方金额
预付广告费	预付账款	5,000	
预付广告费	银行存款/南山工行/人民币 辅助项：202-00496718、2020-01-20		5,000

(3) 单击工具栏【保存】按钮。

(4) 返回“收付款单录入”页面。

业务五　**1 月 28 日，取得广告费发票，报销预付广告费 RMB5,000 元。(采购外预付款冲销处理)**

★ 实训操作：

1. 填制“应付单”

(1) 双击“财务会计｜应付款管理｜应付单据处理｜应付单据录入”，系统弹出“单据类别”设置窗口，如图 6-14 所示。

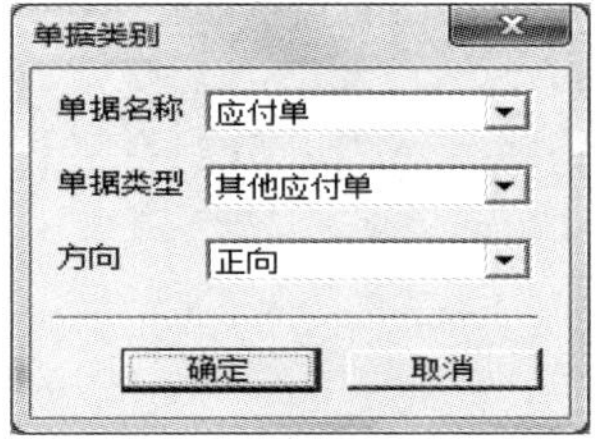

图 6-14　选择单据类别

(2) 选择单据名称“应付单”，点击【确定】按钮，进入“应付单”页面。

(3) 单击工具栏【增加】按钮，录入：单据日期(2020-01-28)、供应商(美图广告)、金

额(5,000)、部门(销售部)、业务员(姜玲)、摘要(应付广告费)。单击表体第 1 行，参照输入：科目(660116)。如图 6-15 所示。

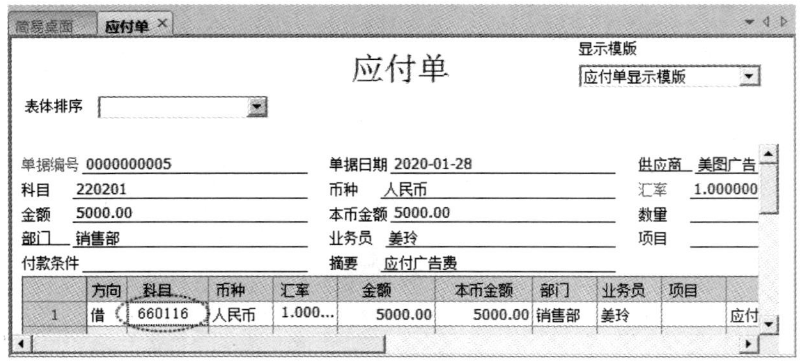

图 6-15　应付单

(4) 单击工具栏【保存】按钮。
(5) 单击工具栏【审核】按钮，系统弹出“是否立即制单？”提示框，单击【是】按钮。
(6) 系统打开“填制凭证”窗口，将凭证类别修改为“转”，如表 6-5 所示。

表 6-5　应付单凭证

转　字 0006

摘要	科目名称	借方金额	贷方金额
应付广告费	销售费用/广告费	5,000	
应付广告费	应付账款/人民币供应商		5,000

(7) 单击工具栏【保存】按钮。
(8) 关闭“填制凭证”“应付单”页面。

2. 预付冲应付

(1) 双击“财务会计｜应付款管理｜转账｜预付冲应付”，打开“预付冲应付”窗口。
(2) 录入：日期(2020-01-28)、供应商(美图广告)，如图 6-16 所示。

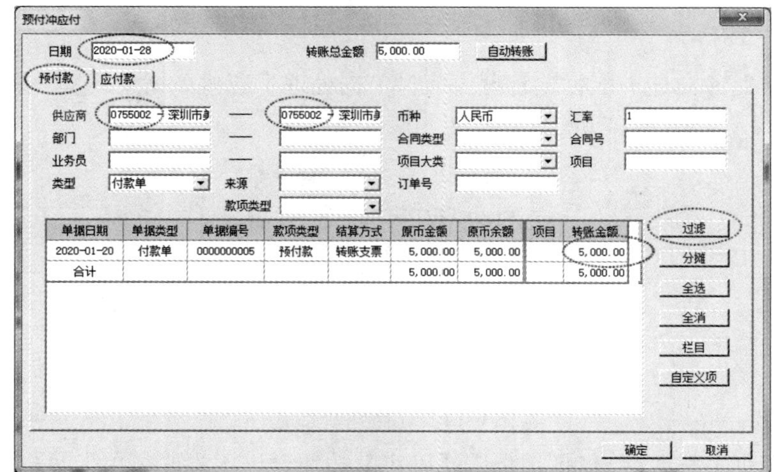

图 6-16　预付单过滤

(3) 点击【过滤】按钮，过滤出付款单，在转账金额栏录入“5, 000”。

(4) 单击“应付款”页签，在转账金额栏录入“5, 000”，如图 6-17 所示。

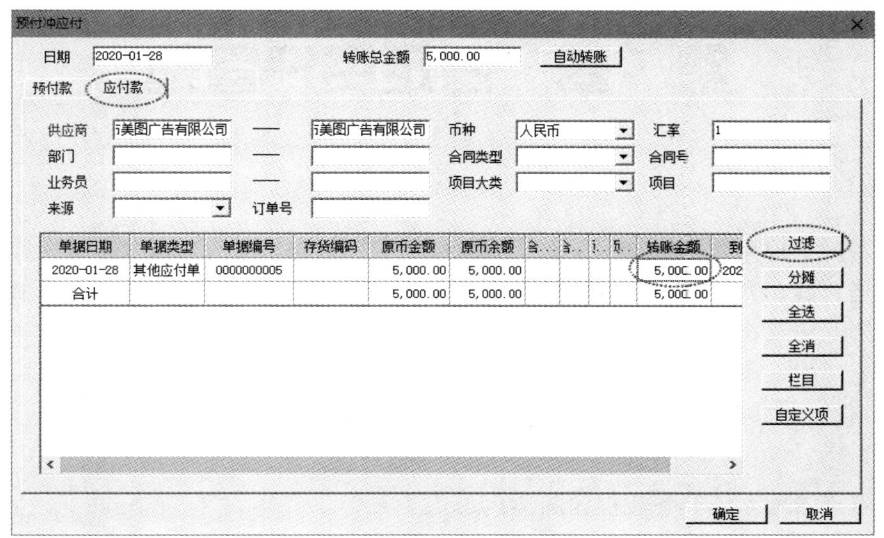

图 6-17 应付单过滤

(5) 点击【确定】按钮，系统弹出“是否立即制单？”提示框，点击【是】按钮。

(6) 系统打开“填制凭证”窗口，将凭证类别修改为“转”，如表 6-6 所示。

表 6-6 预付冲应付凭证

转 字 0007

摘要	科目名称	借方金额	贷方金额
预付广告费	预付账款	–5,000	
应付广告费	应付账款/人民币供应商	5,000	

(7) 单击工具栏【保存】按钮。

(8) 单击工具栏【退出】按钮，返回“预付冲预付”窗口。

(9) 点击【取消】按钮。

第 7 章　固定资产管理

固定资产管理系统是一套用于企事业单位进行固定资产核算和管理的软件，可以对固定资产的增、减、变动进行核算，并按用户设定的折旧方法自动对固定资产计提折旧、分配折旧费用、生成相应的记账凭证，以及输出各种固定资产报表和账簿。

7.1　系 统 功 能

固定资产管理系统业务流程如图 7-1 所示。

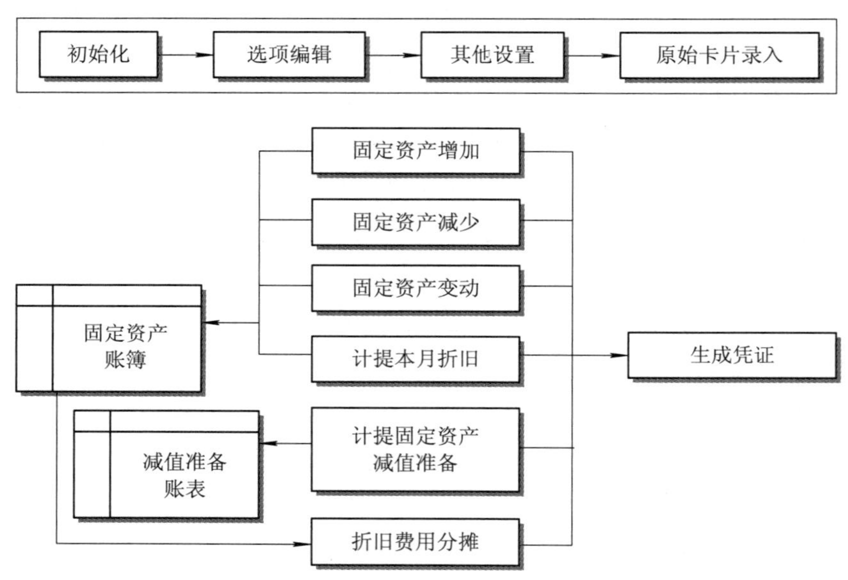

图 7-1　固定资产管理系统业务流程图

固定资产管理系统功能包括：

1. 系统设置

(1) 提供外币管理资产设备。

(2) 用户可自定义资产分类编码方式和资产类别。

(3) 用户可自定义固定资产的使用年限、残值率等。

(4) 用户自定义部门核算的科目，转账时自动生成凭证。

(5) 用户可自定义使用状况，并增加折旧属性，使用更灵活。

(6) 恢复月末结账前状态，又称“反结账”，是本系统提供的一个纠错功能。

(7) 为适应行政事业单位固定资产管理的需要，提供整套账不提折旧功能。

2. 业务处理

(1) 用户可自由设置卡片项目。

(2) 提供固定资产卡片批量打印的功能。

(3) 提供资产附属设备和辅助信息的管理。

(4) 提供按类别定义卡片样式，适用不同企业定制样式的需要。

(5) 提供固定资产卡片批量复制、批量变动及从其他账套引入的功能，极大地提高了卡片录入效率。

(6) 提供原值变动表、启用记录、部门转移记录、大修记录、清理信息等附表。

(7) 可处理各种资产变动业务，包括原值变动、部门转移、使用状况变动、使用年限调整、折旧方法调整、净残值(率)调整、工作总量调整、累计折旧调整、资产类别调整等。

(8) 提供对固定资产的评估功能，包括对原值、使用年限、净残值率、折旧方法等进行评估。

3. 计提折旧

(1) 自定义折旧分配周期，满足不同行业的需要。

(2) 提供折旧公式自定义功能，并按分配表自动生成记账凭证。

(3) 提供两种平均年限法(计算公式不同)计提折旧。

(4) 提供平均年限法、工作量法、年数总和法、双倍余额递减法计提折旧。

(5) 折旧分配表更灵活全面，包括部门折旧分配表和类别折旧分配表，各表均按辅助核算项目汇总。

(6) 考虑原值、累计折旧、使用年限、净残值和净残值率、折旧方法的变动对折旧计提的影响，系统自动更改折旧计算，计提折旧，生成折旧分配表，并按分配表自动制作记账凭证。

4. 输出账表

(1) 账簿：固定资产总账、单个固定资产明细账、固定资产登记簿、部门类别明细账。

(2) 分析表：部门构成分析表、使用状况分析表、价值结构分析表、类别构成分析表。

(3) 统计表：评估汇总表、评估变动表、固定资产统计表、逾龄资产统计表、盘盈盘亏报告表、役龄资产统计表、(固定资产原值)一览表、固定资产到期提示表。

(4) 折旧表：部门折旧计提汇总表、固定资产折旧清单表、固定资产折旧计算明细表、固定资产及累计折旧表一、固定资产及累计折旧表二。

(5) 减值准备表：减值准备总账、减值准备余额表、减值准备明细账。

7.2 系统初始化

系统初始化是使用固定资产系统管理资产的首要操作，是根据企业单位的具体情况，建立一个适合企业单位需要的固定资产子账套的过程。要设置的操作步骤主要包括：约定

及说明、启用月份、折旧信息、编码方式、账务接口和完成设置六部分。

请将系统时间调整为“2020-01-01”；登录“企业应用平台”，注册日期“2020-01-01”，单击“业务工作”页签。

7.2.1　初始化账套

首次启用固定资产管理系统，必须对固定资产账套进行初始化，设置账套参数。下次进入系统时将跳过本步骤，如需修改账套参数，可通过“固定资产｜设置｜选项”进行编辑。

★ **实训操作：**

(1) 双击“财务会计｜固定资产”， 弹出“固定资产”初始化提示框，如图 7-2 所示。

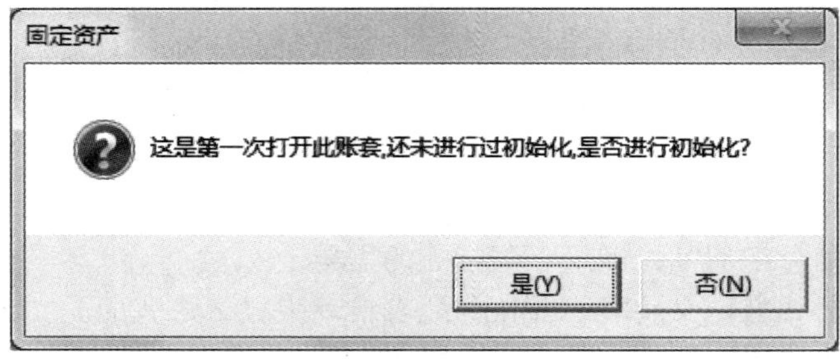

图 7-2　固定资产初始化

(2) 点击【是】按钮，打开“初始化账套向导—约定及说明”窗口，单击选中“我同意”单选项，如图 7-3 所示。

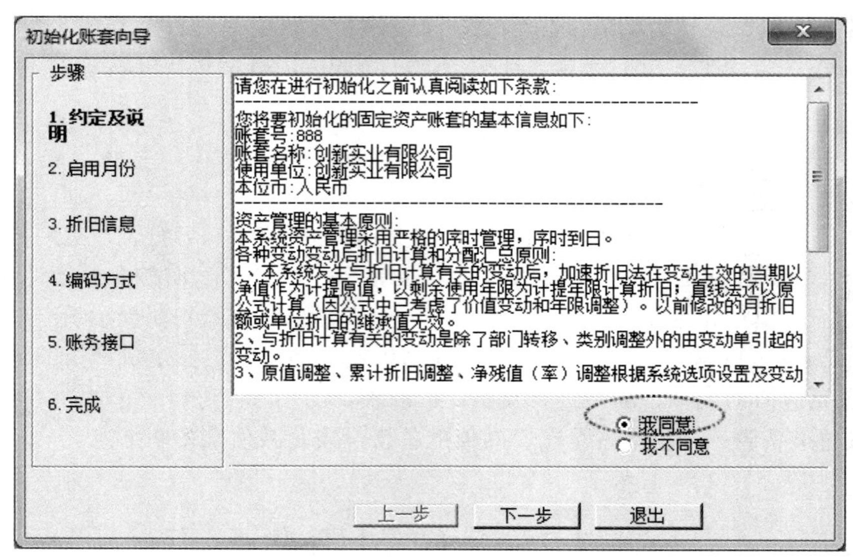

图 7-3　约定及说明

(3) 点击【下一步】按钮，进入“启动月份”设置，如图 7-4 所示。

(4) 点击【下一步】按钮，进入“折旧信息”设置，如图 7-5 所示。

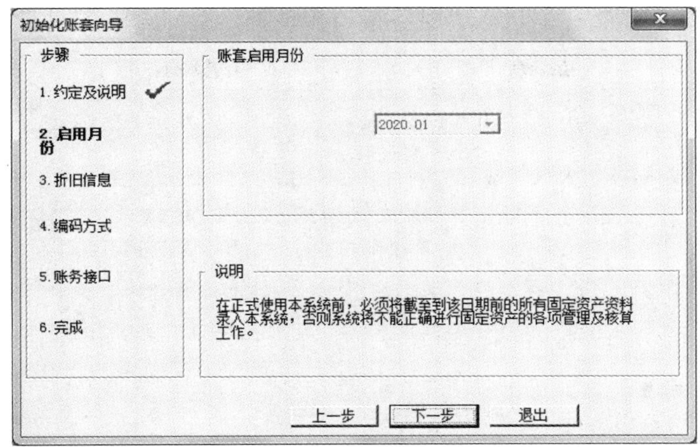

图 7-4　启动月份

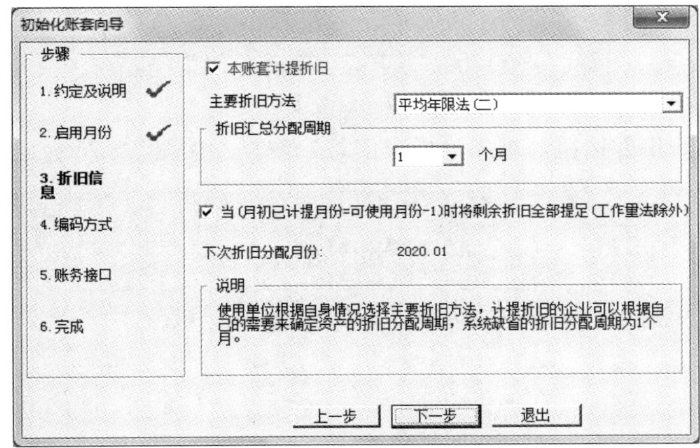

图 7-5　折旧信息

(5) 点击【下一步】按钮，进入“编码方式”设置，如图 7-6 所示。

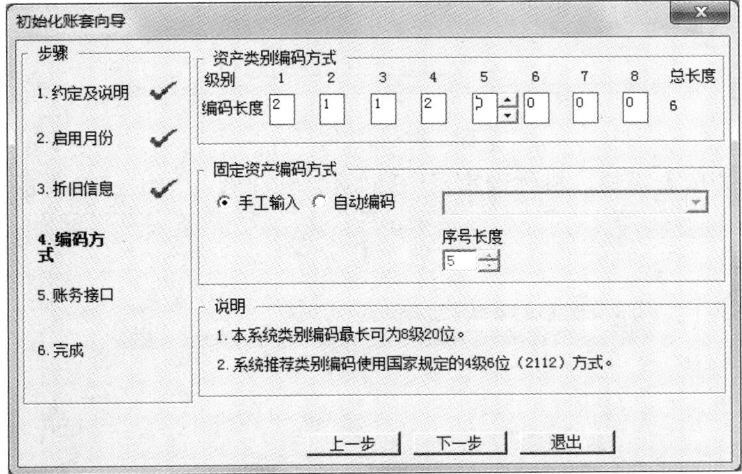

图 7-6　编码方式

(6) 点击【下一步】按钮，进入“财务接口”设置，参照输入：固定资产对账科目“固定资产”、累计折旧对账科目“累计折旧”，如图 7-7 所示。

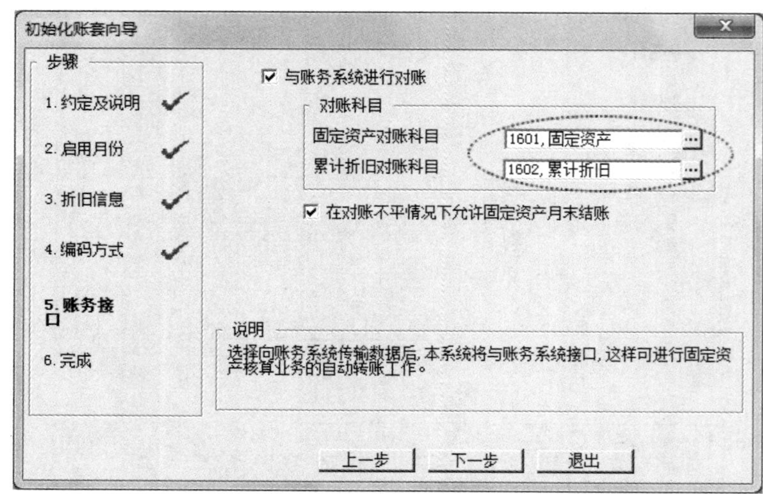

图 7-7　财务接口

(7) 点击【下一步】按钮，进入“折旧信息”设置，如图 7-8 所示。

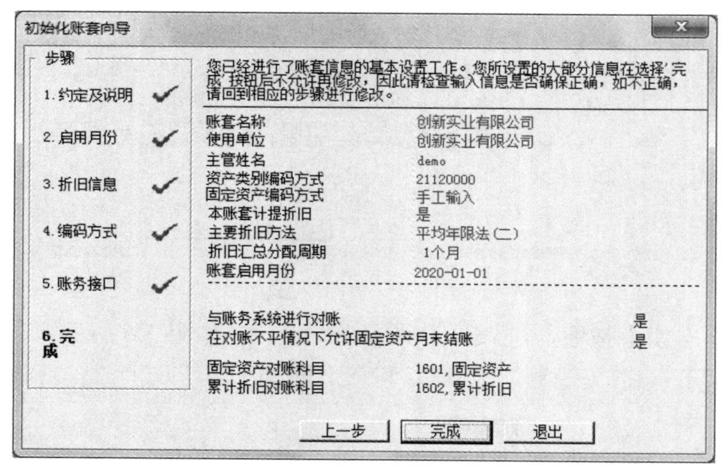

图 7-8　初始化完成

(8) 点击【完成】按钮，进行固定资产初始化完成确认，如图 7-9 所示。

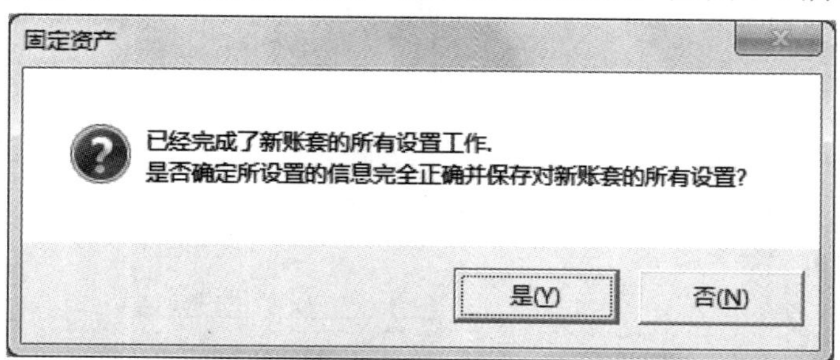

图 7-9　保存设置

(9) 点击【是】按钮，系统弹出“已成功初始化本固定资产账套”提示框，点击【确定】按钮。

7.2.2　选项编辑

选项中包括在账套初始化中设置的参数和其他一些在账套运行中使用的参数或判断。选项中包括 “基本信息”“折旧信息”“与财务系统接口”“编码方式”“其他”五个页签，点击【编辑】按钮可修改选项。

★ 实训操作：

(1) 双击“财务会计 | 固定资产 | 设置 | 选项”， 弹出“选项”编辑窗口，单击选中“与财务系统接口”页签，如图 7-10 所示。

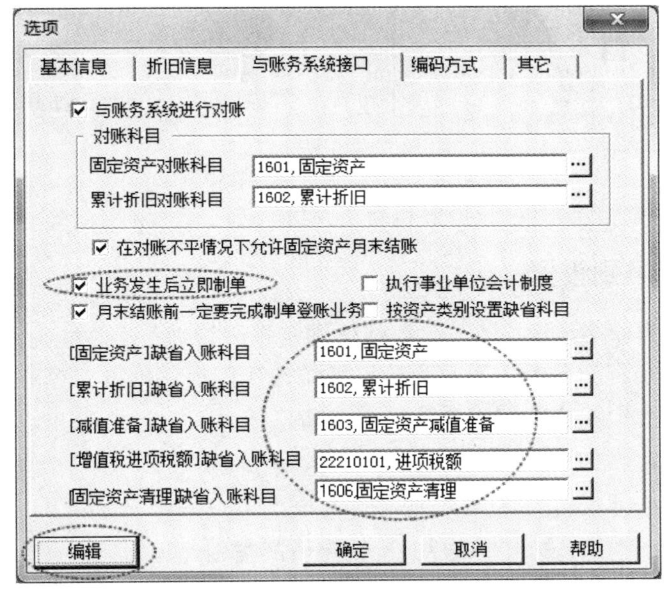

图 7-10　选项卡

(2) 点击【编辑】按钮，勾选“业务发生后立即制单”，参照输入：固定资产缺省入账科目“1601”、累计折旧缺省入账科目“1602”、减值准备缺省入账科目“1603”、增值税进项税额缺省入账科目“22210101”、固定资产清理缺省入账科目“1606”，如图 7-10 所示。

(3) 点击【确定】按钮，退出选项编辑。

7.2.3　部门对应折旧科目设置

固定资产计提折旧后必须把折旧归入成本或费用，根据不同使用者的具体情况按部门或按类别归集。当按部门归集折旧费用时，某一部门所属的固定资产折旧费用将归集到一个比较固定的科目，所以部门对应折旧科目设置就是给部门选择一个折旧科目，录入卡片时，该科目自动显示在卡片中，不必一个一个输入，可提高工作效率。然后在生成部门折旧分配表时每一部门按折旧科目汇总，生成记账凭证。

★ 实训操作：

(1) 双击“财务会计｜固定资产｜设置｜部门对应折旧科目”，进入“部门对应折旧科目”页面，如图 7-11 所示。

(2) 先单击页面左侧部门名称，再单击工具栏【修改】按钮，录入图 7-11 所示的对应折旧科目。

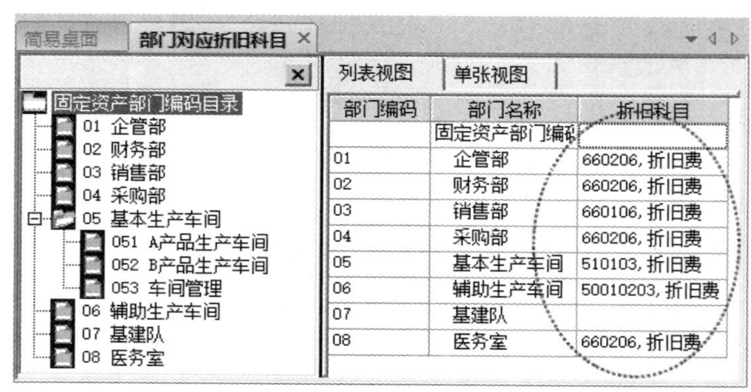

图 7-11　部门对应折旧科目列表

(3) 完成后，关闭“部门对应折旧科目”页面。

7.2.4　固定资产类别设置

固定资产的种类繁多，规格不一，要强化固定资产管理，及时准确做好固定资产核算，必须建立科学的固定资产分类体系，为核算和统计管理提供依据。企业可根据自身的特点和管理要求，确定一个较为合理的资产分类方法。

◇ 实训资料：

固定资产类别见表 7-1。

表 7-1　固定资产类别

类别编码	类别名称	使用年限	净残值率	计量单位	折旧方法
02	房屋	40	4	平方米	平均年限法(二)
021	办公用房	40	4	平方米	平均年限法(二)
022	住宅	40	4	平方米	平均年限法(二)
07	金属加工设备	10	3	台	平均年限法(二)
071	普通车床	10	3	台	平均年限法(二)
072	自动车床	5	10	台	年数总和法
52	汽车	10	5	辆	工作量法
521	载货汽车	10	5	辆	工作量法
522	载客汽车	10	5	辆	工作量法

★ 实训操作：

(1) 双击“财务会计｜固定资产｜设置｜资产类别”，进入“资产类别”页面。

(2) 单击工具栏【增加】按钮，在窗口右侧录入一级类别“02 房屋”的信息，如图 7-12 所示。

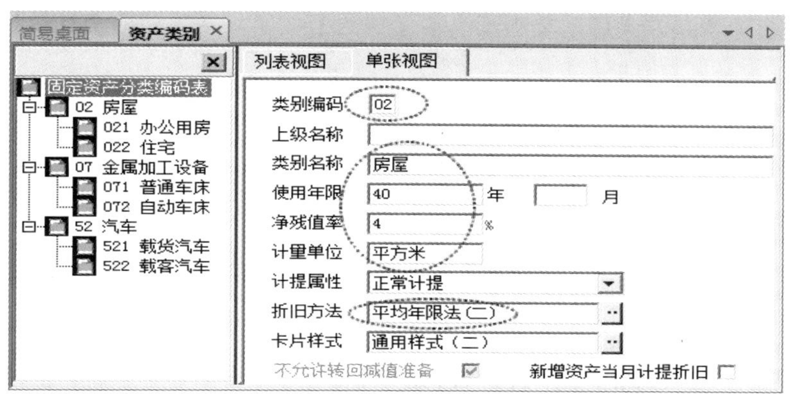

图 7-12　固定资产类别

(3) 单击工具栏【保存】按钮，可以继续增加一级类别“07 金属加工设备”“52 汽车”的信息。

(4) 单击左侧分类编码表中的一级分类(如：房屋)，可以增加二级类别的信息(如：021 办公用房)。

◆ **自行练习：**

完成表 7-1 中所有分类信息。

7.2.5　固定资产增减方式

增减方式包括增加方式和减少方式两类。增加的方式主要有：直接购入、投资者投入、捐赠、盘盈、在建工程转入、融资租入。减少的方式主要有：出售、盘亏、投资转出、捐赠转出、报废、毁损、融资租出、拆分减少等。

此处设置的对应入账科目是为了在生成凭证时使用。例如，以购入方式增加资产时该科目可设置为“银行存款”，投资者投入时该科目可设置为“实收资本”，该科目将缺省在贷方；资产减少时，该科目可设置为“固定资产清理”，将缺省在借方。

◇ **实训资料：**

固定资产增减方式见表 7-2。

表 7-2　固定资产增减方式

增加方式			减少方式		
编码	方式	对应入账科目	编码	方式	对应入账科目
101	直接购入	10020101	201	出售	1606
102	投资者投入	400101	202	盘亏	190102
103	捐赠	6301	203	投资转出	151102
104	盘盈	190102	204	捐赠转出	671102
105	在建工程转入	160401	205	报废	1606

★ **实训操作：**

(1) 双击“财务会计｜固定资产｜设置｜增减方式”，进入“增减方式”页面。

(2) 单击选择增减方式后，单击工具栏【修改】按钮，录入对应会计科目，如图 7-13 所示。

图 7-13　固定资产增减方式

(3) 单击工具栏【保存】按钮，继续修改其他增减方式的对应入账科目设置。

◆ **自行练习：**

完成表 7-2 中所有增减方式对应入账科目设置。

7.2.6　原始卡片录入

原始卡片是指卡片记录的资产开始使用日期的月份先于其录入系统的月份，即已使用过并已计提折旧的固定资产卡片。

使用固定资产系统进行核算前，必须将原始卡片资料录入系统，保持历史资料的连续性。原始卡片的录入不限制必须在第一个期间结账前，任何时候都可以录入原始卡片。

◇ **实训资料：**

固定资产原始卡片见表 7-3。

表 7-3　固定资产原始卡片

固定资产编号	021001	521001	071001	072001
固定资产名称	综合办公楼	人货两用车	车床	数控车床
类别名称	房屋/办公用房	汽车/载货汽车	金属加工设备/普通车床	金属加工设备/自动车床
部门名称	企管部 30% 财务部 20% 销售部 20% 采购部 20% 医务室 10%	企管部	A 产品生产车间	B 产品生产车间

续表

增加方式	直接购入	直接购入	直接购入	直接购入
使用状况	在用	在用	在用	在用
使用年限(月)	480	120	120	60
工作总量		300000(千米)		
折旧方法	平均年限法(二)	工作量法	平均年限法(二)	年数总和法
开始使用日期	2017-02-07	2018-05-07	2010-06-10	2018-12-08
已提折旧月份	34	19	114	12
累计工作量		106580(千米)		
原值	1,562,500	180,000	810,000	1,200,000
净残值	62,500(4%)	9, 000(5%)	24,300(3%)	120,000(10%)
累计折旧	106,250	60,750	746,415	360,000
净值	1,456,250	119,250	63,585	840,000
对应折旧科目		660206	510103	510103

★ **实训操作：**

固定资产卡片录入(综合办公楼)

(1) 双击“财务会计｜固定资产｜卡片｜录入原始卡片”，打开“固定资产类别档案”窗口，如图 7-14 所示。

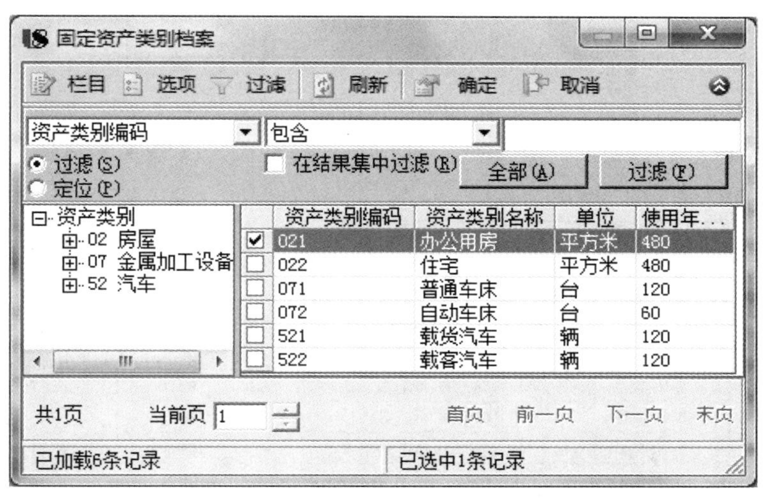

图 7-14　固定资产类别档案

(2) 单击选中“021 办公用房”栏后，单击工具栏【确定】按钮，进入“固定资产卡片”录入页面，如图 7-15 所示。

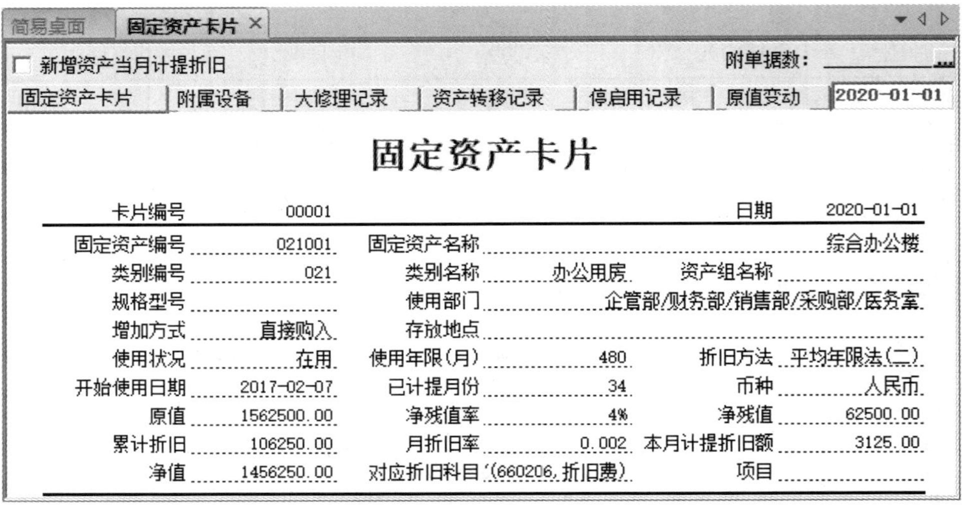

图 7-15　综合办公楼

(3) 录入：固定资产编号“021001”、固定资产名称“综合办公楼”。

(4) 单击“使用部门”项，系统弹出“本资产部门使用方式”窗口，点击选中“多部门使用”选项，如图 7-16 所示。

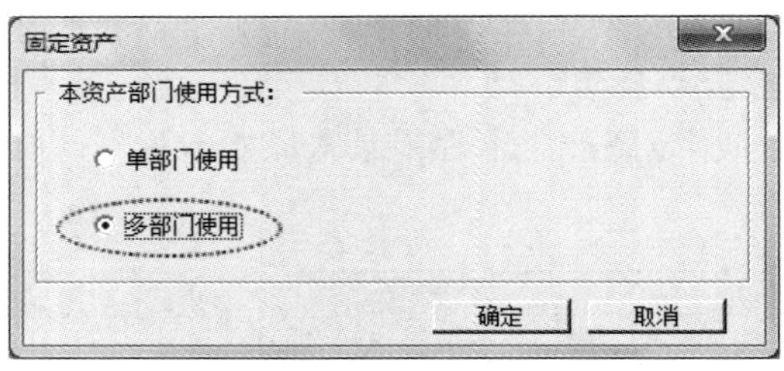

图 7-16　部门使用方式

(5) 点击【确定】按钮，打开“使用部门”窗口。点击【增加】按钮，设置各部门使用比例，如图 7-17 所示。

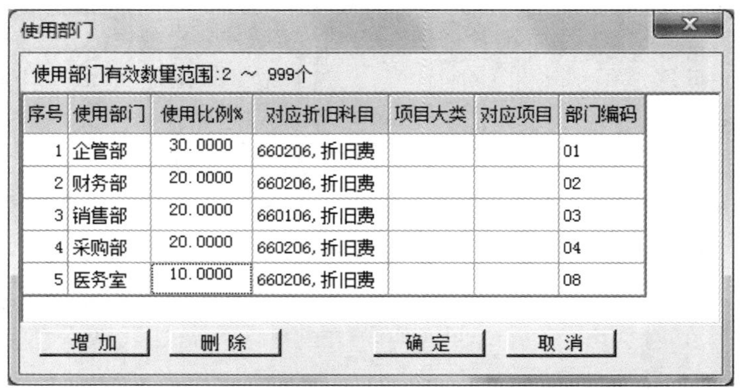

序号	使用部门	使用比例%	对应折旧科目	项目大类	对应项目	部门编码
1	企管部	30.0000	660206,折旧费			01
2	财务部	20.0000	660206,折旧费			02
3	销售部	20.0000	660106,折旧费			03
4	采购部	20.0000	660206,折旧费			04
5	医务室	10.0000	660206,折旧费			08

图 7-17　使用部门

(6) 设置完成后，点击【确定】按钮，继续录入本资产其他资料，参见表 7-3。

(7) 录入完毕后，单击工具栏【保存】按钮，保存成功后，暂不退出“固定资产卡片”

页面。

◆ **自行练习：**

根据表 7-3 所给资料录入固定资产卡片。

(1) 录入“人货两用车”卡片，如图 7-18 所示。

简易桌面　固定资产卡片 ×

□ 新增资产当月计提折旧　附单据数：

固定资产卡片 | 附属设备 | 大修理记录 | 资产转移记录 | 停启用记录 | 原值变动 | 2020-01-01

固定资产卡片

卡片编号　00002　日期　2020-01-01

固定资产编号	521001	固定资产名称	人货两用车		
类别编号	521	类别名称	载货汽车	资产组名称	
规格型号		使用部门	企管部		
增加方式	直接购入	存放地点			
使用状况	在用	使用年限(月)	120	折旧方法	工作量法
工作总量	300000	累计工作量	106580	工作量单位	公里
开始使用日期	2018-05-07	已计提月份	19	币种	人民币
原值	180000.00	净残值率	5%	净残值	9000.00
累计折旧	60750.00	单位折旧	0.57	本月计提折旧额	0.00
净值	119250.00	对应折旧科目	660206,折旧费	项目	

图 7-18　人货两用车

(2) 录入“车床”卡片，如图 7-19 所示。

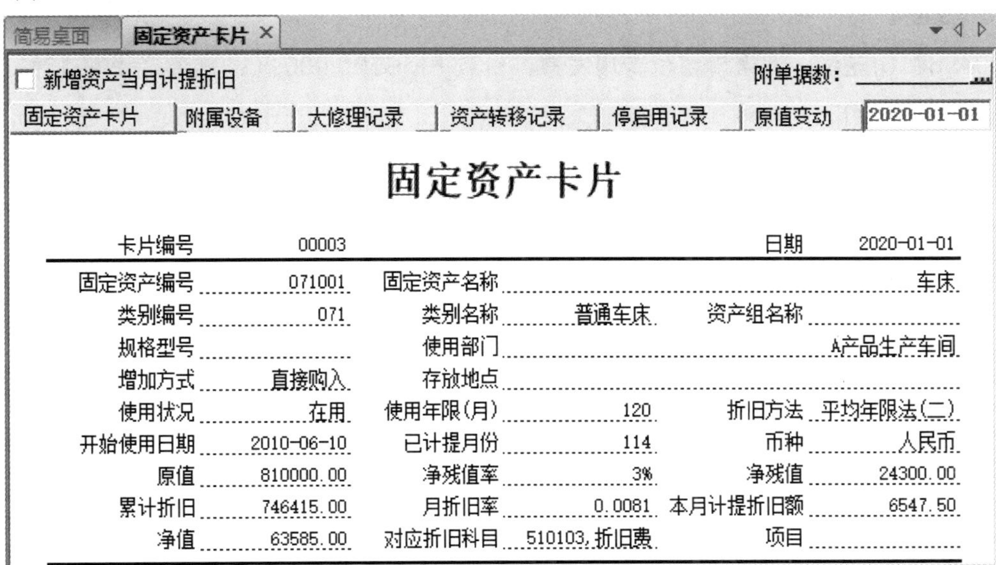

简易桌面　固定资产卡片 ×

□ 新增资产当月计提折旧　附单据数：

固定资产卡片 | 附属设备 | 大修理记录 | 资产转移记录 | 停启用记录 | 原值变动 | 2020-01-01

固定资产卡片

卡片编号　00003　日期　2020-01-01

固定资产编号	071001	固定资产名称	车床		
类别编号	071	类别名称	普通车床	资产组名称	
规格型号		使用部门	A产品生产车间		
增加方式	直接购入	存放地点			
使用状况	在用	使用年限(月)	120	折旧方法	平均年限法(二)
开始使用日期	2010-06-10	已计提月份	114	币种	人民币
原值	810000.00	净残值率	3%	净残值	24300.00
累计折旧	746415.00	月折旧率	0.0081	本月计提折旧额	6547.50
净值	63585.00	对应折旧科目	510103,折旧费	项目	

图 7-19　车床

(3) 录入“数控车床”卡片，如图 7-20 所示。

录入完毕保存后，关闭“固定资产卡片”页面。

图 7-20　数控车床

7.3　日 常 业 务

将系统时间调整为“2020-01-31”；(重)注册 “企业应用平台”，注册日期“2020-01-31”。登录后，单击“业务工作”页签，进入财务会计、固定资产系统。根据序时原则，记账凭证制单日期均为“2020-01-31”。

业务一　1 月 8 日，从上海黄浦机械厂购入普通车床一台，以南山工行转账支票(№00496719)支付，取得增值税专用发票，价款 RMB500,000 元，增值税税率 13%。

★ 实训操作：

双击“财务会计｜总账｜凭证｜填制凭证”，在“填制凭证”窗口中增加凭证(参见表 7-4)。

表 7-4　付 款 凭 证

付　字　0017

摘要	科目名称	借方金额	贷方金额
从上海黄浦机械厂购入普通车床一台	在建工程/机器设备	500,000	
从上海黄浦机械厂购入普通车床一台	应交税费/应交增值税/进项税额	65,000	
从上海黄浦机械厂购入普通车床一台	银行存款/南山工行/人民币 辅助项：202-00496719、2020-01-08		565,000

业务二　1 月 10 日，从南山工行开出转账支票(№00496720)，支付购入普通车床运费 20,000 元，增值税税率 9%元。取得增值税专用发票，款已付。

★ 实训操作：

双击进入“财务会计｜总账｜凭证｜填制凭证”，在“填制凭证”窗口中增加凭证(参见表 7-5)。

表 7-5　付 款 凭 证

付　字　0018

摘要	科目名称	借方金额	贷方金额
支付购入普通车床运费	在建工程/机器设备	20,000	
支付购入普通车床运费	应交税费/应交增值税/进项税额	1,800	
支付购入普通车床运费	银行存款/南山工行/人民币 辅助项：　202-00496720、2020-01-10		21,800

业务三　1 月 16 日，以现金支付购入普通车床安装调试费 800 元。

★ 实训操作：

双击进入“财务会计｜总账｜凭证｜填制凭证”，在“填制凭证”窗口中增加凭证(参见表 7-6)。

表 7-6　付款凭证

付　字　0019

摘要	科目名称	借方金额	贷方金额
现金支付购入普通车床安装调试费	在建工程/机器设备	800	
现金支付购入普通车床安装调试费	库存现金/人民币		800

业务四　1 月 18 日，购入普通车床验收合格，交付 A 产品生产车间使用。(固定资产卡片信息：071002、新车床、A 产品生产车间、平均年限法二)

★ 实训操作：

(1) 双击“财务会计｜固定资产｜卡片｜资产增加”，打开“固定资产类别档案”窗口，如图 7-21 所示。

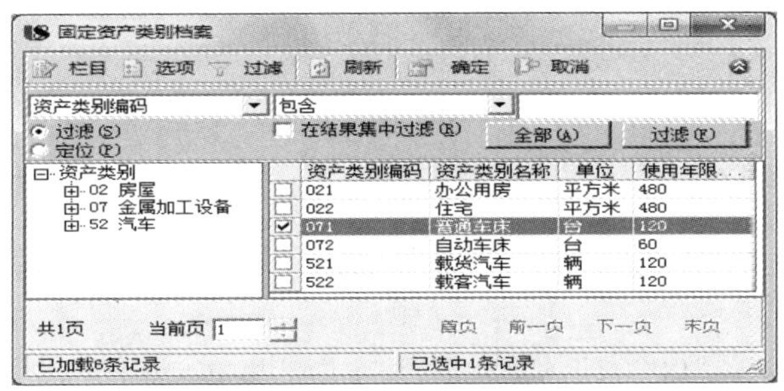

图 7-21　选择资产类别

(2) 单击选中“071 普通车床”栏后，单击工具栏【确定】按钮，进入“固定资产卡片”界面。

(3) 输入卡片数据：固定资产编码“071002”、固定资产名称“新车床”等，如图 7-22 所示。

简易桌面　固定资产卡片 ×

□ 新增资产当月计提折旧　　附单据数：

固定资产卡片 | 附属设备 | 大修理记录 | 资产转移记录 | 停启用记录 | 原值变动 | 2020-01-31

固定资产卡片

卡片编号	00005			日期	2020-01-31
固定资产编号	071002	固定资产名称	新车床		
类别编号	071	类别名称	普通车床	资产组名称	
规格型号		使用部门	A产品生产车间		
增加方式	直接购入	存放地点			
使用状况	在用	使用年限(月)	120	折旧方法	平均年限法(二)
开始使用日期	2020-01-08	已计提月份	0	币种	人民币
原值	520800.00	净残值率	3%	净残值	15624.00
累计折旧	0.00	月折旧率	0.0081	本月计提折旧额	0.00
净值	520800.00	对应折旧科目	510103,折旧费	项目	

图 7-22　资产增加

(4) 单击工具栏【保存】按钮后，自动进入“填制凭证”页面。请按表 7-7 所示修改凭证。

表 7-7　转 账 凭 证

转　字　0008

摘要	科目名称	借方金额	贷方金额
直接购入资产	固定资产	520,800	
直接购入资产	在建工程/机器设备		520,800

(5) 单击工具栏【保存】按钮。

(6) 关闭“填制凭证”页面。

(7) 关闭“固定资产卡片”界面。

业务五　1 月 31 日，将人货两用车转由辅助生产车间使用。

★ 实训操作：

(1) 双击“财务会计｜固定资产｜卡片｜变动单｜部门转移”，进入“固定资产变动单”页面，如图 7-23 所示。

(2) 录入：卡片编号“00002”、变动后部门“辅助生产车间”、变动原因“人货两用车转由辅助生产车间使用”。

(3) 单击工具栏【保存】按钮，系统弹出“数据成功保存！部门已改变，请检查资产对应科目是否正确！”提示框。

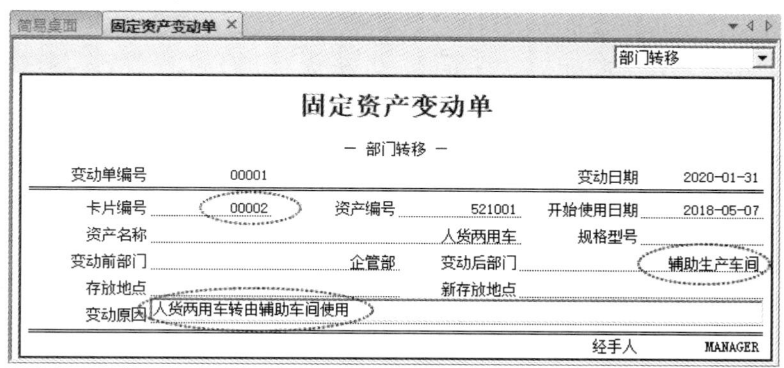

图 7-23　固定资产变动单

(4) 点击【确定】按钮。

(5) 关闭“固定资产变动单”页面。

业务六　计提折旧。

自动计提折旧是固定资产系统的主要功能之一。系统每期计提折旧一次，根据用户录入系统的资料自动计算每项资产的折旧，并自动生成折旧分配表，然后制作记账凭证，将本期的折旧费用自动登账。

执行此功能后，系统将自动计提各个资产当期的折旧额，并将当期的折旧额自动累加到累计折旧项目。

★ 实训操作：

1. 工作量输入

(1) 双击“财务会计｜固定资产｜处理｜工作量输入”，进入“工作量输入”页面。录入：本期工作量“6,000”，如图 7-24 所示。

图 7-24　工作量输入

(2) 单击工具栏【保存】按钮，系统弹出“数据成功保存”提示框，点击【确定】按钮。

(3) 关闭“工作量输入”页面。

2. 计提本月折旧

(1) 双击“财务会计｜固定资产｜处理｜计提本月折旧”。

(2) 系统弹出“请确定在继续操作之前，是否已正确输入了工作量！如果没有请退出(否)，并进行工作量输入！继续？”对话框，点击【是】按钮。

(3) 系统弹出“是否要查看折旧清单？”对话框，点击【是】按钮。

(4) 系统弹出“本操作将计提本月折旧，并花费一定时间，是否要继续？”对话框，点击【是】按钮。

(5) 系统打开“折旧清单”页面，如图 7-25 所示。

卡片编号	资产编号	资产名称	原值	本月计提折旧额	累计折旧	本年计提折旧	本月工作量
00001	021001	综合办公楼	1,562,500.00	3,125.00	109,375.00	3,125.00	0.000
00002	521001	人货两用车	180,000.00	3,420.00	64,170.00	3,420.00	6,000.000
00003	071001	车床	810,000.00	6,547.50	752,962.50	6,547.50	0.000
00004	072001	数控车床	1,200,000.00	23,976.00	383,976.00	23,976.00	0.000
合计			3,752,500.00	37,068.50	1,310,483.50	37,068.50	6,000.000

图 7-25　折旧清单

(6) 单击工具栏【退出】按钮。

(7) 系统弹出“计提折旧完成”提示框，单击【确定】按钮，打开“折旧分配表”窗口。

(8) 单击选中“按类别分配”单选项，如图 7-26 所示。

○ 按部门分配
◉ 按类别分配

01 (2020.01—>2020.01)

类别编号	类别名称	项目编号	项目名称	科目编号	科目名称	折 旧 额
021	办公用房			660106	折旧费	625.00
021	办公用房			660206	折旧费	2,500.00
071	普通车床			510103	折旧费	6,547.50
072	自动车床			510103	折旧费	23,976.00
521	载货汽车			50010203	折旧费	3,420.00
合计						37,068.50

图 7-26　折旧分配表

(9) 单击工具栏【凭证】按钮，生成折旧凭证(因凭证超过 5 行分录，第 6 行贷方分录“累计折旧 37,068.50”未显示)，选择凭证字“转”，如表 7-8 所示。单击工具栏【保存】按钮。

表 7-8　转 账 凭 证

转　字　0009

摘要	科目名称	借方金额	贷方金额
计提[1]期间折旧	销售费用/折旧费	625.00	
计提[1]期间折旧	管理费用/折旧费	2,500.00	
计提[1]期间折旧	制造费用/折旧费	6,547.50	
计提[1]期间折旧	制造费用/折旧费	23,976.00	
计提[1]期间折旧	生产成本/辅助生产成本/折旧费	3,420.00	
计提[1]期间折旧	累计折旧		37,068.50

(10) 关闭“填制凭证”“折旧分配表”页面。

业务七　1 月 31 日，A 生产车间使用的原车床(编号：071001)报废转入清理，出售机床配件等获 RMB21,000 元存入工行，并以现金支付运杂费 RMB1,400 元。

★ 实训操作：

1. 固定资产报废处理

(1) 双击“财务会计｜固定资产｜卡片｜资产减少”，打开“资产减少”页面，录入条件：资产编号(071001)，点击【增加】按钮，如图 7-27 所示。

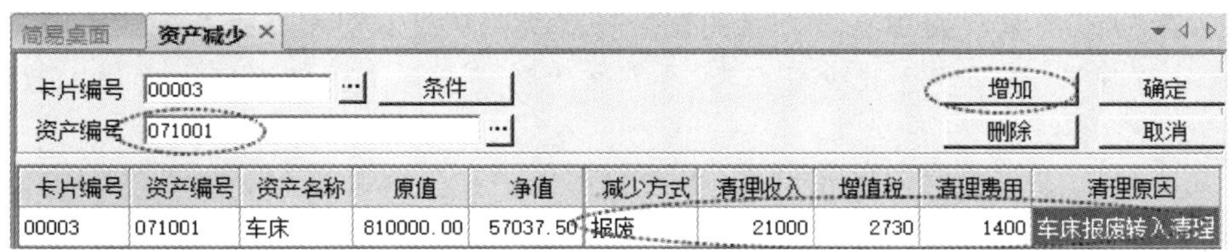

图 7-27　资产减少

(2) 参照输入：减少方式(报废)。录入：清理收入(21,000)、增值税(2,730)、清理费用(1,400)、清理原因(车床报废转入清理)。

(3) 点击【确定】按钮，系统弹出“所选卡片已经减少成功!”。

(4) 点击【确定】按钮，进入“填制凭证”页面。选择凭证字“付”，填入对应科目，见表 7-9。

表 7-9　资产减少凭证

付　字 0020

摘要	科目名称	借方金额	贷方金额
资产减少—累计折旧	累计折旧	752,962.50	
资产减少	固定资产清理	57,037.50	
资产减少—原值	固定资产		810,000.00
资产减少—清理收入	银行存款/南山工行/人民币	21,000.00	
资产减少—清理收入	固定资产清理		21,000.00
资产减少—清理费用	固定资产清理	1,400.00	
资产减少—清理费用	库存现金/人民币		1,400.00
资产减少—增值税	固定资产清理	2,730.00	
资产减少—增值税	应交税费/应交增值税/销项税额		2,730.00

(5) 单击工具栏【保存】按钮，关闭“填制凭证”页面。

2. 结转清理损益

(1) 双击“财务会计｜总账｜凭证｜填制凭证”，打开“填制凭证”页面。

(2) 增加“结转清理损益”凭证，如表 7-10 所示。

表 7-10 结转清理损益

转 字 0010

摘要	科目名称	借方金额	贷方金额
结转清理损益	营业外支出/清理固定资产损失	40,167.50	
结转清理损益	固定资产清理		57,037.50 − 21,000 + 1,400 + 2,730

操作说明：

① 如发现原始卡片或计提折旧有误，可通过双击“财务会计｜固定资产｜处理｜凭证查询”功能，选择折旧计提凭证，删除。修改卡片数据后，重新计提折旧。

② 如发现资产减少操作有误，可先删除资产减少凭证，双击“财务会计｜固定资产｜卡片｜卡片管理”，选择“已减少资产”，再双击“财务会计｜固定资产｜卡片｜撤销减少”即可。

③ 如未能立即生成“计提折旧”“资产减少”凭证，可双击“财务会计｜固定资产｜处理｜批量制单”生成所需凭证。

第 8 章　薪 资 管 理

薪资管理系统适用于各类企业、行政事业单位进行工资核算、工资发放、工资费用分摊、工资统计分析和个人所得税核算等。它可以与总账系统集成使用，将工资凭证传递到总账中；可以与成本管理系统集成使用，为成本管理系统提供人员的费用信息。

薪酬业务的处理：

由公司承担并缴纳的养老保险、医疗保险、失业保险、工伤保险、生育保险、住房公积金分别按 20%、6%、2%、1%、0.8%、12%的比例计算；职工个人承担的养老保险、医疗保险、失业保险、住房公积金分别按 8%、2%、1%、12%的比例计算。按工资总额的 2%计提工会经费，按工资总额的 2.5%计提职工教育经费，各类社会保险金当月计提，次月缴纳。按照国家有关规定，公司代扣代缴个人所得税，其费用扣除标准为 3,500 元，附加费用 1,300 元；工资分摊按合并制单；职工福利费按实际发生数列支，不按比例计提。

8.1　薪资管理系统功能

工资核算是财务核算的一部分，其日常业务要通过总账记账凭证反映，薪资管理系统和总账系统主要是凭证传递的关系。工资计提、分摊的费用要通过制单的方式传递给总账系统进行处理。

8.1.1　系统主要功能

薪资管理系统有以下主要功能：

1. 初始设置

(1) 设置人员附加信息。

(2) 设置工资类别适用部门(多工资类别)。

(3) 设置工资人员档案。

(4) 设置多次发放。

(5) 自定义工资项目及计算公式。

(6) 设置工资项目从人事系统获取数据的取数公式。

(7) 提供多工资类别核算、工资核算币种、扣零处理、个人所得税扣税处理等账套参数设置。

2. 业务处理

(1) 工资数据变动。进行工资数据的变动、汇总处理，支持多套工资数据的汇总。

(2) 工资分钱清单。提供部门分钱清单、人员分钱清单、工资发放取款单。

(3) 工资分摊。月末自动完成工资分摊、计提、转账业务，并将生成的凭证传递到总账系统。

(4) 银行代发。灵活的银行代发功能，预置银行代发模板，适用于由银行发放工资的企业。可实现在同一工资账中的人员由不同的银行代发工资，以及多种文件格式的输出。

(5) 扣缴所得税。提供个人所得税自动计算与申报功能。

3. 统计分析报表业务处理

(1) 提供按月查询凭证的功能。

(2) 提供工资表，包括工资发放签名表、工资发放条、工资卡、部门工资汇总表、人员类别汇总表、条件汇总表、条件明细表、条件统计表、多类别工资表等。

(3) 提供工资分析表，包括工资项目分析表、工资增长分析表、员工工资汇总表、按月分类统计表、部门分类统计表、按项目分类统计表、员工工资项目统计表、分部门各月工资构成分析表、部门工资项目构成分析表等。

8.1.2　系统业务流程图

薪资管理系统业务流程如图 8-1 所示。

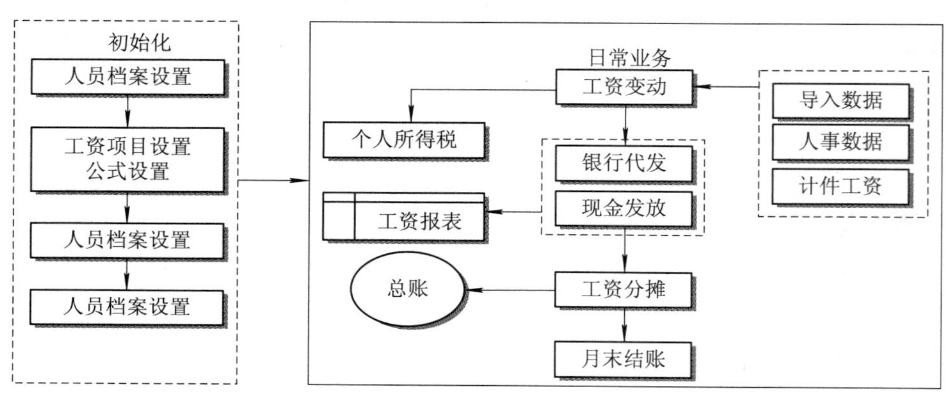

图 8-1　业务流程图

8.2　初 始 设 置

为适应教学的需要，实训前请将操作系统时间调整为“2020-01-01”，再登录“企业应用平台”，在“业务工作”页签下“人力资源管理”系统中进行薪资管理初始化工作。

8.2.1　建立工资账套

★ 实训操作：

(1) 双击“人力资源｜薪资管理”，系统弹出“请先设置工资类别”提示框，点击【确定】按钮，弹出“建立工资套”窗口，进行“参数设置”，如图 8-2 所示。

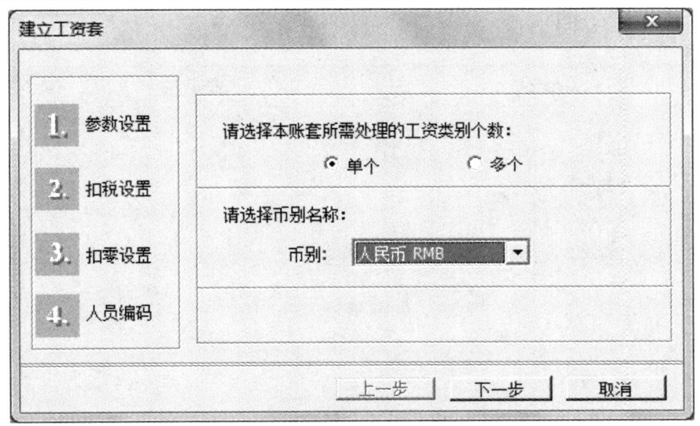

图 8-2　参数设置

(2) 点击【下一步】按钮，进行“扣税设置”，单击选中“是否从工资中代扣个人所得税”选项，如图 8-3 所示。

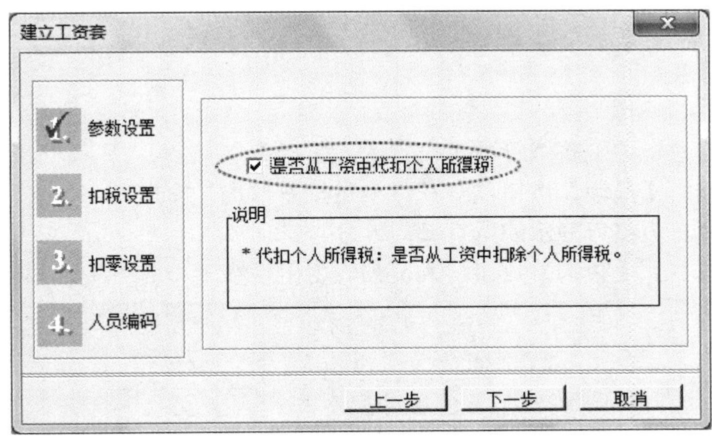

图 8-3　扣税设置

(3) 点击【下一步】按钮，进行“扣零设置”，如图 8-4 所示。

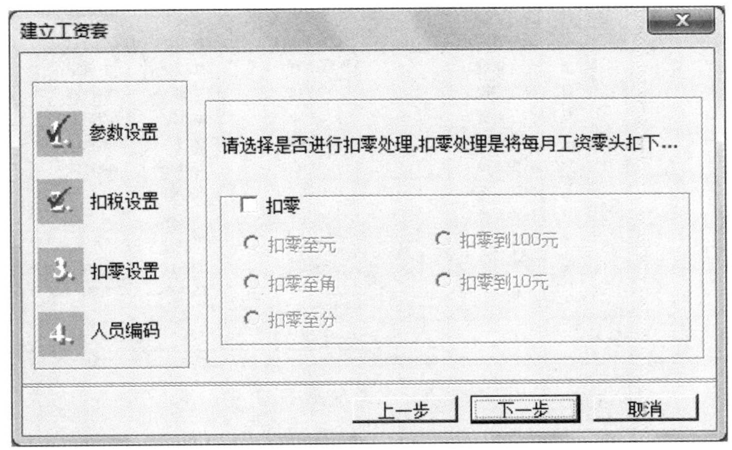

图 8-4　扣零设置

(4) 点击【下一步】按钮，完成设置，如图 8-5 所示。

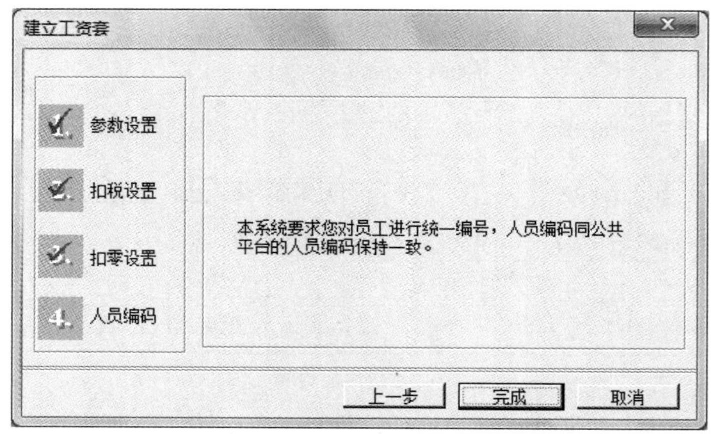

图 8-5　人员编码(完成)设置

8.2.2　人员档案设置

★ 实训操作：

(1) 双击“人力资源 | 薪资管理 | 设置 | 人员档案”，进入“人员档案”页面。

(2) 单击工具栏【批增】按钮，打开“人员批量增加”窗口。

(3) 单击选中左边窗口列示的所有部门。

(4) 单击窗口右上【查询】按钮，人员列表将出现在窗口右下中，如图 8-6 所示。

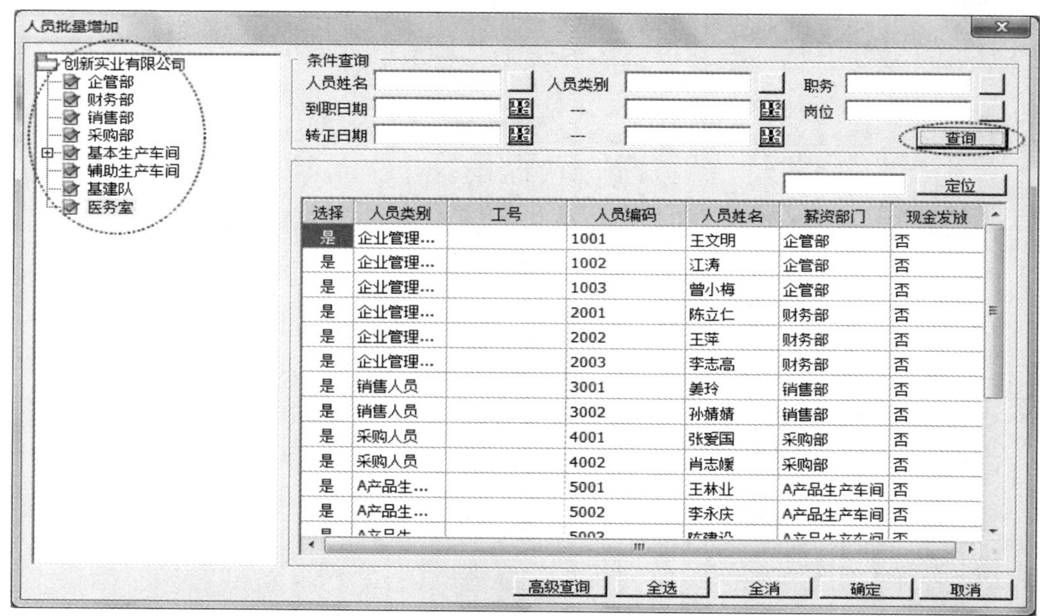

图 8-6　人员批量增加

(5) 单击窗口右下【确定】按钮，返回“人员档案”页面。

(6) 关闭“人员档案”页面。

8.2.3　工资项目及公式设置

◇ **实训资料：**

工资项目和计算公式如表 8-1、表 8-2 所示。

表 8-1　工 资 项 目

序号	工资项目	类型	长度	小数	增减项
	基本工资	数字	8	2	增项
	浮动工资	数字	8	2	增项
	岗位津贴	数字	8	2	增项
	加班费	数字	8	2	增项
	独补	数字	8	2	增项
	缺勤天数	数字	4	1	其他
	缺勤扣款	数字	8	2	减项
	应发工资	数字	10	2	其他
	应税工资	数字	10	2	其他
	房租水电	数字	8	2	减项
	养老保险	数字	8	2	减项
	医疗保险	数字	8	2	减项
	失业保险	数字	8	2	减项
	住房公积金	数字	8	2	减项

表 8-2　计 算 公 式

序号	工资项目	计 算 公 式
1	缺勤扣款	基本工资/22.5*缺勤天数
2	岗位津贴	企业管理人员为 500，其他人员为 200
3	应发工资	基本工资 + 浮动工资 + 岗位津贴 + 加班费 + 独补 – 缺勤扣款
4	养老保险	应发工资*8%
5	医疗保险	应发工资*2%
6	失业保险	应发工资*1%
7	住房公积金	应发工资*12%
8	应税工资	应发工资 – 独补 – 养老保险 – 医疗保险 – 失业保险 – 住房公积金

一、工资项目设置

★ **实训操作：**

(1) 双击“人力资源 | 薪资管理 | 设置 | 工资项目设置”，打开“工资项目设置”窗口。

(2) 点击【增加】按钮，新增一个“工资项目名称”空行，单击“名称参照”的下拉按钮，选择“基本工资”项目，如图 8-7 所示。

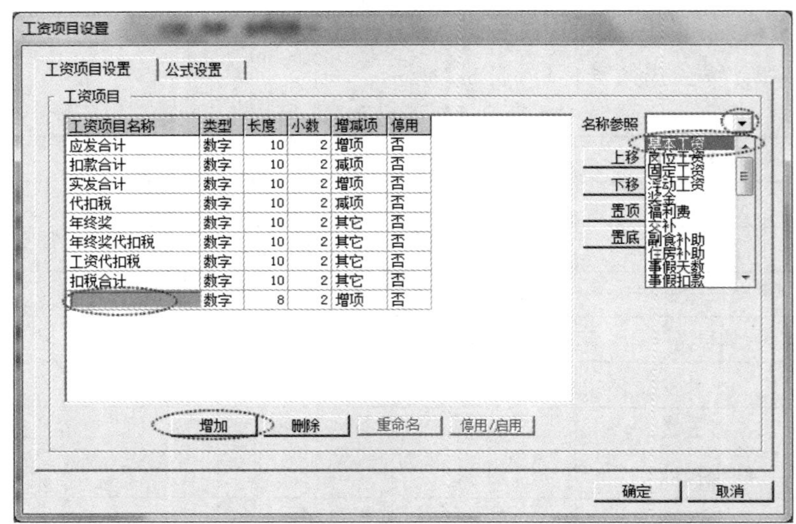

图 8-7　工资项目设置

(3) 点击【置顶】按钮，可将“基本工资”项目排在第一行。

(4) 点击【增加】按钮，继续录入下一工资项目。

◆ **自行练习：**

(1) 依次增加表 8-1 中所列工资项目。

(2) 如“名称参照”中未出现所需工资项目名称，则使用键盘输入。

(3) 新增工资项目默认为“增项”，注意根据实际情况选择“增减项”。

(4) 可通过“上移”“下移”等按钮调整工资项目顺序。

二、公式设置

★ **实训操作：**

1. 简单运算(如：缺勤扣款 = 基本工资/22.5*缺勤天数)

(1) 双击“人力资源｜薪资管理｜设置｜工资项目设置”，打开“工资项目设置”窗口，单击“公式设置”页签。

(2) 点击【增加】按钮，“工资项目”下新增一个空行，单击其下拉按钮，选择需要设置的工资项目“缺勤扣款”。

(3) 在右边窗口录入公式：基本工资/22.5*缺勤天数，如图 8-8 所示。

详细操作如下：

① 单击“缺勤扣款公式定义”下的空白区域。

② 单击“工资项目”列表中的“基本工资”。

③ 单击“公式输入参照”下的“ / ”。

④ 单击“缺勤扣款公式定义”区域公式尾部，键盘输入“22.5”。

⑤ 单击“公式输入参照”下的“*”。

⑥ 单击“工资项目”列表中的“缺勤天数”。

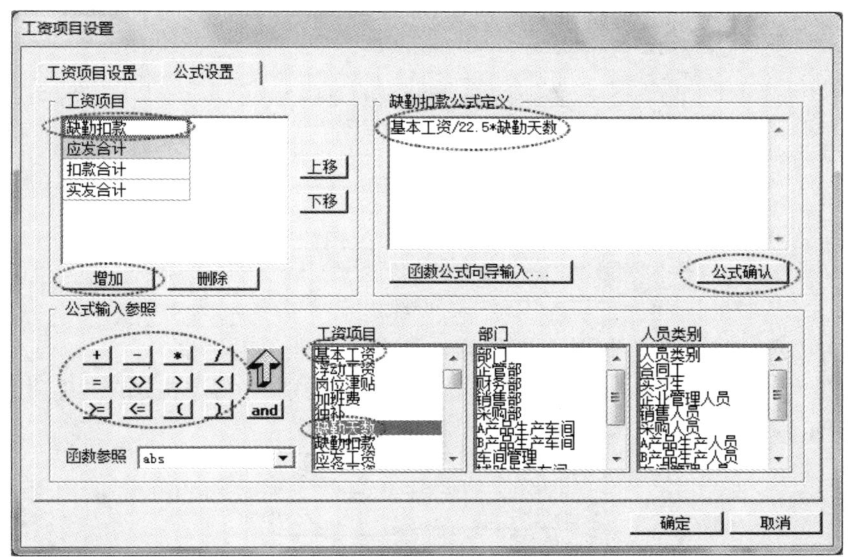

图 8-8 公式设置

⑦ 点击【公式确认】按钮，继续下一公式设置。

2. 函数运算

例：岗位津贴 = 企业管理人员为 500，其他人员为 200。

(1) 点击【增加】按钮，“工资项目”下新增一个空行，单击其下拉按钮，选择需要设置的工资项目“岗位津贴”。

(2) 单击“岗位津贴公式定义”下的【函数公式向导输入】按钮，打开“函数向导——步骤之 1”对话框。

(3) 单击“函数名”列表中的“iff”函数，如图 8-9 所示。

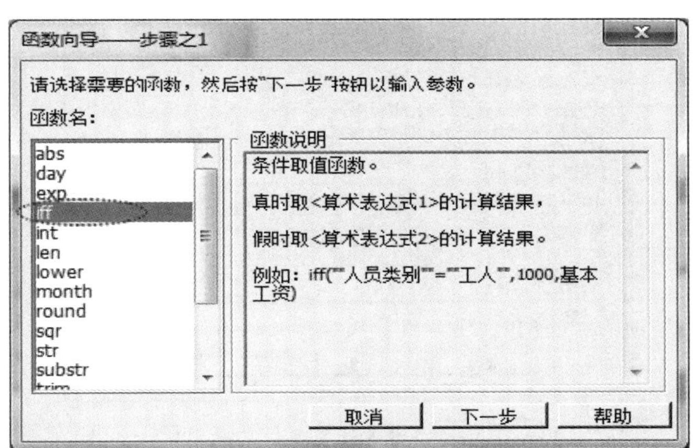

图 8-9 函数向导——步骤之 1

(4) 点击【下一步】按钮，打开“函数向导——步骤之 2”对话框，如图 8-10 所示。

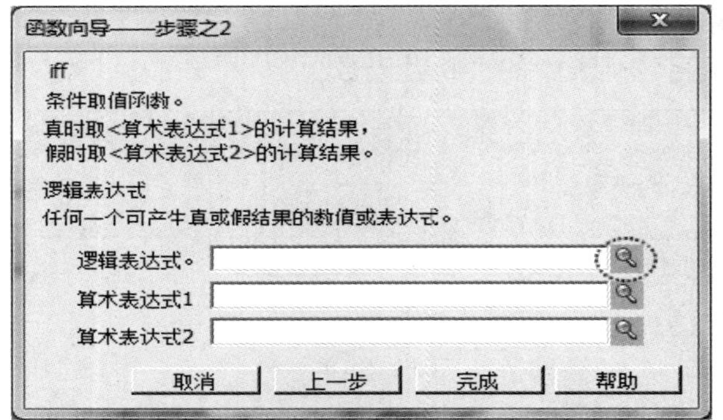

图 8-10　函数向导——步骤之 2

(5) 单击“逻辑表达式”栏的参照按钮，打开“参照”对话框。

(6) 单击“参照列表”栏的下拉按钮，选择“人员类别”，再单击选中“企业管理人员”，如图 8-11 所示。

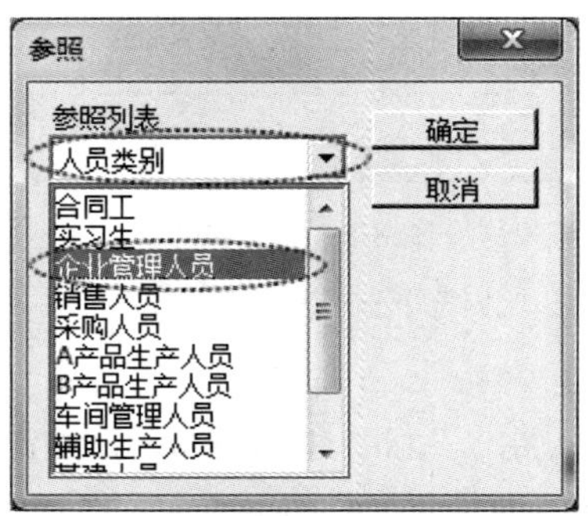

图 8-11　选择人员类别

(7) 点击【确定】按钮，返回“函数向导——步骤之 2”对话框。

(8) 在“算术表达式 1”文本框中录入“500”，在“算术表达式 2”文本框中录入“200”，如图 8-12 所示。

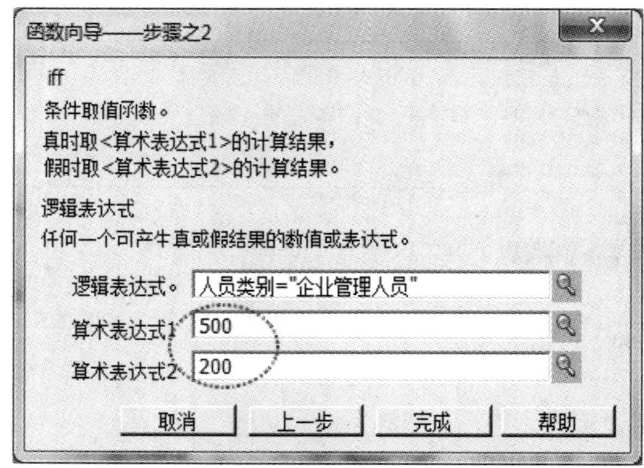

图 8-12　设置计算条件与结果

(9) 点击【完成】按钮，返回“公式设置”窗口，可以看到公式表达为：iff(人员类别 = “企业管理人员”,500,200)”。

(10) 点击【公式确认】。可继续下一公式设置。

◆ **自行练习：**

(1) 完成表 8-2 中 8 个公式的设置。

(2) 公式设置完成后，必须(通过点击【上移】、【下移】按钮)对公式按表 8-2 中的顺序进行排列。

8.2.4　扣税设置

★ **实训操作：**

(1) 双击“人力资源 | 薪资管理 | 设置 | 选项”，打开“选项”窗口。

(2) 单击“扣税设置”页签，单击“编辑”，如图 8-13 所示。

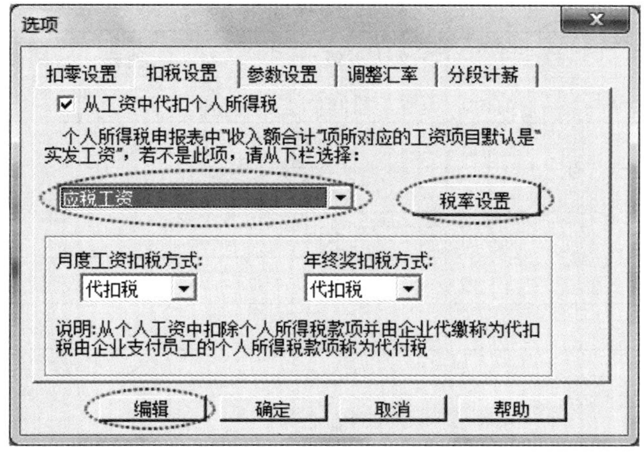

图 8-13　选项-计税项目

(3) 单击计税工资项目下拉框，从下拉列表中选择“应税工资”。

(4) 点击【税率设置】按钮，可以查看/修改“个人所得税申报表——税率表”，如图 8-14 所示。

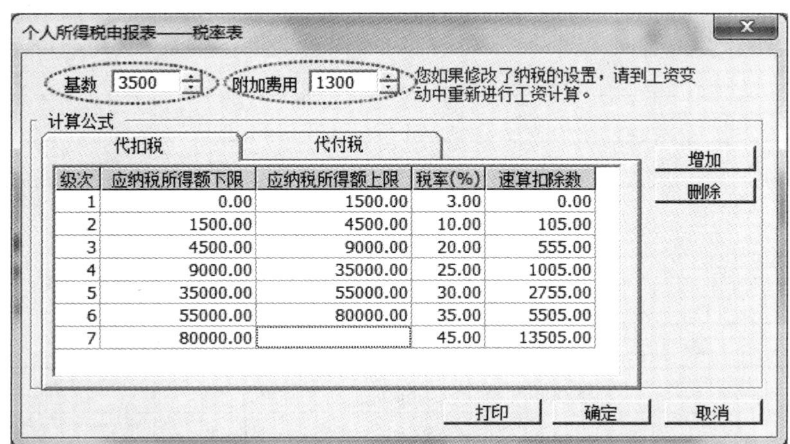

级次	应纳税所得额下限	应纳税所得额上限	税率(%)	速算扣除数
1	0.00	1500.00	3.00	0.00
2	1500.00	4500.00	10.00	105.00
3	4500.00	9000.00	20.00	555.00
4	9000.00	35000.00	25.00	1005.00
5	35000.00	55000.00	30.00	2755.00
6	55000.00	80000.00	35.00	5505.00
7	80000.00		45.00	13505.00

图 8-14　个人所得税申报表——税率表

(5) 点击【确定】按钮，返回“选项”窗口。

(6) 点击【确定】按钮，退出“选项”窗口。

8.3　日常业务处理

8.3.1　工资变动数据录入

◈ 实训资料：

1 月份职工工资数据如表 8-3 所示。

表 8-3　1 月份工资数据

人员编码	姓名	基本工资	浮动工资	加班费	独补	缺勤天数	房租水电
1001	王文明	4,800	2,000	480			800
1002	江涛	4,400	500				
1003	曾小梅	4,400	900		100		
2001	陈立仁	5,000	1,100			3	500
2002	王萍	4,500	700		100		
2003	李志高	6,000	800				
3001	姜玲	4,250	1,000				331
3002	孙婧婧	4,500	3,000				311
4001	张爱国	6,500	850				250
4002	肖志媛	7,000	1,200				327
5001	王林业	3,800	760	320			327
5002	李永庆	4,000	820	320			356
5003	陈建设	4,800	1,600	200	100		1,200
5004	陈晓燕	4,200	950			2	326
5005	张文钊	3,900	670		100		228
5006	潘庆云	4,300	1,200	410			
5007	柯云湘	4,500	1,600				314
6001	单田田	4,100	900		100		376
6002	文友利	4,250	500				314
7001	刘海峰	4,200	400				546
8001	梅淑怡	5,000	640	400			
合计		98,400	22,090	2,130	500	5	6,506

★ 实训操作：

(1) 双击“人力资源 | 薪资管理 | 业务处理 | 工资变动”，进入“工资变动”页面。

(2) 双击工资表各单元格，录入表 8-3 中工资数据，如图 8-15 所示。

简易桌面 工资变动 ×

工资变动

过滤器 定位器

选择	工号	人员编号	姓名	部门	人员类别	基本工资	浮动工资	加班费
		1001	王文明	企管部	企业管理人员	4800	2,000.00	480.00
		1002	江涛	企管部	企业管理人员	4,400.00	500.00	
		1003	曾小梅	企管部	企业管理人员	4,400.00	900.00	
		2001	陈立仁	财务部	企业管理人员	5,000.00	1,100.00	
		2002	王萍	财务部	企业管理人员	4,500.00	700.00	
		2003	李志高	财务部	企业管理人员	6,000.00	800.00	
		3001	姜玲	销售部	销售人员	4,250.00	1,000.00	
		3002	[illegible]	销售部	销售人员	4,500.00	3,000.00	

图 8-15 工资数据录入

(3) 录入完毕后，单击工具栏【计算】、【汇总】按钮。

(4) 关闭“工资变动”页面。

8.3.2 扣缴个人所得税

★ 实训操作：

(1) 将操作系统时间调整为“2020-01-31”，重注册登录“企业应用平台”。

(2) 双击“人力资源 | 薪资管理 | 业务处理 | 扣缴所得税”，打开“个人所得税申报模板”窗口。

(3) 单击“请选择所在地区名”的下拉按钮，选择“深圳”，选中报表类型“扣缴个人所得税报表”，如图 8-16 所示。

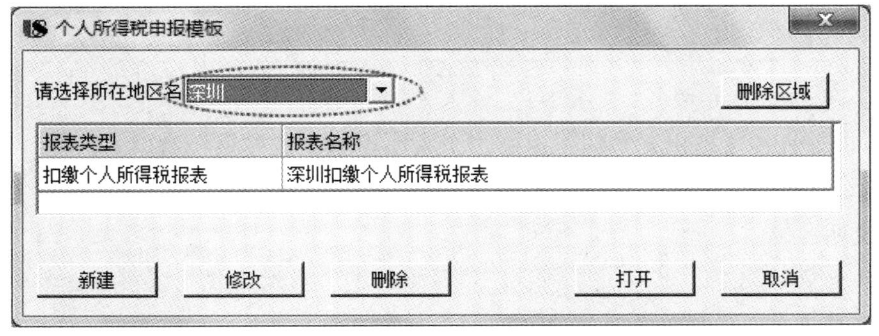

图 8-16 选择报表类型

(4) 点击【打开】按钮，系统弹出“所得税申报”查询范围＋过滤方式设置窗口，点击【确定】按钮，打开“所得税申报”窗口，如图 8-17 所示。

所得税申报

输出　税率　栏目　内容　邮件　过滤　定位　退出

深圳扣缴个人所得税报表

2020年1月 -- 2020年1月

总人数：21

纳税义务…	收入额	应纳税所得额	税率	速算扣除数	应扣缴所…	已扣缴所…	应补缴所…
王文明	7780.00	2490.60	10	105.00	144.06		144.06
江涛	5400.00	658.00	3	0.00	19.74		19.74
曾小梅	5900.00	943.00	3	0.00	28.29		28.29
陈立仁	6600.00	1068.66	3	0.00	32.06		32.06
王萍	5800.00	866.00	3	0.00	25.98		25.98
李志高	7300.00	2121.00	10	105.00	107.10		107.10
姜玲	5450.00	696.50	3	0.00	20.90		20.90
孙婧婧	7700.00	2429.00	10	105.00	137.90		137.90
张爱国	7550.00	2313.50	10	105.00	126.35		126.35
肖志媛	8400.00	2968.00	10	105.00	191.80		191.80
王林业	5080.00	411.60	3	0.00	12.35		12.35
李永庆	5340.00	611.80	3	0.00	18.35		18.35
陈建设	6900.00	1713.00	10	105.00	66.30		66.30
陈晓燕	5350.00	332.04	3	0.00	9.96		9.96
张文钊	4870.00	149.90	3	0.00	4.50		4.50
潘庆云	6110.00	1204.70	3	0.00	36.14		36.14
柯云湘	6300.00	1351.00	3	0.00	40.53		40.53
单田田	5300.00	481.00	3	0.00	14.43		14.43
文友利	4950.00	311.50	3	0.00	9.35		9.35
刘海峰	4800.00	196.00	3	0.00	5.88		5.88
梅淑怡	6240.00	1304.80	3	0.00	39.14		39.14
合计	129120.00	24621.60		630.00	1091.11		1091.11

图 8-17　个人所得税申报表

(5) 单击工具栏【退出】按钮，返回“个人所得税申报模板”窗口。

(6) 点击【取消】按钮，退出“扣缴所得税”功能模块。

操作说明：

系统只提供了北京、上海、深圳、广州等地区的个人所得税报表模板。其他地区的个人所得税报表模板，可以通过选择地区为“新建”进行操作。

8.3.3　工资分摊设置

◇ **实训资料：**

工资分摊构成见表 8-4。

表 8-4　工资分摊构成

部门名称	人员类别	工资项目	借方科目	贷方科目
企管部、财务部	企业管理人员	应发工资	660201	221101
销售部	销售人员	应发工资	660101	221101
采购部	采购人员	应发工资	510102	221101
A 产品生产车间	A 产品生产人员	应发工资	5001010102	221101
B 产品生产车间	B 产品生产人员	应发工资	5001010202	221101
车间管理	车间管理人员	应发工资	510102	221101
辅助生产车间	辅助生产人员	应发工资	50010202	221101
基建队	基建人员	应发工资	160401	221101
医务室	福利人员	应发工资	224101	221101

★ **实训操作：**

(1) 双击“人力资源｜薪资管理｜业务处理｜工资分摊”，打开“工资分摊”窗口，如图 8-18 所示。

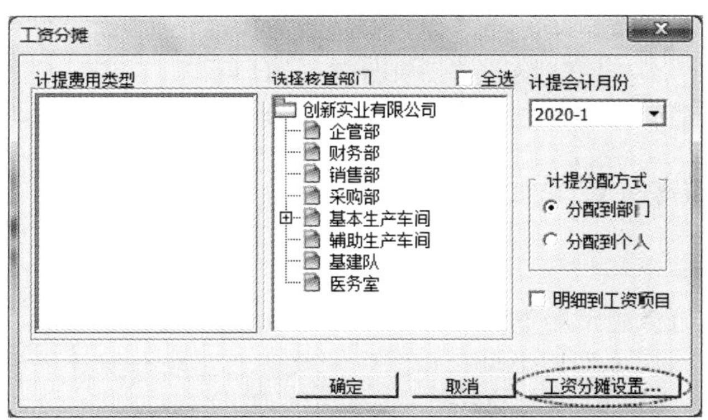

图 8-18　工资分摊

(2) 点击【工资分摊设置】按钮，打开“分摊类型设置”对话框。

(3) 点击【增加】按钮，打开“分摊计提比例设置”对话框。录入：计提类型名称“按应发工资分摊计提”，如图 8-19 所示。

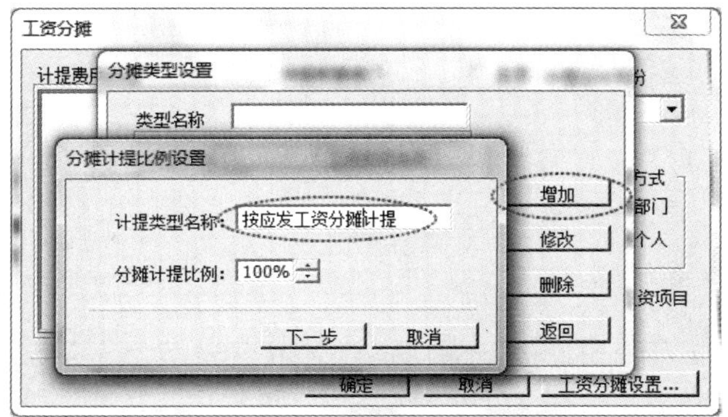

图 8-19　分摊类型及计提比例设置

(4) 单击【下一步】按钮，打开“分摊构成设置”窗口。录入/参照输入：部门名称、人员类别、工资项目、借方科目、贷方科目(数据资料参见表 8-4)，如图 8-20 所示。

分摊构成设置

部门名称	人员类别	工资项目	借方科目	借	借	贷方科目	贷方
企管部,财务部	企业管理人员	应发工资	660201			221101	
销售部	销售人员	应发工资	660101			221101	
采购部	采购人员	应发工资	510102			221101	
A产品生产车间	A产品生产人员	应发工资	5001010102			221101	
B产品生产车间	B产品生产人员	应发工资	5001010202			221101	
车间管理	车间管理人员	应发工资	510102			221101	
辅助生产车间	辅助生产人员	应发工资	50010202			221101	
基建队	基建人员	应发工资	160401			221101	
医务室	福利人员	应发工资	224101			221101	

上一步　完成　取消

图 8-20　分摊构成设置

(5) 点击【完成】按钮，返回“分摊类型设置”对话框。

(6) 点击【返回】按钮，返回“工资分摊”窗口。

(7) 点击【取消】按钮，暂不进行工资分摊操作。

8.3.4　工资分摊并生成凭证

★ 实训操作：

(1) 双击“人力资源 | 薪资管理 | 业务处理 | 工资分摊”，打开“工资分摊”窗口。

(2) 单击选中“计提费用类型窗口”中“按应发工资分摊计提”的复选框，并单击选中“选择核算部门”中的所有部门，选中“明细到工资项目”复选框，如图 8-21 所示。

(3) 点击【确定】按钮，进入“工资分摊明细”页面，显示“按应发工资分摊计提一览表”，选中“合并科目相同、辅助项相同的分录”复选框，如图 8-22 所示。

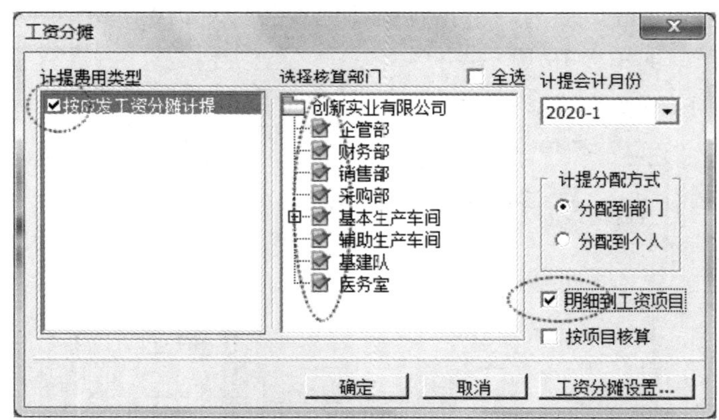

图 8-21　工资分摊

按应发工资分摊计提一览表

☑ 合并科目相同、辅助项相同的分录

类型 按应发工资分摊计提　　　　计提会计月份　1月

部门名称	人员类别	应发工资		
		分配金额	借方科目	贷方科目
企管部	企业管理人员	19080.00	660201	221101
财务部		19033.33	660201	221101
销售部	销售人员	13150.00	660101	221101
采购部	采购人员	15950.00	510102	221101
A产品生产车间	A产品生产人员	17320.00	5001010102	221101
B产品生产车间	B产品生产人员	9846.67	5001010202	221101
车间管理	车间管理人员	12410.00	510102	221101
辅助生产车间	辅助生产人员	10250.00	50010202	221101
基建队	基建人员	4800.00	160401	221101
医务室	福利人员	6240.00	224101	221101

图 8-22　应发工资分摊计提一览表

(4) 单击工具栏【制单】按钮，选择凭证类别“转账凭证”，单击工具栏【保存】按钮。完整凭证参见表 8-5。

表 8-5　工资分摊转账凭证

转　字 0011

摘要	科 目 名 称	借方金额	贷方金额
按应发工资分摊计提	在建工程/生产厂房	4,800.00	
按应发工资分摊计提	其他应付款/职工福利费	6,240.00	
按应发工资分摊计提	生产成本/基本生产成本/A 产品/工资薪酬	17,320.00	
按应发工资分摊计提	生产成本/基本生产成本/B 产品/工资薪酬	9,846.67	
按应发工资分摊计提	生产成本/辅助生产成本/工资薪酬	10,250.00	
按应发工资分摊计提	制造费用/工资薪酬	28,360.00	
按应发工资分摊计提	销售费用/工资薪酬	13,150.00	
按应发工资分摊计提	管理费用/工资薪酬	38,113.33	
按应发工资分摊计提	应付职工薪酬/工资		128,080.00

(5) 单击工具栏【退出】按钮，返回“工资分摊明细”页面。

(6) 关闭“工资分摊明细”页面。

8.3.5　计提个人应交社会保险、住房公积金

五险一金是指用人单位给予劳动者的几种保障性待遇的合称，包括养老保险、医疗保险、失业保险、工伤保险、生育保险和住房公积金。其中养老保险、医疗保险和失业保险，这三险是由单位和个人共同缴纳的保费，工伤保险和生育保险则完全由单位承担，个人不需要缴纳。住房公积金由两部分组成，一部分由职工所在单位缴存，另一部分由职工个人缴存。职工个人缴存部分由单位代扣后，连同单位缴存部分一并缴存到住房公积金个人账户内。

本例个人应交社会保险、住房公积金按工资总额提取比例为：养老保险 8%、医疗保险 2%、失业保险 1%，住房公积金 12%。通过查询工资变动表得到对应金额为 10,246.40 元、2,561.60 元、1,280.80 元和 15,369.60 元。

★ 实训操作：

进入"财务会计｜总账｜凭证｜填制凭证"功能，填制凭证，如表 8-6 所示。

表 8-6　计提个人应交社会保险、住房公积金

转　字 0012

摘要	科目名称	借方金额	贷方金额
个人应交社会保险	其他应收款/代付社保	14,088.80	
个人应交住房公积金	其他应收款/代付住房公积金	15,369.60	
个人应交社会保险	其他应付款/社会保险/个人		14,088.80
个人应交住房公积金	其他应付款/住房公积金/个人		15,369.60

8.4 月末处理

★ 实训操作：

(1) 双击"人力资源｜薪资管理｜业务处理｜月末处理"，打开"月末处理"对话框，如图 8-23 所示。

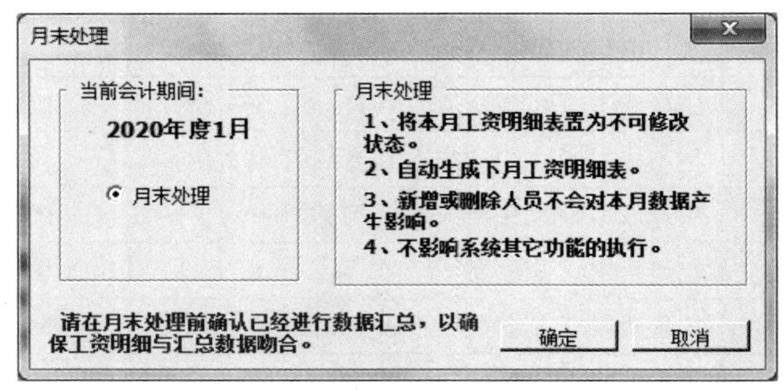

图 8-23　月末处理

(2) 点击【确定】按钮，系统弹出"月末处理之后，本月工资将不允许变动！继续月末处理吗？"提示框。

(3) 点击【是】按钮，系统弹出"是否选择清零项？"提示框。

(4) 点击【否】按钮，系统弹出"月末处理完毕！"提示框。

(5) 点击【确定】按钮。

操作说明：

在进行月末处理后，如果发现还有一些业务需要处理，可以由账套主管以下月日期登录，使用反结账功能，取消已结账标记。

第三部分 供 应 链

供应链管理(Supply Chain Management，SCM)是指在满足一定的客户服务水平的条件下，为了使整个供应链系统成本达到最小而把供应商、制造商、仓库、配送中心和渠道商等有效地组织在一起来进行的产品制造、转运、分销及销售的管理方法。供应链管理包括计划、采购、制造、配送、退货五大基本内容。

U8供应链管理系统主要包括物料需求计划、采购管理、销售管理、库存管理、存货核算、GSP质量管理几个模块。其主要功能在于增加预测的准确性，减少库存，提高发货供货能力；减少工作流程周期，提高生产效率，降低供应链成本；减少总体采购成本，缩短生产周期，加快市场响应速度。同时，在这些模块中提供了对采购、销售等业务环节的控制，以及对库存资金占用的控制，完成对存货出入库成本的核算，使企业的管理模式更符合实际情况，制定出最佳的企业运营方案，实现管理的高效率、实时性、安全性、科学性。各模块主要功能简述如下：

1. 物料需求计划

物料需求计划(Material Requirements Planning，MRP)是供应链的入口，是ERP的重要组成部分，是工业企业实现精益生产、准时制库存必不可少的工具，对降低生产在库物料数量、提高企业管理水平、降低资金占用、提高企业资金周转速度有着重要的作用。

2. 采购管理

采购管理帮助企业对采购业务的全部流程进行管理，提供请购、订货、到货、入库、开票、采购结算的完整采购流程，支持普通采购、受托代销、直运等多种类型的采购业务，支持按询价比价方式选择供应商，支持以订单为核心的业务模式。

3. 销售管理

销售管理帮助企业对销售业务的全部流程进行管理，提供报价、订货、发货、开票的完整销售流程，支持普通销售、委托代销、分期收款、直运、零售、销售调拨等多种类型的销售业务，支持以订单为核心的业务模式，并可对销售价格和信用进行实时监控。企业可以根据实际情况进行销售流程的定制，构建自己的销售业务管理平台。

4. 库存管理

库存管理主要是从数量的角度管理存货的出入库业务，能够满足采购入库、销售出库、产成品入库、材料出库、其他出入库、盘点管理等业务需要，提供多计量单位使用、仓库货位管理、批次管理、保质期管理、出库跟踪入库管理、可用量管理等全面的业务应用。通过对存货的收发存业务处理，及时动态地掌握各种库存存货信息，对库存安全性进行控

制，提供各种储备分析，避免库存积压占用资金，或材料短缺影响生产。

5. 存货核算

存货核算是从资金的角度管理存货的出入库业务，掌握存货耗用情况，及时准确地把各类存货成本归集到各成本项目和成本对象上。存货核算主要用于核算企业的入库成本、出库成本、结余成本。存货核算反映和监督存货的收发、领退和保管情况；反映和监督存货资金的占用情况，动态反映存货资金的增减变动、提供存货资金周转和占用分析，以降低库存，减少资金积压。

6. GSP 质量管理

GSP 质量管理模块完全按照医药商业企业的实际业务流程和管理需要以及国家 GSP 质量管理规范的标准管理流程进行开发。它结合药品经营企业的特点，将 GSP 规范(《医药商品质量管理规范》，简称 GSP)融于医药商业企业日常管理的业务流程中，完美有效地解决了质量管理和业务管理中存在的问题。

第9章　库存管理

库存管理系统是 U8 供应链的重要产品，能够满足采购入库、销售出库、产成品入库、材料出库、其他出入库、盘点管理等业务需要，提供仓库货位管理、批次管理、保质期管理、出库跟踪入库管理、可用量管理、序列号管理等全面的业务应用。库存管理系统可以单独使用，也可以与财务会计及供应链其他系统集成使用，发挥更加强大的应用功能。

9.1　系统功能

库存管理系统功能包括：

(1) 初始设置：选项设置、期初结存录入、期初不合格品录入。

(2) 入库业务：包括采购入库单、产成品入库单、其他入库单等单据的填制。

(3) 出库业务：包括销售出库单、材料出库单、其他出库单等单据的填制。

(4) 调拨业务：包括调拨申请单、调拨单单据的填制。

(5) 盘点业务：负责存货定期或不定期的清查，查明存货盘盈、盘亏、损毁的数量以及造成的原因，并据以编制存货盘点报告表。

(6) 领料申请：生产用原辅料、包装材料的出库；研发用试剂耗材、原料的出库及设备维修所用的备品备件的出库。可以先由使用部门填制领料申请单，经相关部门批准之后，由仓库根据领料申请单发料。

(7) 限额领料：对于管理比较严格的工业企业，可以采用限额领料单加强管理。

(8) 不合格品：包括不合格品记录单、不合格品处理单的处理。

(9) 货位调整：用于调整存货的货位。

(10) 单据列表：用于采购入库单、产成品入库单、其他入库单、销售出库单、材料出库单、其他出库单、领料申请单、限额领料单、调拨申请单、调拨单、盘点单、不合格品记录单、不合格品处理单、货位调整单、ROP 采购计划单等单据列表查询。

(11) 条形码管理：用于条形码规则设置、条形码规则分配、条形码生成、采集器设置、条形码批量生单等。

(12) 其他业务处理：处理订单预留、批次冻结、远程应用，整理现存量。

(13) 质量追溯查询：是指对成品的质量问题进行溯源。

(14) 对账：用于库存与存货对账、库存账与货位账对账等。

(15) ROP：用于设置 ROP 选项，进行 ROP 运算、ROP 采购计划、日均耗量与货点维护。

(16) 报表：用于库存报表、库存账、批次账、货位账、统计表、储备分析、ROP 采购计划报表等报表的查询。

9.2　业 务 实 训

为适应教学的需要，实训前请将操作系统时间调整为“2020-01-31”，再登录“企业应用平台”，在“业务工作”页签下进行库存管理业务处理。实训中单据日期为业务实际发生日期。

业务一　**1 月 7 日，发出甲材料 10,000 千克，其中 A 产品消耗 8,000 千克，B 产品消耗 1,500 千克，车间管理一般消耗 500 千克。**

★ **实训操作：**

1. A 产品生产车间领用甲材料 8,000 千克

(1) 双击“供应链｜库存管理｜出库业务｜材料出库单”，进入“材料出库单”页面。

(2) 单击工具栏【增加】按钮，录入：出库日期(2020-01-07)、仓库(原材料仓)、出库类别(材料出库)、部门(A 产品生产车间)、材料编码(Y001)、数量(8,000)，如图 9-1 所示。

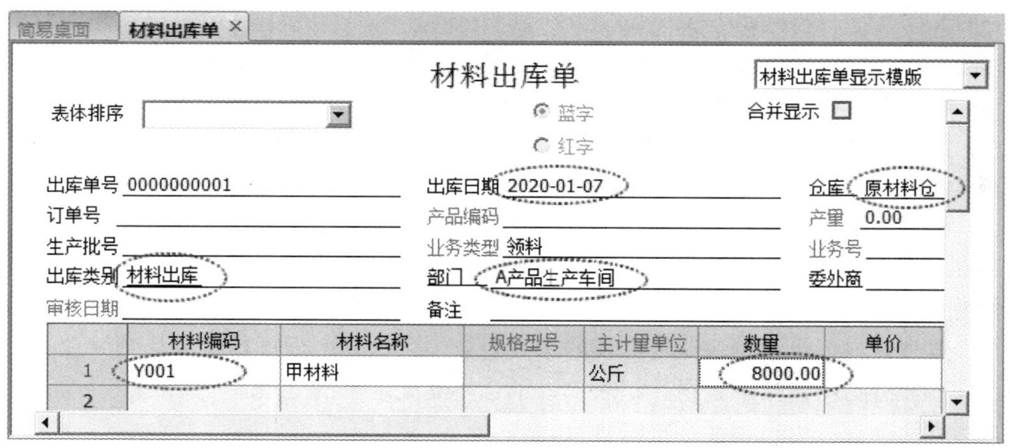

图 9-1　A 车间领用甲材料

(3) 单击工具栏【保存】按钮。

(4) 单击工具栏【审核】按钮，出现“该单据审核成功”，点击【确定】按钮。

2. B 产品生产车间领用甲材料 1,500 千克

(1) 单击工具栏【增加】按钮，录入：出库日期(2020-01-07)、仓库(原材料仓)、出库类别(材料出库)、部门(B 产品生产车间)、材料编码(Y001)、数量(1,500)，如图 9-2 所示。

(2) 单击工具栏【保存】按钮。

(3) 单击工具栏【审核】按钮，出现“该单据审核成功”，点击【确定】按钮。

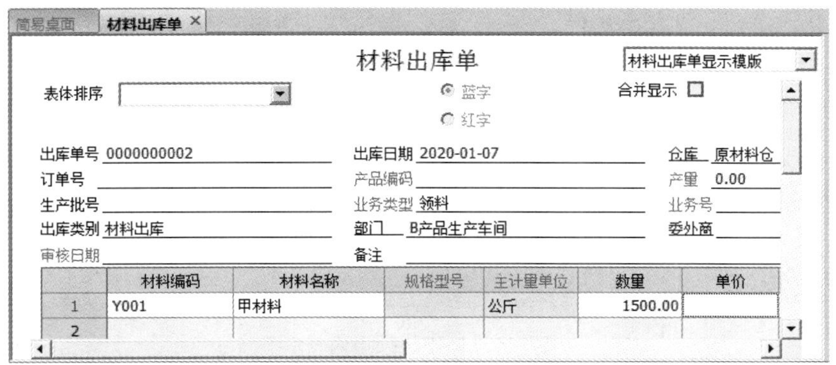

图 9-2　B 车间领用甲材料

3. 车间管理领用甲材料 500 千克

(1) 单击工具栏【增加】按钮，录入：出库日期(2020-01-07)、仓库(原材料仓)、出库类别(材料出库)、部门(车间管理)、材料编码(Y001)、数量(500)，如图 9-3 所示。

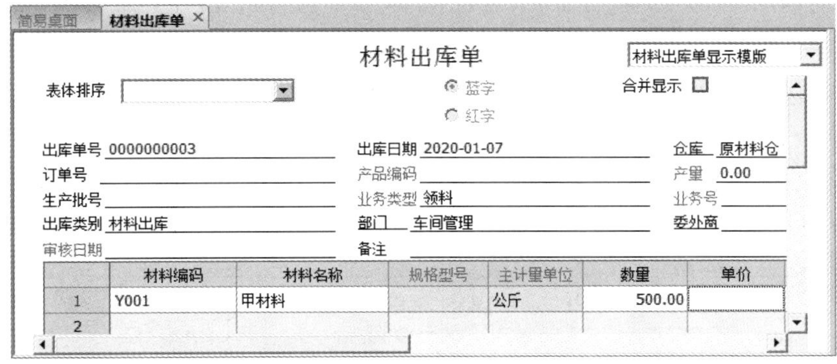

图 9-3　车间管理领用甲材料

(2) 单击工具栏【保存】按钮。

(3) 单击工具栏【审核】按钮，出现“该单据审核成功”，点击【确定】按钮。

(4) 关闭“材料出库单”页面。

业务二　1 月 8 日，在建厂房工程(基建队)领用丙材料 500 个。

★ 实训操作：

(1) 双击“库存管理｜出库业务｜其他出库单”，进入“其他出库单”页面。

(2) 单击工具栏【增加】按钮，录入：出库日期(2020-01-08)、仓库(原材料仓)、出库类别(材料出库)、部门(基建队)、材料编码(Y003)、数量(500)，如图 9-4 所示。

(3) 单击工具栏【保存】按钮。

(4) 单击工具栏【审核】按钮，出现“该单据审核成功”，点击【确定】按钮。

(5) 关闭“其他出库单”页面。

图 9-4　基建队领用丙材料

业务三　1 月 14 日，A 车间退回未用完甲材料 100 千克；基本生产车间领用乙材料 2, 000 件，其中 A 产品消耗 500 件，B 产品消耗 1,500 件；车间管理领用丙材料 200 个；辅助生产车间领用甲材料 100 千克，乙材料 100 件，丙材料 50 个；企管部领用扳手 5 把。

★ 实训操作：

1. A 产品生产车间退料

(1) 双击“库存管理｜入库业务｜其他入库单”，进入“其他入库单”页面。

(2) 单击工具栏【增加】按钮，录入：出库日期(2020-01-14)、仓库(原材料仓)、入库类别(生产退料)、部门(A 产品生产车间)、材料编码(Y001)、数量(100)，如图 9-5 所示。

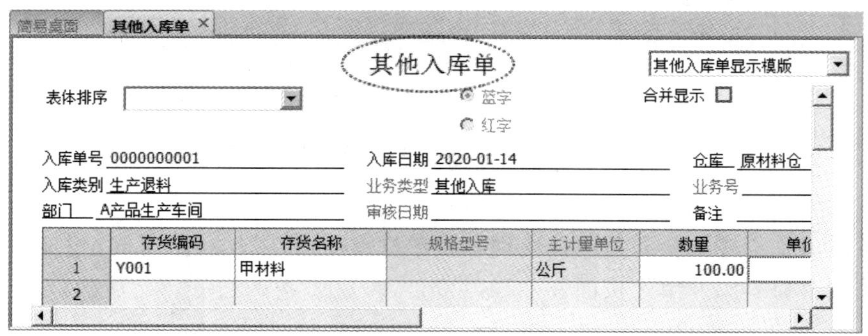

图 9-5　A 产品生产车间退料

(3) 单击工具栏【保存】按钮。

(4) 单击工具栏【审核】按钮，出现“该单据审核成功”，点击【确定】按钮。

(5) 关闭“其他入库单”页面。

2. A 产品生产车间领用乙材料 500 件

(1) 双击“库存管理｜出库业务｜材料出库单”，进入“材料出库单”页面。

(2) 单击工具栏【增加】按钮，录入：出库日期(2020-01-14)、仓库(原材料仓)、出库类别(材料出库)、部门(A 产品生产车间)、材料编码(Y002)、数量(500)，如图 9-6 所示。

(3) 单击工具栏【保存】按钮。

(4) 单击工具栏【审核】按钮，出现“该单据审核成功”，点击【确定】按钮。

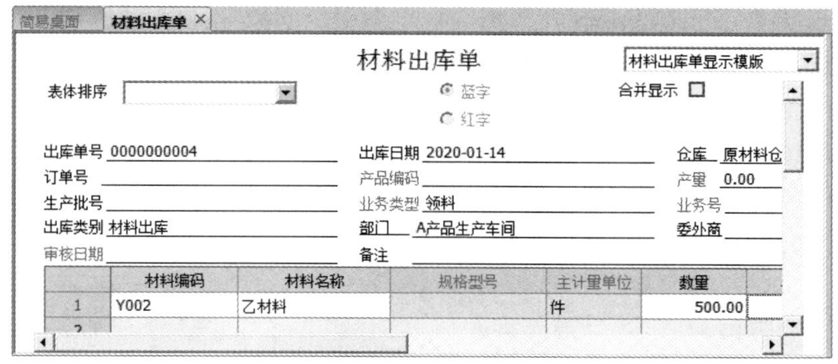

图 9-6　A 产品生产车间领用乙材料

3. B 产品生产车间领用乙材料 1,500 件

(1) 单击工具栏【增加】按钮，录入：出库日期(2020-01-14)、仓库(原材料仓)、出库类别(材料出库)、部门(B 产品生产车间)、材料编码(Y002)、数量(1,500)，如图 9-7 所示。

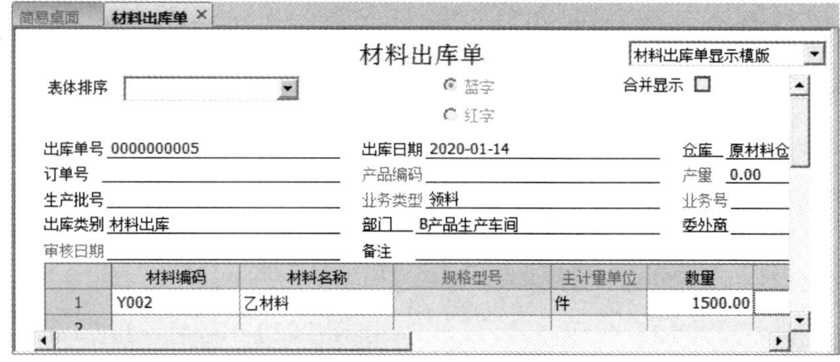

图 9-7　B 产品生产车间领用乙材料

(2) 单击工具栏【保存】按钮。

(3) 单击工具栏【审核】按钮，出现“该单据审核成功”，点击【确定】按钮。

4. 车间管理领用丙材料 200 个

(1) 单击工具栏【增加】按钮，录入：出库日期(2020-01-14)、仓库(原材料仓)、出库类别(材料出库)、部门(车间管理)、材料编码(Y003)、数量(200)，如图 9-8 所示。

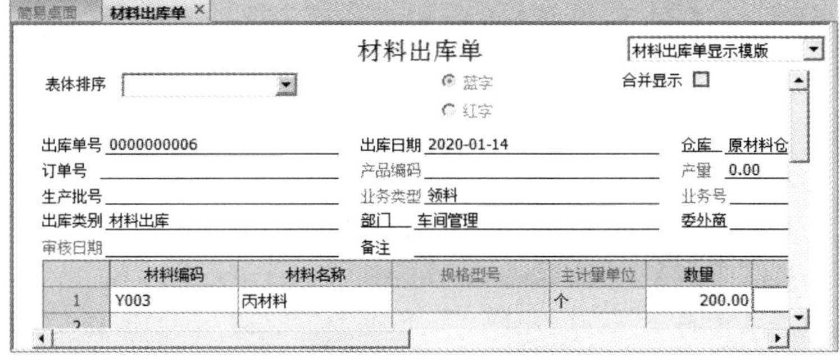

图 9-8　车间管理领用丙材料

(2) 单击工具栏【保存】按钮。

(3) 单击工具栏【审核】按钮，出现“该单据审核成功”，点击【确定】按钮。

5. 辅助生产车间领用甲材料 100 千克，乙材料 100 件，丙材料 50 个

(1) 单击工具栏【增加】按钮，录入：出库日期(2020-01-14)、仓库(原材料仓)、出库类别(材料出库)、部门(辅助生产车间)、材料编码(Y001)、数量(100)、材料编码(Y002)、数量(100)、材料编码(Y003)、数量(50)，如图 9-9 所示。

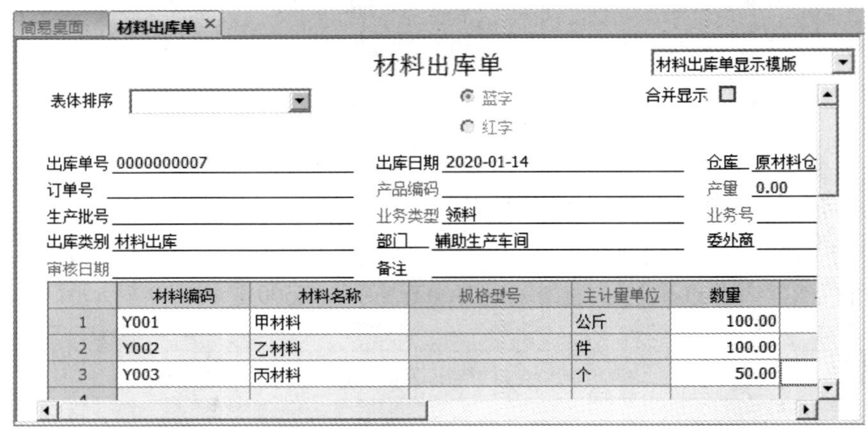

图 9-9　同一部门领用多种材料

(2) 单击工具栏【保存】按钮。

(3) 单击工具栏【审核】按钮，出现“该单据审核成功”，点击【确定】按钮。

6. 企管部领扳手 5 把

(1) 单击工具栏【增加】按钮，录入：出库日期(2020-01-14)、仓库(周转材料仓)、出库类别(材料出库)、部门(企管部)、材料编码(Z003)、数量(5)，如图 9-10 所示。

图 9-10　企管部领用扳手

(2) 单击工具栏【保存】按钮。

(3) 单击工具栏【审核】按钮，出现“该单据审核成功”，点击【确定】按钮。

(4) 关闭“材料出库单”页面。

业务四　1 月 16 日，发出乙材料 300 件，其中 A 产品消耗 200 件，B 产品消耗 100 件。

★ 实训操作：

1. A 产品生产车间领用乙材料 200 件

(1) 双击“库存管理 | 出库业务 | 材料出库单”，进入“材料出库单”页面。

(2) 单击工具栏【增加】按钮，录入：出库日期(2020-01-16)、仓库(原材料仓)、出库类别(材料出库)、部门(A 产品生产车间)、材料编码(Y002)、数量(200)，如图 9-11 所示。

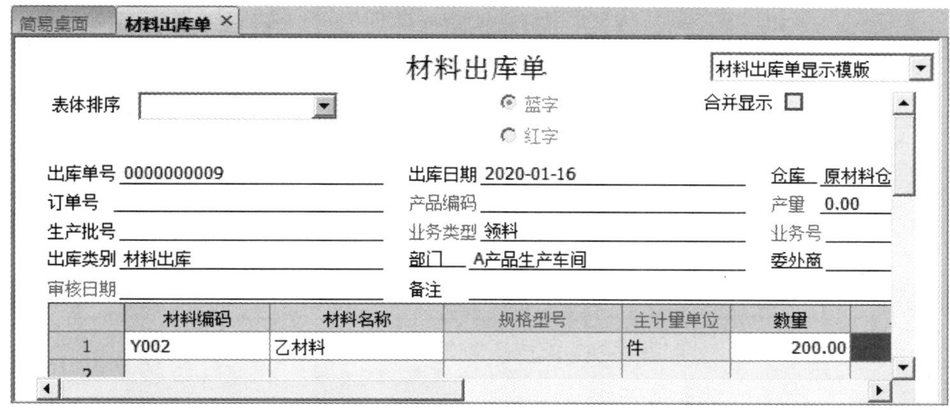

图 9-11　A 产品生产车间领用乙材料

(3) 单击工具栏【保存】按钮。

(4) 单击工具栏【审核】按钮，出现“该单据审核成功”，点击【确定】按钮。

2. B 产品生产车间领用乙材料 100 件

(1) 单击工具栏【增加】按钮，录入：出库日期(2020-01-16)、仓库(原材料仓)、出库类别(材料出库)、部门(B 产品生产车间)、材料编码(Y002)、数量(100)。如图 9-12 所示。

图 9-12　B 产品生产车间领用乙材料

(2) 单击工具栏【保存】按钮。

(3) 单击工具栏【审核】按钮，出现“该单据审核成功”，点击【确定】按钮。

(4) 关闭“材料出库单”页面。

业务五　1 月 19 日，A 产品生产车间领用纸盒 1,500 只用于包装 A 产品。

★ 实训操作：

(1) 双击“供应链 | 库存管理 | 出库业务 | 材料出库单”，进入“材料出库单”页面。

(2) 单击工具栏【增加】按钮，录入：出库日期(2020-01-19)、仓库(周转材料仓)、出库类别(材料出库)、部门(A 产品生产车间)、材料编码(Z002)、数量(1,500)，如图 9-13 所示。

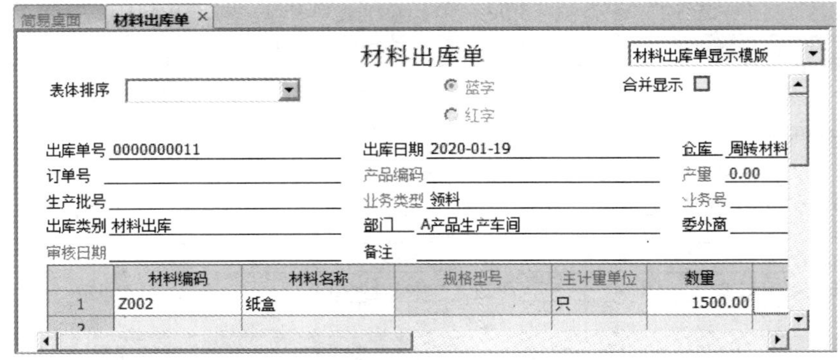

图 9-13　A 产品生产车间领用纸盒

(3) 单击工具栏【保存】按钮。

(4) 单击工具栏【审核】按钮，出现“该单据审核成功”，点击【确定】按钮。

(5) 关闭“材料出库单”页面。

业务六　1 月 20 日，A 产品 745 件完工入库。

★ 实训操作：

(1) 双击“供应链 | 库存管理 | 入库业务 | 产成品入库单”，进入“产成品入库单”页面。

(2) 单击工具栏【增加】按钮，录入：入库日期(2020-01-20)、仓库(库存商品仓)、入库类别(自制入库)、部门(A 产品生产车间)、材料编码(C001)、数量(745)，如图 9-14 所示。

图 9-14　A 产品完工入库

(3) 单击工具栏【保存】、【审核】按钮。

(4) 关闭“产成品入库单”页面。

第 10 章　采 购 管 理

采购管理系统可对采购业务的全部流程进行管理，提供请购、订货、到货、入库、开票、采购结算的完整采购流程，用户可根据实际情况进行采购流程的定制，适用于各类工业企业和商业批发、零售企业，医药、物资供销、对外贸易、图书发行等商品流通企业的采购部门和财务部门。

采购管理系统既可以单独使用，又能与合同管理、主生产计划、需求规划、库存管理、销售管理、出口管理、存货核算、应付款管理、质量管理、GSP 质量管理、售前分析、商业智能等系统集成使用，提供完整全面的业务和财务流程处理。

10.1　系 统 功 能

一、采购管理系统功能

(1) 设置：负责采购期初记账、采购选项的设置，包括录入采购管理系统期初数据并记入有关采购账目，设置企业业务处理过程中所使用的各种控制参数等。

(2) 供应商管理：包括供应商资格审批、供应商供货审批、供应商存货对照表、供应商存货价格表以及有关供应商业务的账表查询和分析等。

(3) 请购：是指企业内部向采购部门提出采购申请，或采购部门汇总企业内部采购需求提出的采购清单。

(4) 采购订货：包括采购订单、MRP/MPS 计划批量生单、ROP 计划批量生单、请购比价生单、齐套生单、配额生单等到货相关业务的处理。

(5) 采购到货：包括到货单、采购退货单、到货拒收单等单据业务处理。

(6) 采购入库：通过采购到货、质量检验环节，对合格到货的存货进行入库验收。本月存货已经入库，但采购发票尚未收到，可以对货物进行暂估入库处理；待收到发票后，再根据该入库单与发票进行采购结算处理。

(7) 采购发票：是供应商开出的销售货物的凭证，系统将根据采购发票确认采购成本，并据以登记应付账款。发票主要包括专用采购发票、普通采购发票、运费发票。

(8) 采购结算：也称采购报账，是指采购核算人员根据采购发票、采购入库单核算采购入库成本。采购结算的结果是采购结算单，它是记载采购入库单记录与采购发票记录对应关系的结算对照表。采购结算从操作处理上分为自动结算、手工结算两种方式；另外运费发票可以单独进行费用折扣结算。

(9) 现存量查询：用于存货的最新现存量信息的查询。

(10) 月末结账：负责逐月将每月的单据数据封存，并将当月的采购数据记入有关账表中。

(11) 报表：用于采购报表、统计表、采购账簿的查询以及进行采购分析。

二、采购业务处理流程

完整的采购业务流程如下：

(1) 采购业务管理：采购价格管理(供应商存货价格维护、采购限价制定、采购价格评价与分析)。

(2) 采购业务执行：普通采购业务、代管采购业务。

(3) 采购业务统计与分析。

下面以普通采购(单货同行)业务为例，给出业务处理流程图，见图 10-1。

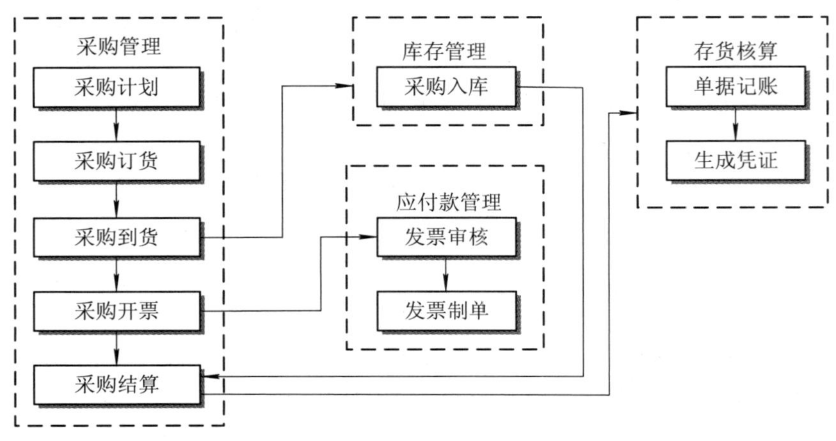

图 10-1　普通采购业务流程图

10.2　业 务 实 训

为适应教学的需要，实训前请将操作系统时间调整为“2020-01-31”，再登录“企业应用平台”，在“业务工作”页签下进行采购业务处理。实训中单据日期为业务实际发生日期，凭证制单日期为“2020-01-31”。

业务一　**单货同行款已付业务。**

1 月 3 日，采购部张爱国提出采购请求，拟向华兴实业有限公司采购乙材料 200 件，单价 47 元，增值税率 13%，需求日期为“2020-01-07”。华兴实业有限公司同意采购请求，输入订单。

1 月 6 日，收到华兴实业有限公司发来的 1 月 3 日所订乙材料，取得增值税专用发票(№ 07551001)，支付由华兴实业代垫的运输公司运费 RMB500 元，增值税税率 9%，专用发票

№07551002，从南山工行开出转账支票(№00496721)RMB11,617 元付清账款，原材料已验收入库。

★ **实训操作：**

1. 填制“请购单”

(1) 双击“供应链｜采购管理｜请购｜请购单”，进入“采购请购单”页面。

(2) 单击工具栏【增加】按钮，录入采购请购单数据，如图 10-2 所示。

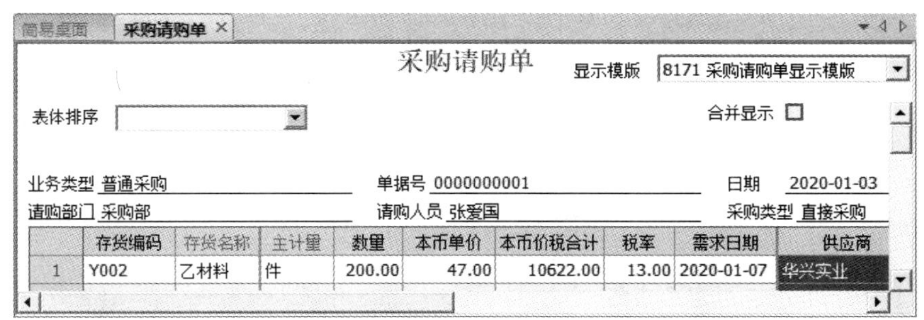

图 10-2 采购请购单

(3) 单击工具栏【保存】、【审核】按钮。

2. 参照请购单生成“采购订单”

(1) 双击“供应链｜采购管理｜采购订货｜采购订单”，进入“采购订单”页面。

(2) 单击工具栏【增加】按钮。

(3) 单击工具栏【生单】按钮右侧的下拉按钮，选择“请购单”，打开“查询条件选择-采购请购单列表过滤”窗口，如图 10-3 所示。

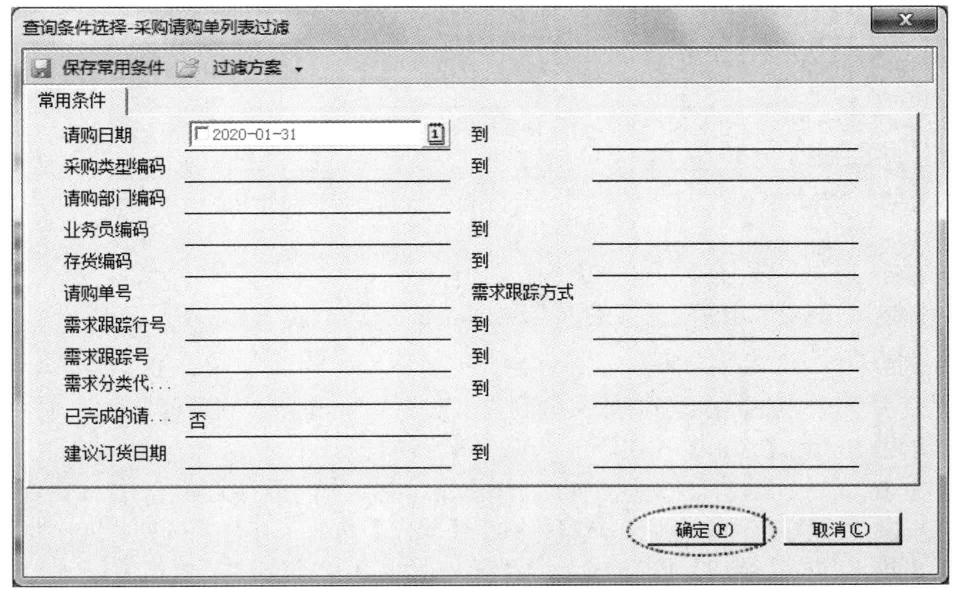

图 10-3 查询条件选择(请购单)

(4) 点击【确定】按钮，打开“拷贝并执行”窗口。

(5) 单击工具栏【全选】按钮(或双击“表头列表”中的记录“选择”项)，系统自动生成“表体列表”记录，如图 10-4 所示。

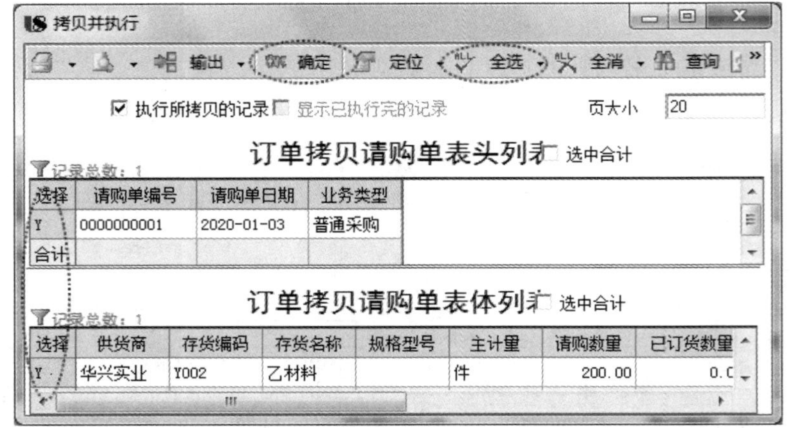

图 10-4　拷贝并执行请购单

(6) 单击工具栏【确定】按钮，返回“采购订单”页面。系统已将请购单主要数据自动填入“采购订单”中，录入：订单日期(2020-01-03)、部门、业务员、备注等信息，如图 10-5 所示。

图 10-5　采购订单

(7) 单击工具栏【保存】、【审核】按钮。

(8) 关闭“采购请购单”“采购订单”页面。

3. 参照订单生成“到货单”

(1) 双击“供应链｜采购管理｜采购到货｜到货单”，进入“到货单”页面。

(2) 单击工具栏【增加】按钮。

(3) 单击工具栏【生单】按钮右侧的下拉按钮▾，选择“采购订单”，打开“查询条件选择”窗口，设置好查询条件后点击窗口右下【确定】按钮，打开“拷贝并执行”窗口。

(4) 单击工具栏【全选】按钮(或双击“表头列表”中的记录“选择”项)，系统自动生成“表体列表”记录，如图 10-6 所示。

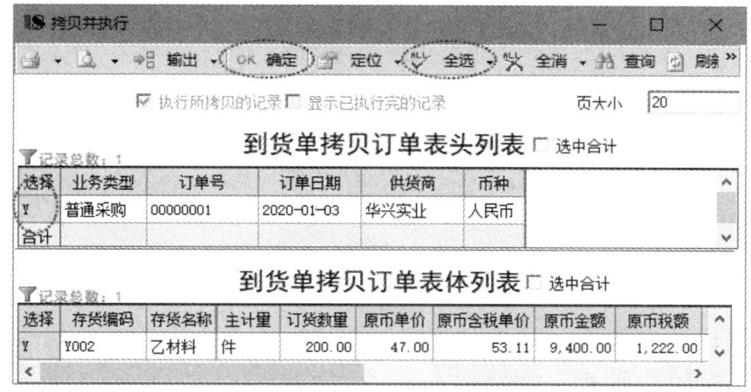

图 10-6　拷贝并执行订单

(5) 单击工具栏【确定】按钮，返回“到货单”页面。系统已将采购订单数据自动填入在“到货单”中，但要手工修改日期为“2020-01-06”，如图 10-7 所示。

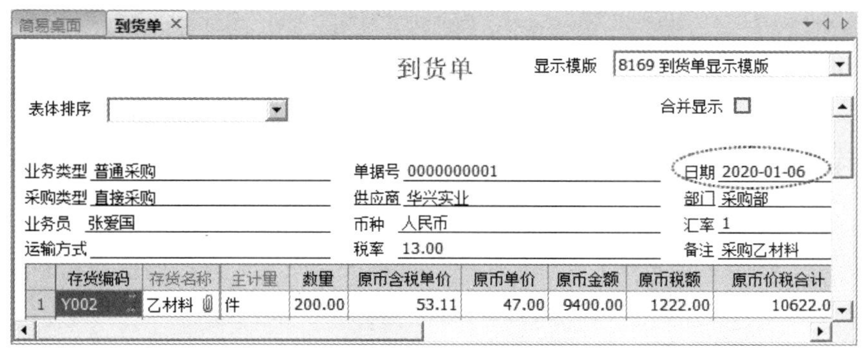

图 10-7　到货单

(6) 单击工具栏【保存】、【审核】按钮，关闭“到货单”页面。

4. 参照到货单生成“采购入库单”

(1) 双击“库存管理｜入库业务｜采购入库单”，打开“采购入库单”页面。

(2) 单击工具栏【生单】按钮右侧的下拉按钮，选择“采购到货单(蓝字)”，进行采购入库单生成处理。生成后的采购入库单需要修改日期、录入仓库“原材料仓”，如图 10-8 所示。

图 10-8　采购入库单

(3) 单击工具栏【保存】、【审核】按钮，弹出“该单据审核成功”提示框，点击【确定】按钮。

(4) 关闭“采购入库单”页面。

5. 参照订单生成“专用采购发票”

(1) 双击“供应链｜采购管理｜采购发票｜专用采购发票”，进入“专用发票”页面。

(2) 单击工具栏【增加】按钮，进入“专用发票”页面。

(3) 单击工具栏【生单】按钮右侧的下拉按钮▾，选择“采购订单”，进行“专用发票”生成处理。详细操作请参考上面的生单处理。生成后的专用发票需要修改日期、录入发票号(07551001)，如图 10-9 所示。

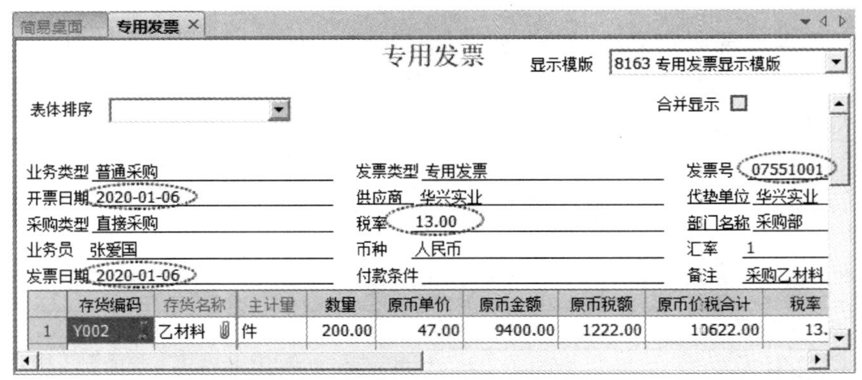

图 10-9　专用采购发票

(4) 单击工具栏【保存】按钮。

(5) 单击工具栏【现付】按钮，系统弹出“采购现付”窗口。录入：结算方式(202)、原币金额(10,622)、票据号(00496721)等信息，如图 10-10 所示。

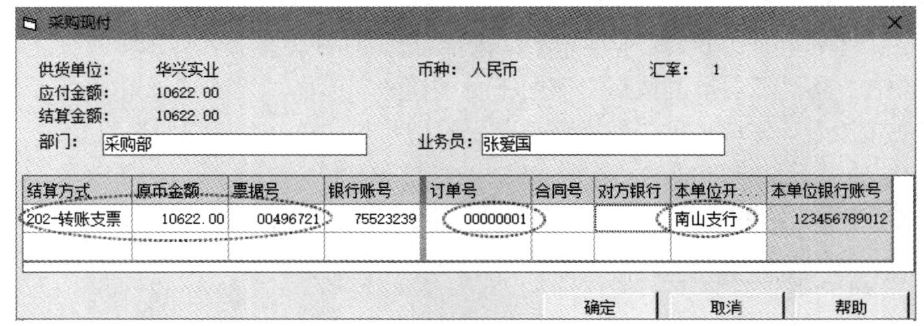

图 10-10　采购现付

(6) 点击【确定】按钮，返回“专用采购发票”页面。发票左上角出现“现付”红色字样。

6. 录入“专用增值税发票(运费)”

(1) 继续在“专用发票”页面。

(2) 单击工具栏【增加】按钮，录入业务资料，如图 10-11 所示。

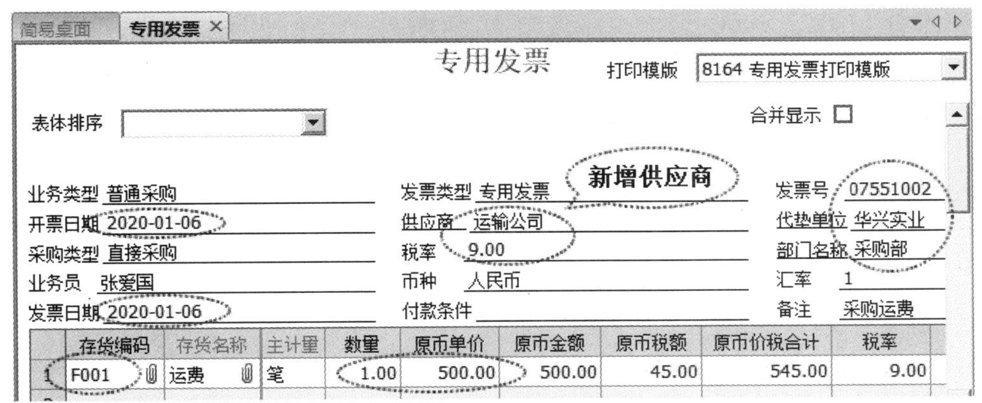

图 10-11　运费发票

操作说明：

发票中的供应商“运输公司”是新发展的专门提供服务的供应商，需要新增供应商档案，具体操作如下：

① 单击“供应商”项目右边的“...”按钮，打开“采购供应商档案”窗口，如图 10-12 所示。

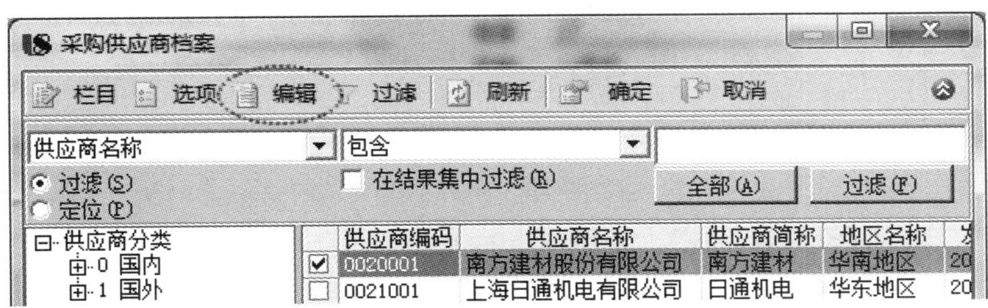

图 10-12　新增供应商

② 单击工具栏【编辑】按钮，打开“供应商档案”窗口，增加运输公司档案：0755003、运输公司、税号(0755288)、税率(9%)，勾选 ☑ 服务 属性。

③ 完成后，保存退出。

(3) 发票录入完成后，单击工具栏【保存】按钮。

(4) 单击工具栏【现付】按钮，系统弹出“采购现付”窗口，录入：结算方式(202)、原币金额(545)、票据号(00496721)及银行信息，如图 10-13 所示。

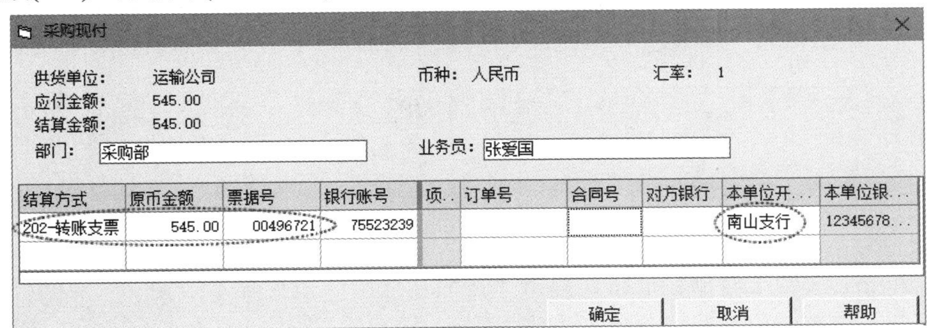

图 10-13　运费现付

(5) 点击【确定】按钮，返回“运费发票”页面。

(6) 关闭“专用发票”页面。

7. 运费分摊与采购结算

(1) 双击“采购管理｜采购结算｜手工结算”，进入“手工结算”页面。

(2) 单击工具栏【选单】按钮，打开“结算选单”窗口。

(3) 单击工具栏【查询】按钮，打开“查询条件选择”窗口。(不需)设置条件，直接点击【确定】按钮，返回“结算选单”窗口，如图 10-14 所示。

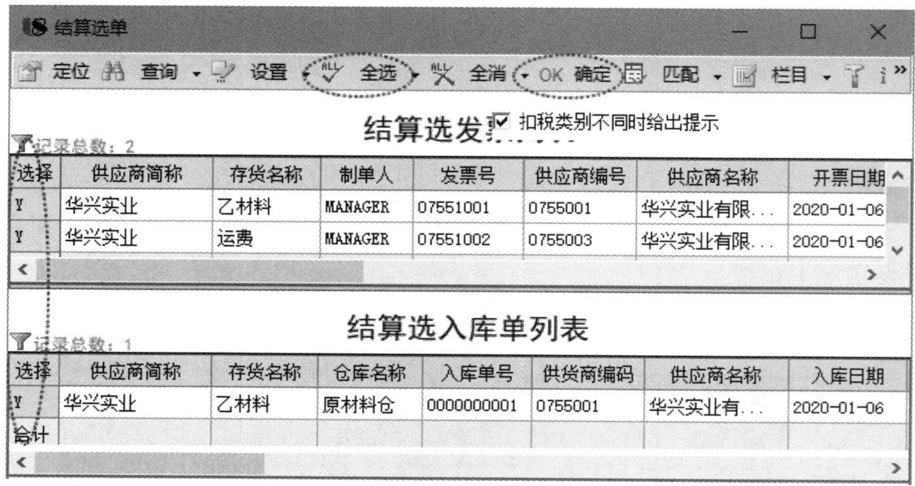

图 10-14　结算选单

(4) 单击工具栏【全选】按钮，发票与入库单的“选择”列打上标记“Y”。

(5) 单击工具栏【确定】按钮，返回“手工结算”页面，选择费用分摊方式：“按数量”选项，如图 10-15 所示。

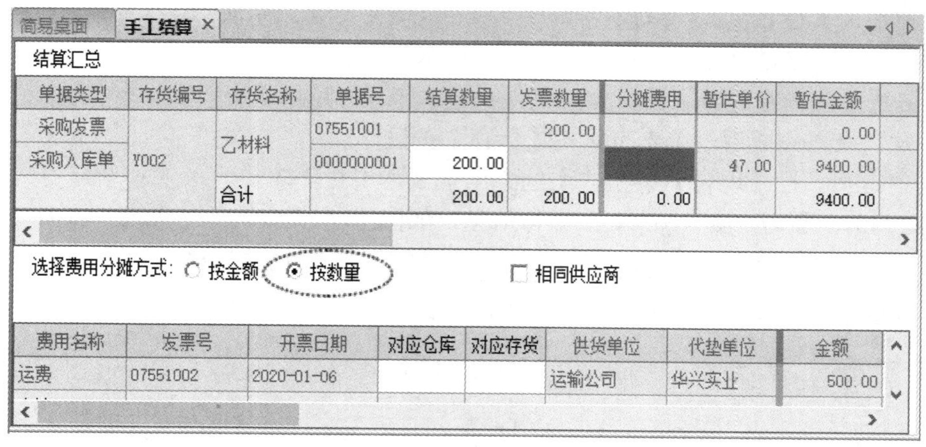

图 10-15　选择费用分摊方式

(6) 单击工具栏【分摊】按钮，弹出“按数量分摊，是否开始结算？”对话框，点击【是】按钮，继续弹出“费用分摊(按数量)完毕，请检查。”提示信息，点击【确定】按钮。

(7) 单击工具栏【结算】按钮，弹出“完成结算”提示信息，点击【确定】按钮。

(8) 关闭“手工结算”页面。

8. 发票审核

(1) 双击“财务会计丨应付款管理丨应付单据处理丨应付单据审核”，打开“应付单查询条件”窗口。查询条件可以根据需要设定，但必须勾选“包含已现结发票”“未完全报销”选项，如图 10-16 所示。

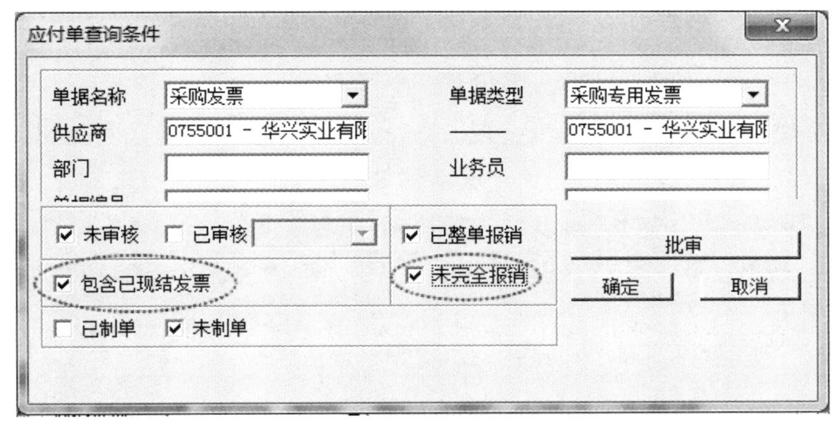

图 10-16　采购发票查询条件设定

(2) 点击【确定】按钮，进入“单据处理”页面。

(3) 单击工具栏【全选】按钮(发票的“选择”列出现“Y”表示选中)。

(4) 单击工具栏【审核】按钮，“审核人”列签名成功，如图 10-17 所示。

简易桌面　单据处理

应付单据列表

记录总数：2

选择	审核人	单据日期	单据类型	单据号	供应商名称
	MANAGER	2020-01-06	采购专...	07551001	华兴实业有限公司
	MANAGER	2020-01-06	采购专...	07551002	华兴实业有限公司
合计					

图 10-17　应付单据审核

(5) 关闭“单据处理”页面。

9. 制单处理

(1) 双击“财务会计丨应付款管理丨制单处理”，打开“制单查询”窗口。设定查询条件：仅勾选“现结制单”选项(如款未付，则勾选“发票制单”)，如图 10-18 所示。

(2) 点击【确定】按钮，进入“制单”页面，单击工具栏【合并】按钮，选择：凭证类别“付款凭证”，如图 10-19 所示。

(3) 单击工具栏【制单】按钮，系统对两张发票合并生成如表 10-1 所示付款凭证。

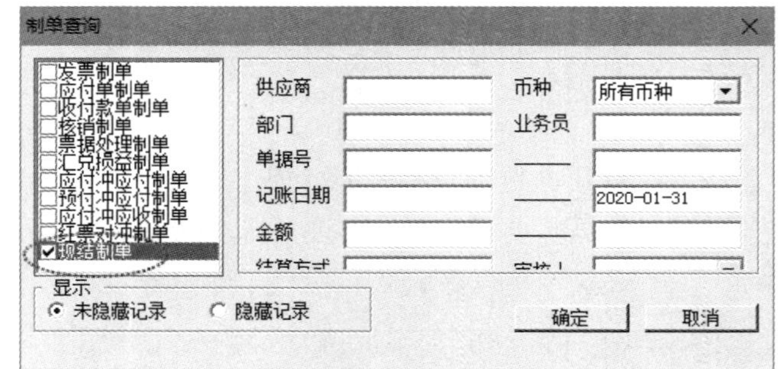

图 10-18　制单查询

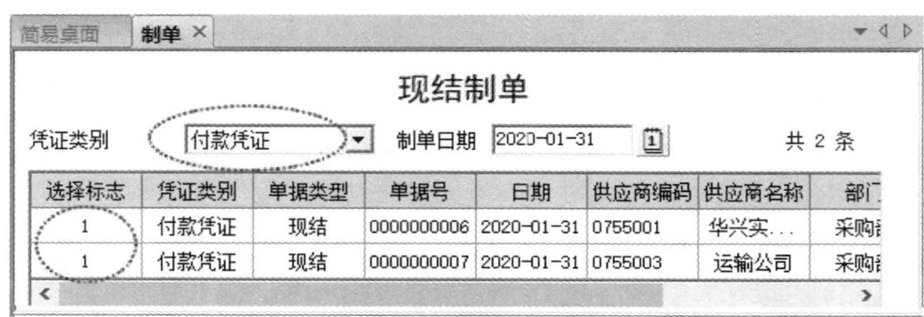

图 10-19　现结制单

表 10-1　付 款 凭 证

付 字 0021

摘要	科目名称	借方金额	贷方金额
采购乙材料	材料采购	9,900	
采购乙材料	应交税费/应交增值税/进项税额	1,267	
采购乙材料	银行存款/南山工行/人民币 辅助项：202-00496721、2020-01-06		11,167

(4) 单击工具栏【保存】按钮。

(5) 关闭“制单”页面。

操作说明：

结算完成后，系统将采购运费 500 元按乙材料的采购数量分摊到乙材料的采购成本中，采购入库单中“单价”已被系统自动修改为分摊采购费用后的实际采购成本“49.50”元，不允许修改。

业务二 单到货未到款已付。

1 月 4 日，采购部肖志媛提出采购请求，拟向东莞强发电子有限公司购买丙材料 1,000 个，单价 76 元，增值税率 13%。东莞强发电子有限公司同意采购请求。

1 月 7 日，收到东莞强发电子有限公司发来的丙材料，取得增值税专用发票(№07691001)及运输公司发票(№07551003)，运杂费 RMB5,450 元(含增值税 9%)由东莞强发电子有限公司代垫。以银行汇票支付上述款项，余款 RMB8,670 元已退回南山工行。

★ **实训操作：**

(1) 填制“请购单”，审核，如图 10-20 所示。

功能导航：“供应链｜采购管理｜请购｜采购请购单”。

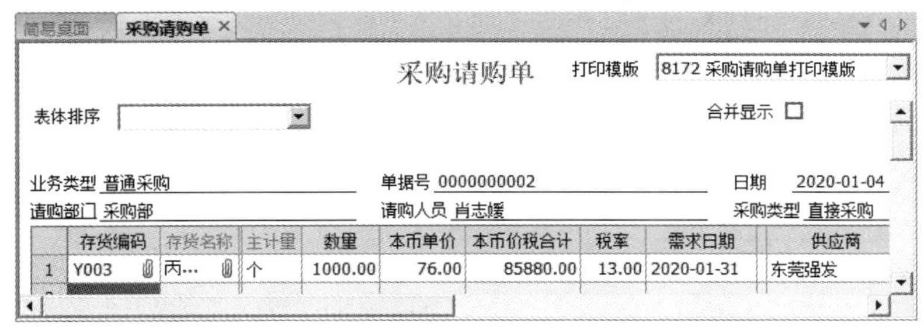

图 10-20　采购请购单

(2) 参照请购单生成“采购订单”，审核，如图 10-21 所示。

功能导航：“供应链｜采购管理｜采购订货｜采购订单”。

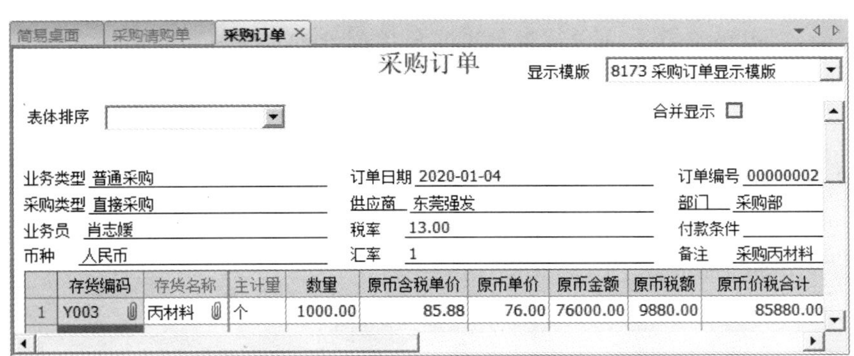

图 10-21　采购订单

(3) 参照订单生成“专用采购发票”，现付，如图 10-22 所示。

功能导航：“供应链｜采购管理｜采购发票｜专用发票”。

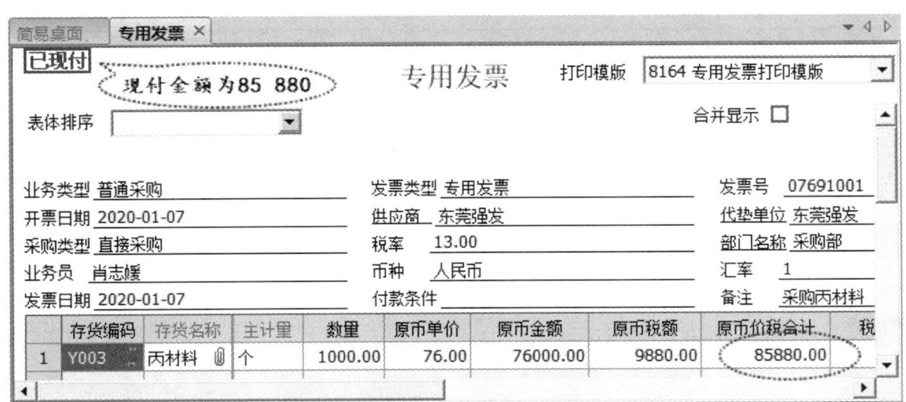

图 10-22　专用采购发票

(4) 录入“专用采购发票(运费)”，现付，如图 10-23 所示。

功能导航：“供应链 | 采购管理 | 采购发票 | 专用发票”。

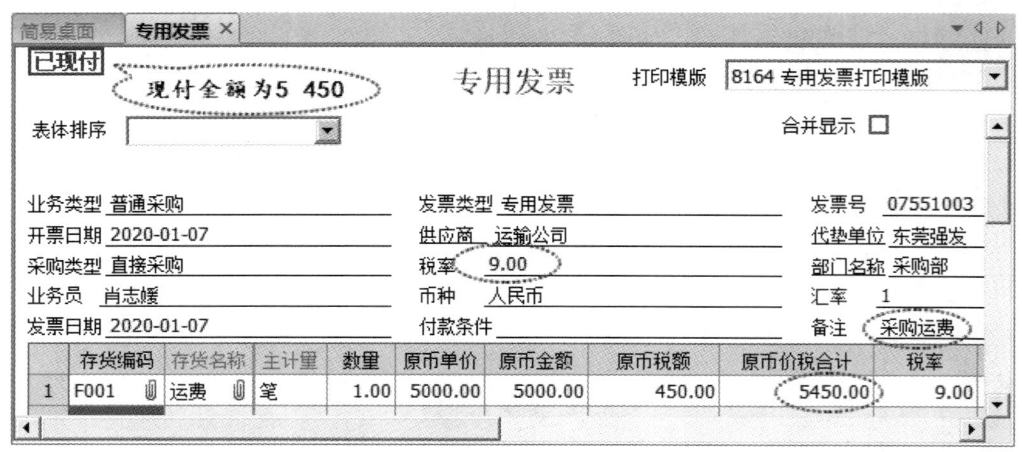

图 10-23　运费发票

(5) 发票审核，如图 10-24 所示。

功能导航：“财务会计 | 应付款管理 | 应付单据处理 | 应付单据审核”。

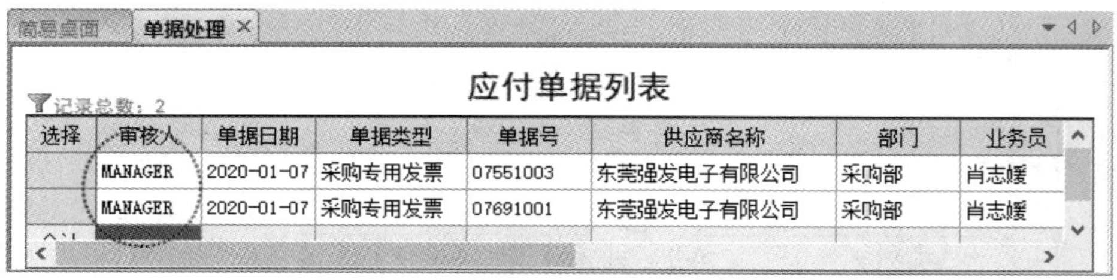

图 10-24　应付单据审核

(6) 现结制单，参照表 10-2 修改付款凭证。

功能导航：“财务会计 | 应付款管理 | 制单处理”。

表 10-2　付 款 凭 证

付 字 0022

摘要	科目名称	借方金额	贷方金额
采购丙材料	材料采购	81,000	
采购丙材料	应交税费/应交增值税/进项税额	10,330	
采购丙材料	银行存款/南山工行/人民币	8,670	
采购丙材料	其他货币资金/银行汇票		100,000

业务三　单到货未到款已预付。

1 月 7 日，采购部张爱国提出采购请求，拟向华兴实业公司购买甲材料 100 千克，单价 115 元，增值税率 13%。华兴实业有限公司同意采购请求。款已预付，取得增值税专用发票(№07551004)。

★ **实训操作：**

(1) 填制“请购单”，审核，如图 10-25 所示。

功能导航：“供应链｜采购管理｜请购｜采购请购单”。

简易桌面　采购请购单

采购请购单　显示模版 8171 采购请购单显示模版

表体排序　合并显示

业务类型 普通采购　单据号 0000000003　日期 2020-01-07

请购部门 采购部　请购人员 张爱国　采购类型 直接采购

	存货编码	存货名称	主计量	数量	本币单价	本币价税合计	税率	需求日期
1	Y001	甲材料	公斤	100.00	115.00	12995.00	13.00	2020-01-31

图 10-25　采购请购单

(2) 参照请购单生成“采购订单”，审核，如图 10-26 所示。

功能导航：“供应链｜采购管理｜采购订货｜采购订单”。

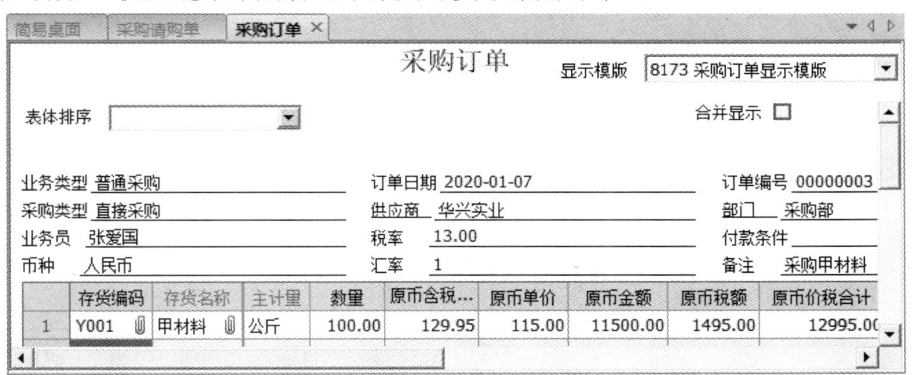

简易桌面　采购请购单　采购订单

采购订单　显示模版 8173 采购订单显示模版

表体排序　合并显示

业务类型 普通采购　订单日期 2020-01-07　订单编号 00000003

采购类型 直接采购　供应商 华兴实业　部门 采购部

业务员 张爱国　税率 13.00　付款条件

币种 人民币　汇率 1　备注 采购甲材料

	存货编码	存货名称	主计量	数量	原币含税...	原币单价	原币金额	原币税额	原币价税合计
1	Y001	甲材料	公斤	100.00	129.95	115.00	11500.00	1495.00	12995.0(

图 10-26　采购订单

(3) 参照订单生成“专用采购发票”(不现付)，如图 10-27 所示。

功能导航：“供应链｜采购管理｜采购发票｜专用发票”。

简易桌面　专用发票

专用发票　打印模版 8164 专用发票打印模版

表体排序　合并显示

业务类型 普通采购　发票类型 专用发票　发票号 07551004

开票日期 2020-01-07　供应商 华兴实业　代垫单位 华兴实业

采购类型 直接采购　税率 13.00　部门名称 采购部

业务员 张爱国　币种 人民币　汇率 1

发票日期 2020-01-31　付款条件　备注 采购甲材料

	存货编码	存货名称	主计量	数量	原币单价	原币金额	原币税额	原币价税合计
1	Y001	甲材料	公斤	100.00	115.00	11500.00	1495.00	12995.00

图 10-27　专用采购发票

(4) 发票审核，如图 10-28 所示。

功能导航："财务会计｜应付款管理｜应付单据处理｜应付单据审核"。

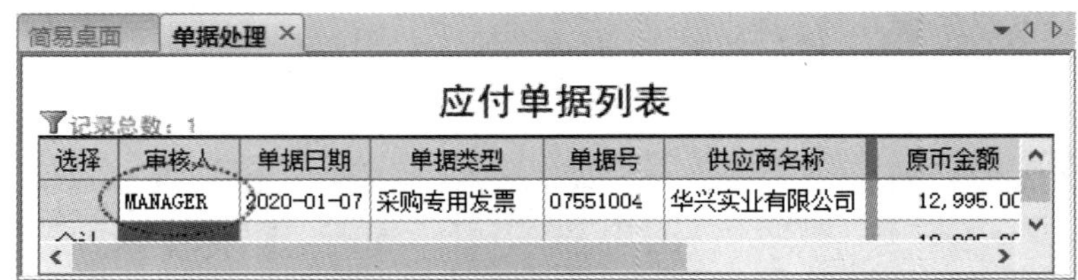

图 10-28　应付单据审核

(5) 发票制单。转账凭证见表 10-3。

功能导航："财务会计｜应付款管理｜制单处理"。

表 10-3　转 账 凭 证

转　字 0013

摘要	科目名称	借方金额	贷方金额
采购甲材料	材料采购	11,500	
采购甲材料	应交税费/应交增值税/进项税额	1,495	
采购甲材料	应付账款/人民币供应商		12,995

(6) 预付冲应付。

双击"财务会计｜应付款管理｜转账｜预付冲应付"，进行操作。操作方法参见第 6 章(业务三)。操作完成后立即制单(或执行"财务会计｜应付款管理｜制单处理"功能)。生成凭证如表 10-4 所示。

表 10-4　转账凭证(预付冲应付)

转　字 0014

摘要	科目名称	借方金额	贷方金额
预付华兴实业材料款	预付账款	-12, 995	
采购甲材料	应付账款 / 人民币供应商	12, 995	

业务四　**货到单到款已付进口业务。**

1 月 8 日，采购部张爱国提出采购请求，拟向美国柯特公司购买甲材料，数量 6,000 千克，单价 USD17 美元。进口关税税率 11%，增值税率 13%。双方签订协议。

1 月 12 日，接南山工行通知扣除信用证保证金后差额 USD2,000 美元，从南山工行汇出。

1 月 13 日，开出转账支票(№1154288、1154289)由蛇口招行支付进口甲材料增值税 RMB88,179 元，关税 RMB74,613 元。海关开具进口增值税缴款凭证(№07551005)。

1 月 13 日，进口甲材料已到货，验收入库。

★ **实训操作：**

(1) 填制“请购单”，审核，如图 10-29 所示。

功能导航：“供应链｜采购管理｜请购｜采购请购单”。

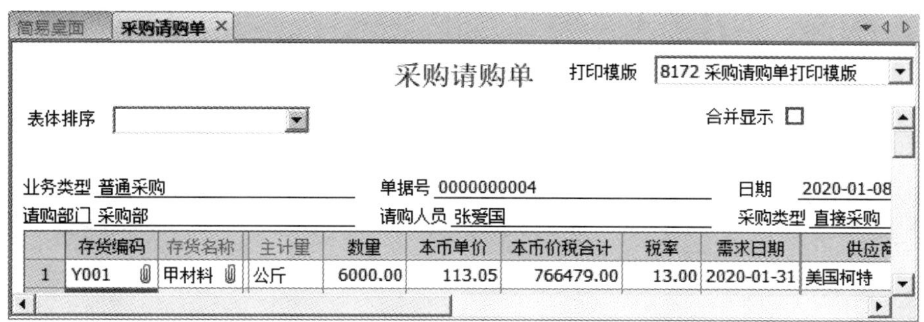

简易桌面　采购请购单

采购请购单　打印模版　8172 采购请购单打印模版

表体排序　　合并显示

业务类型 普通采购　单据号 0000000004　日期 2020-01-08

请购部门 采购部　请购人员 张爱国　采购类型 直接采购

	存货编码	存货名称	主计量	数量	本币单价	本币价税合计	税率	需求日期	供应商
1	Y001	甲材料	公斤	6000.00	113.05	766479.00	13.00	2020-01-31	美国柯特

图 10-29　采购请购单

(2) 参照请购单生成“采购订单”，审核，如图 10-30 所示。

功能导航：“供应链｜采购管理｜采购订货｜采购订单”。

简易桌面　采购请购单　采购订单

采购订单　显示模版　8173 采购订单显示模版

表体排序　　合并显示

业务类型 普通采购　订单日期 2020-01-08　订单编号 00000004

采购类型 直接采购　供应商 美国柯特　部门 采购部

业务员 张爱国　税率 13.00　付款条件

币种 美元　汇率 6.65000　备注 进口甲材料

	存货编码	存货名称	主计量	数量	原币含税单价	原币单价	原币金额	原币税额	原币价税合计
1	Y001	甲材料	公斤	6000.00	19.21	17.00	102000.00	13260.00	115260.00

图 10-30　采购订单

(3) 参照订单生成“采购到货单”，审核，如图 10-31 所示。

功能导航：“供应链｜采购管理｜采购到货｜到货单”。

简易桌面　到货单

到货单　打印模版　8170 到货单打印模版

表体排序　　合并显示

业务类型 普通采购　单据号 0000000002　日期 2020-01-13

采购类型 直接采购　供应商 美国柯特　部门 采购部

业务员 张爱国　币种 美元　汇率 6.65000

运输方式　税率 13.00　备注 进口甲材料

	存货编码	存货名称	主…	数量	原币含税单价	原币单价	原币金额	原币税额	原币价税合计
1	Y001	甲材料	公斤	6000.00	19.21	17.00	102000.00	13260.00	115260.00

图 10-31　到货单

(4) 参照到货单生成“采购入库单”，审核，如图 10-32 所示。

功能导航：“库存管理 | 入库业务 | 采购入库单”。

图 10-32　采购入库单

(5) 参照订单生成“专用发票”，现付，如图 10-33、图 10-34 所示。

功能导航：“供应链 | 采购管理 | 采购发票 | 专用发票”。

实训提示：该业务涉及的关税，直接在发票中增行处理，如图 10-33 所示。

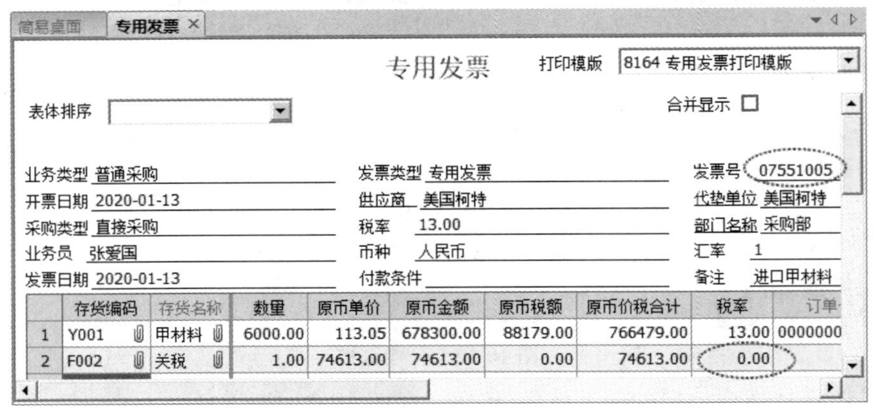

图 10-33　专用发票

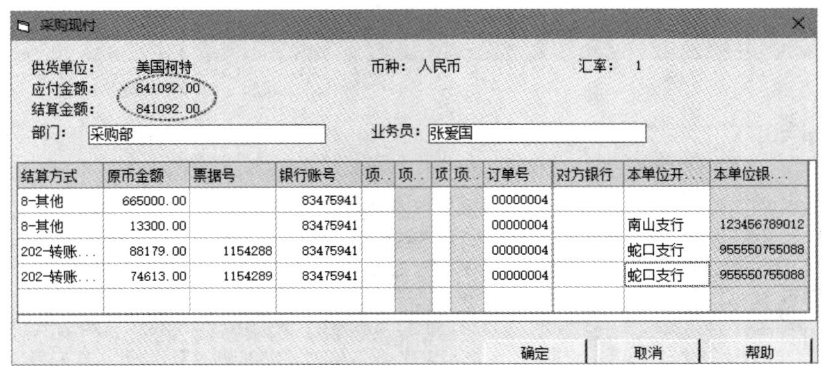

图 10-34　采购现付

(6) 分摊与结算，如图 10-35 所示。

功能导航：“采购管理 | 采购结算 | 手工结算”。

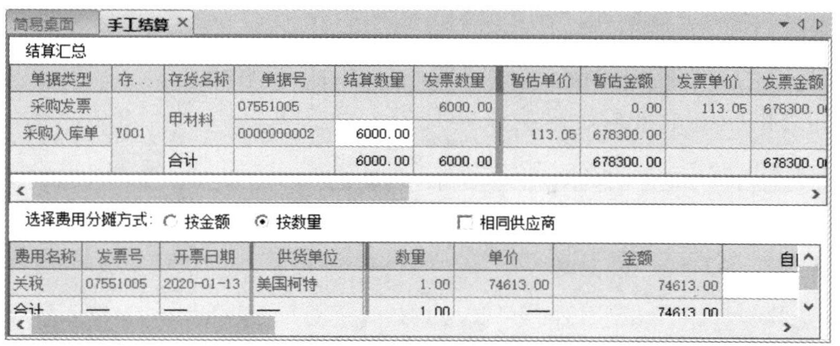

图 10-35　采购结算

(7) 发票审核，如图 10-36 所示。

功能导航：“财务会计 | 应付款管理 | 应付单据处理 | 应付单据审核”。

图 10-36　发票审核

(8) 现结制单。按表 10-5 所示修改付款凭证。

功能导航：“财务会计 | 应付款管理 | 制单处理”。

表 10-5　付 款 凭 证

付 字 0023

摘要	科目名称	借方金额	贷方金额
进口甲材料	材料采购	752,913	
进口甲材料	应交税费/应交增值税/进项税额	88,179	
进口甲材料	其他货币资金/信用证		(USD100,000)665,000
进口甲材料	银行存款/南山工行/美元		(USD2,000)　13,300
进口甲材料	银行存款/蛇口招行/人民币 辅助项：202-1154288、2020-01-13		88,179
进口甲材料	银行存款/蛇口招行/人民币 辅助项：202-1154289、2020-01-13		74,613

业务五　到货业务。

1 月 13 日，本月 7 日向华兴实业公司购买的甲材料 100 千克货到验收入库。开具蛇口招行转账支票(№1154290)支付运输公司运费 RMB3,270 元(含 9%增值税)，取得增值税专用发票(№07551006)。

★ **实训操作：**

(1) 参照订单生成“采购到货单”，审核，如图 10-37 所示。

功能导航：“供应链｜采购管理｜采购到货｜到货单”。

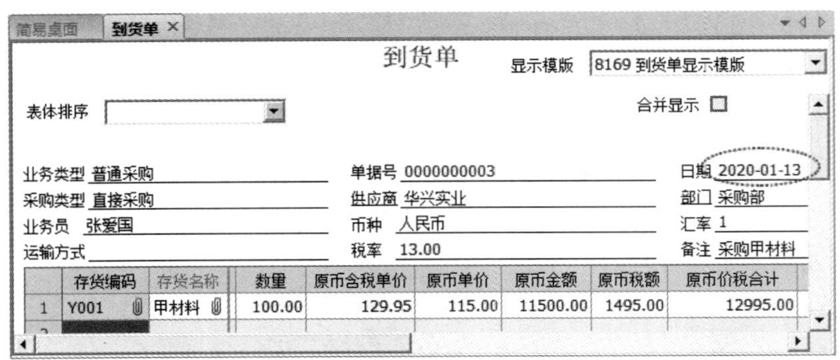

图 10-37　到货单

(2) 参照到货单生成“采购入库单”，审核，如图 10-38 所示。

功能导航：“库存管理｜入库业务｜采购入库单”。

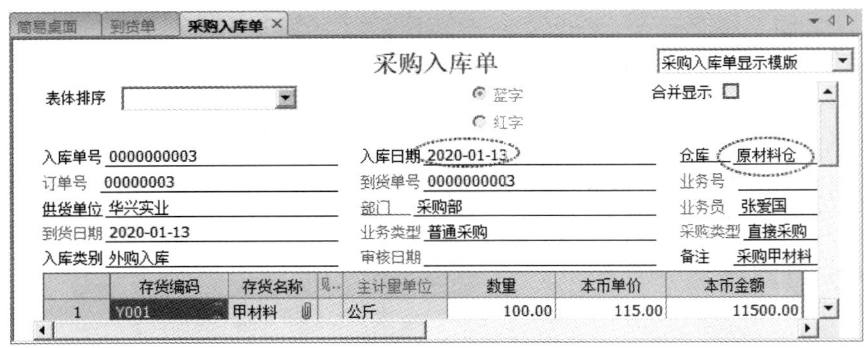

图 10-38　采购入库单

(3) 录入“专用增值税发票(运费)”，现付，如图 10-39、图 10-40 所示。

功能导航：“供应链｜采购管理｜采购发票｜专用发票”。

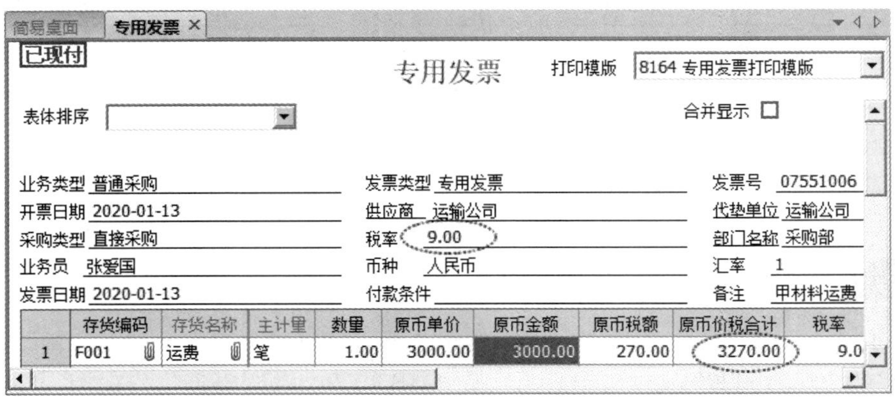

图 10-39　专用增值税发票(运费)

采购现付

供货单位：运输公司　　币种：人民币　　汇率：1
应付金额：3270.00
结算金额：3270.00
部门：采购部　　业务员：张爱国

结算方式	原币金额	票据号	银行...	项...	订单号	合同号	对方...	本单位开户银行	本单位银行账号
202-转账支票	3270.00	1154290						蛇口支行	955550755088

确定　取消　帮助

图 10-40　现付

(4) 分摊与结算，如图 10-41 所示。

功能导航：“采购管理｜采购结算｜手工结算”。

简易桌面　手工结算

结算汇总

单据类型	存货编号	存货名称	单据号	结算数量	发票数量	.	.	.	.	暂估单价	暂估金
采购发票	Y001	甲材料	07551004		100.00						
采购入库单			0000000003	100.00						115.00	115
		合计		100.00	100.00	.	.	.	.		115

选择费用分摊方式：○ 按金额　⊙ 按数量　　□ 相同供应商

费用名称	发票号	开票日期	.	1..	供货单位	代垫单位	计量单位	数量	单价	金额
运费	07551006	2020-01-13			运输公司	运输公司	笔	1.00	3000.00	3000.00
合计	—	—	-	-..	—		—	1.00	—	3000.00

图 10-41　分摊与结算

(5) 运费发票审核，如图 10-42 所示。

功能导航：“财务会计｜应付款管理｜应付单据处理｜应付单据审核”。

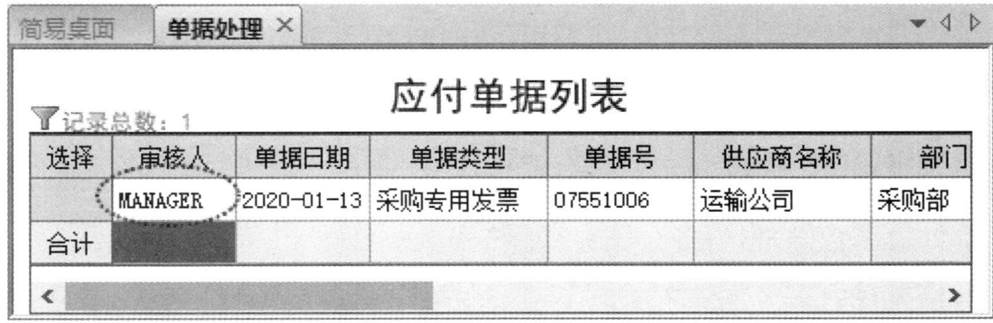
简易桌面　单据处理

应付单据列表

记录总数：1

选择	审核人	单据日期	单据类型	单据号	供应商名称	部门
	MANAGER	2020-01-13	采购专用发票	07551006	运输公司	采购部
合计						

图 10-42　审核运费发票

(6) 现结制单。生成凭证参见表 10-6。

功能导航：“财务会计｜应付款管理｜制单处理”。

表 10-6　付 款 凭 证

付 字 0024

摘要	科目名称	借方金额	贷方金额
甲材料运费	材料采购	3,000	
甲材料运费	应交税费/应交增值税/进项税额	270	
甲材料运费	银行存款/蛇口招行/人民币 辅助项：202-1154290、2020-01-13		3,270

业务六　**到货业务。**

1 月 15 日，本月 4 日向东莞强发电子有限公司订购的丙材料 1,000 个已到货，验收入库。

★ 实训操作：

(1) 参照订单生成“采购到货单”，审核，如图 10-43 所示。

功能导航：“供应链｜采购管理｜采购到货｜到货单”。

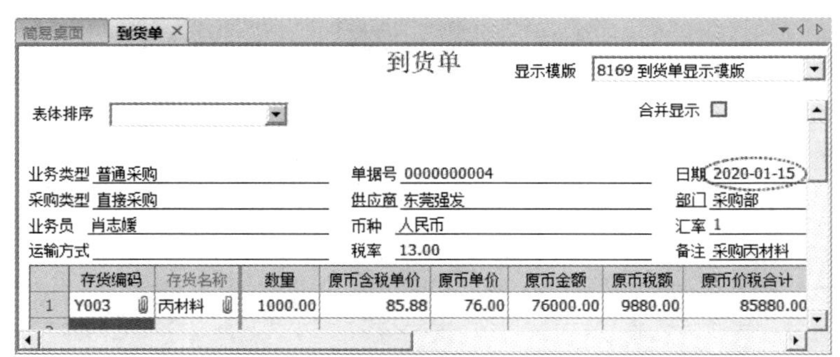

图 10-43　到货单

(2) 参照到货单生成“采购入库单”，审核，如图 10-44 所示。

功能导航：“库存管理｜入库业务｜采购入库单”。

图 10-44　采购入库单

(3) 分摊与结算，如图 10-45 所示。

功能导航：“采购管理｜采购结算｜手工结算”。

简易桌面　手工结算

结算汇总

单据类型	存货编号	存货名称	单据号	结算数量	发票数量	暂估单价	暂估金额
采购发票	Y003	丙材料	07691001		1000.00		0.00
采购入库单			00000004	1000.00		76.00	76000.00
		合计		1000.00	1000.00		76000.00

选择费用分摊方式：○ 按金额　◉ 按数量　□ 相同供应商

费用名称	发票号	开票日期	供货单位	代垫单位	单价	金额
运费	07551003	2020-01-07	运输公司	东莞强发	5000.00	5000.00

图 10-45　分摊与结算

业务七　货到单未到——暂估业务。

1 月 28 日，采购部张爱国提出采购请求，拟向上海日通机电有限公司购买乙材料 500 件，单价 46 元，增值税率 13%。上海日通机电有限公司同意采购请求。

1 月 31 日，向上海日通机电有限公司采购乙材料已到货，验收入库。款未付，发票未到。

★ 实训操作：

(1) 填制“请购单”，审核，如图 10-46 所示。

功能导航：“供应链｜采购管理｜请购｜采购请购单”。

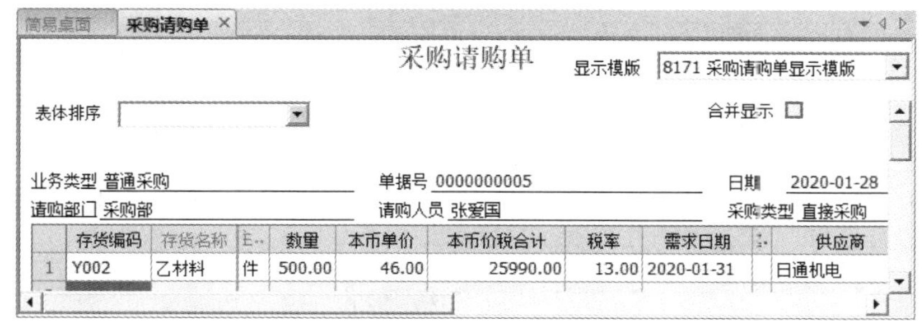

简易桌面　采购请购单

采购请购单　　显示模版 8171 采购请购单显示模版

表体排序　　合并显示 □

业务类型 普通采购　单据号 0000000005　日期 2020-01-28

请购部门 采购部　请购人员 张爱国　采购类型 直接采购

	存货编码	存货名称	主…	数量	本币单价	本币价税合计	税率	需求日期	供应商
1	Y002	乙材料	件	500.00	46.00	25990.00	13.00	2020-01-31	日通机电

图 10-46　采购请购单

(2) 参照请购单生成“采购订单”，审核，如图 10-47 所示。

功能导航：“供应链｜采购管理｜采购订货｜采购订单”。

简易桌面　采购订单

采购订单　　显示模版 8173 采购订单显示模版

表体排序　　合并显示 □

业务类型 普通采购　订单日期 2020-01-28　订单编号 00000005

采购类型 直接采购　供应商 日通机电　部门 采购部

业务员 张爱国　税率 13.00　付款条件

币种 人民币　汇率 1　备注 采购乙材料

	存货编码	存货名称	主…	数量	原币含税单价	原币单价	原币金额	原币税额	原币价税合计
1	Y002	乙材料	件	500.00	51.98	46.00	23000.00	2990.00	25990.(

图 10-47　采购订单

(3) 参照订单生成“采购到货单”，审核，如图 10-48 所示。

功能导航：“供应链 | 采购管理 | 采购到货 | 到货单”。

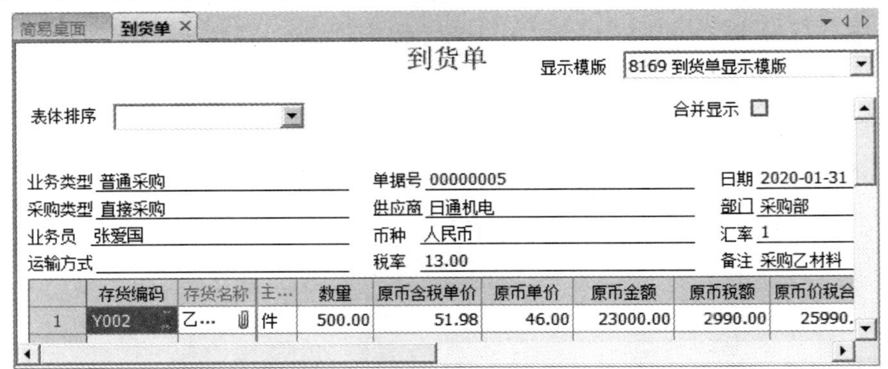

图 10-48　到货单

(4) 参照到货单生成“采购入库单”，审核，如图 10-49 所示。

功能导航：“库存管理 | 入库业务 | 采购入库单”。

图 10-49　采购入库单

10.3　更多功能介绍

1. 删除“结算单”

功能导航：“供应链 | 采购管理 | 采购结算 | 结算单列表”。

2. 删除发票制单凭证

功能导航：“财务会计 | 应付款管理 | 单据查询 | 凭证查询”。

3. 发票弃审

功能导航：“财务会计 | 应付款管理 | 应付单据处理 | 应付单据审核”。

4. 发票弃付、修改

功能导航：“供应链 | 采购管理 | 采购发票 | 专用发票”。

第11章　销 售 管 理

销售是企业生产经营成果的实现过程，是企业经营活动的中心。销售管理系统是供应链的重要组成部分，提供了报价、订货、发货、开票的完整销售流程，支持普通销售、委托代销、分期收款、直运、零售、销售调拨等多种类型的销售业务，并可对销售价格和信用进行实时监控。用户可根据实际情况对系统进行定制，构建自己的销售业务管理平台。

11.1　系 统 功 能

一、销售管理系统功能

(1) 设置：用于系统业务处理控制参数，销售选项的设置；录入期初数据(期初发货单)。

(2) 价格管理：用于设置价格类型、存货价格、客户价格、大类折扣、批量折扣等。

(3) 销售报价：向客户提供货品、规格、价格、结算方式等信息，双方达成协议后，销售报价单转为有效力的销售订单。

(4) 销售预订单：处理非正式的、客户有意向的销售订单。

(5) 销售订货：由购销双方确认的客户的要货过程，客户根据销售订单组织货源，并对订单的执行进行管理、控制和追踪。

(6) 销售发货：处理发货单、退货单等单据；查询发货单列表；批量生成发货单。

(7) 发货签回：客户在收到货物以后，在发货单上签署的结果或是签收的单据。

(8) 销售开票：在销售过程中企业给客户开具销售发票及其所附清单，包括销售专用发票、销售普通发票、红字专用销售发票、红字普通销售发票等；查询销售发票列表，批量生成发票。

(9) 代垫费用：指随货物销售所发生的，不通过发票处理而形成的，暂时代垫将来需向客户收取的费用项目，如运杂费、保险费等。

(10) 费用支出：用于记录和统计在销售业务中，随货物销售所发生的为客户支付的业务执行费。

(11) 包装物租借：处理企业随货物销售的包装物租借业务。包装物出租、出借给客户使用，企业对客户收取包装物押金。

(12) 防伪税控：提供销售发票与航天金税的防伪税控开票系统的接口。

(13) 销售计划：用于编制部门销售计划、业务员销售计划、货物销售计划、销售计划

执行报告。

(14) 销售现存量查询：用于查询存货的最新现存量信息。

(15) 月末结账：负责逐月将每月的单据数据封存，并将当月的销售数据记入有关报表中。

(16) 报表：用于报表、统计表、明细表的查询，进行销售分析。

二、普通销售业务处理流程

销售业务分为：普通销售业务、委托代销业务、直运销售业务。其中普通销售业务流程如下：

(1) 购销双方签订销售合同后，填制并审核订单。

(2) 在先发货后开票模式下，发货单可参照销售订单生成，并参照发货单生成销售发票。

(3) 在开票发货模式下，销售发票可参照销售订单生成，并生成销售发货单。

(4) 销售出库单根据销售发货单生成。

(5) 对于已执行完成的订单、不能执行完成的订单，可以手工关闭订单。

(6) 查询订单的发货执行情况、开票情况、收款情况。

其一，先发货后开票业务处理流程见图 11-1。

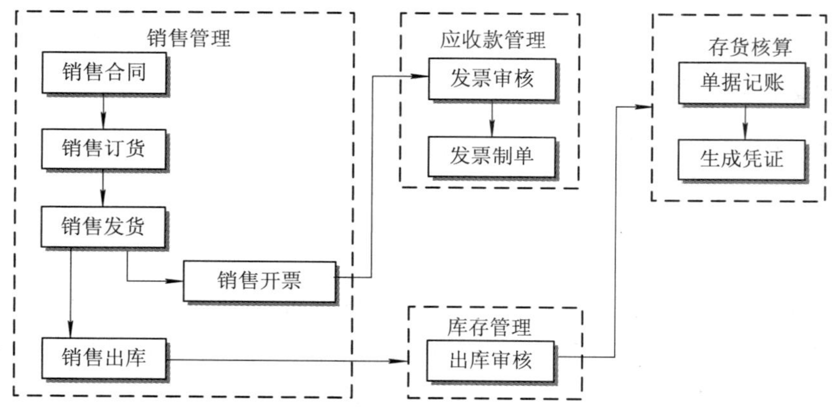

图 11-1　先开票后发货业务处理流程图

其二，开票发货业务处理流程见图 11-2。

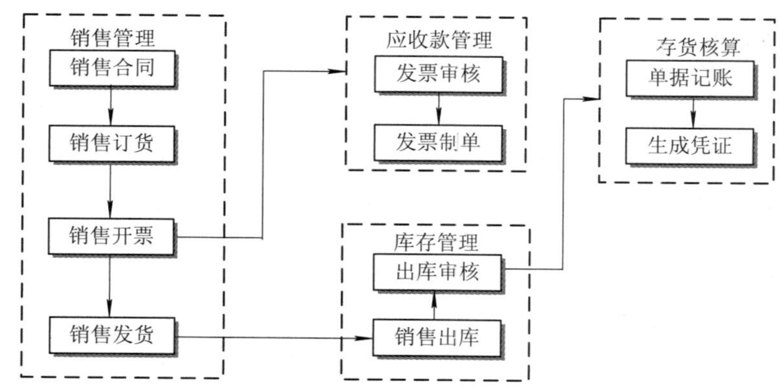

图 11-2　开票发货业务处理流程图

11.2 业 务 实 训

为适应教学的需要，实训前请将操作系统时间调整为“2020-01-31”，按业务发生日期登录“企业应用平台”，在“业务工作”页签下进行销售业务处理。销售类型默认为“直接销售”，凭证制单日期统一为“2020-01-31”。

业务一 预收款业务。

1 月 2 日，青港实业有限公司向我公司对 A 产品进行询价，要求采购数量为 1,100 件。销售部姜玲对其报价为 2,100 元/件。

1 月 3 日，根据 1 月 2 日的报价，本公司(销售部姜玲)与青港实业协商，对方同意订购 A 产品 1,000 件，单价 RMB2,000 元，增值税率 13%，订单预发货日期 1 月 31 日。

1 月 5 日，收到青港实业预付货款 RMB2,260,000 元，存入南山工行。

★ 实训操作：

1. 填制“销售报价单”

(1) 单击工具栏“重注册”按钮，操作时间设为“2020-01-02”。

(2) 双击“供应链｜销售管理｜销售报价｜销售报价单”，进入“销售报价单”页面。

(3) 单击工具栏【增加】按钮，录入销售报价单数据，如图 11-3 所示。

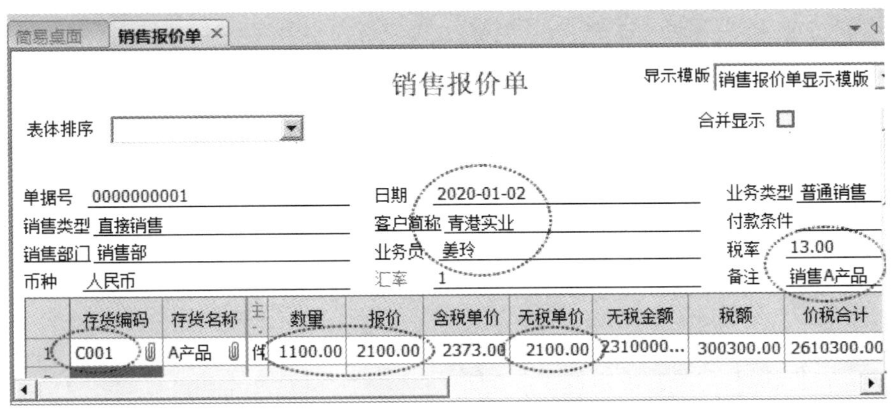

图 11-3 销售报价单

(4) 单击工具栏【保存】、【审核】按钮。

(5) 关闭“销售报价单”页面。

2. 参照报价单生成“销售订单”

(1) 单击工具栏“重注册”按钮，操作时间设为“2020-01-03”。

(2) 双击“供应链｜销售管理｜销售订货｜销售订单”，进入“销售订单”页面。

(3) 单击工具栏【增加】按钮。

(4) 单击工具栏【生单】按钮右侧的下拉按钮，选择“报价”，打开“查询条件选择-订单参照报价单”窗口；单击【确定】按钮，打开“参照生单”窗口，单击工具栏【全选】按钮，如图 11-4 所示。

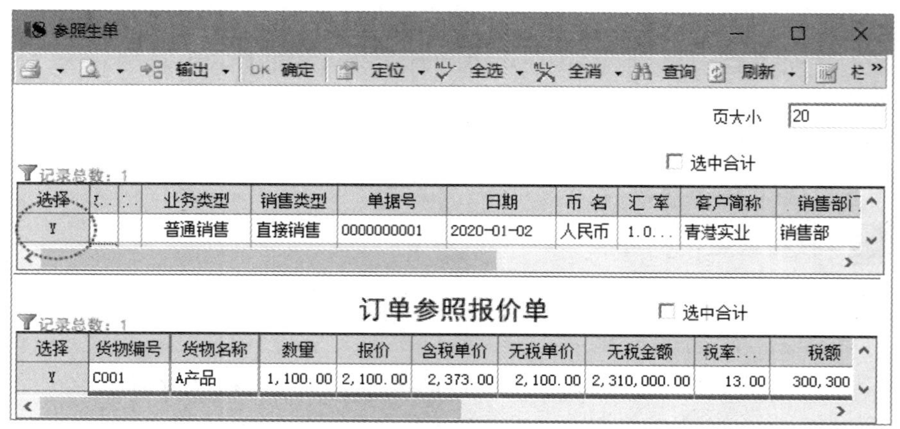

图 11-4　参照生单

(5) 单击工具栏【确定】按钮，返回“销售订单”页面。修改订单日期、数量、无税单价等信息，如图 11-5 所示。

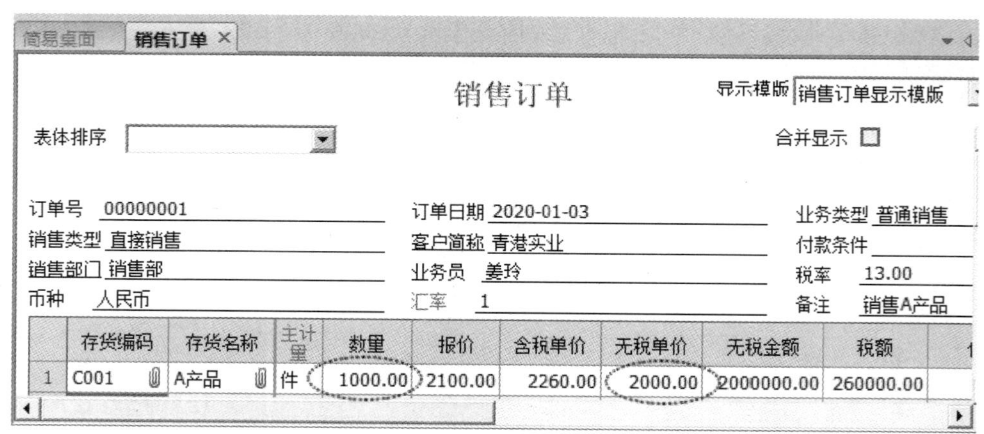

图 11-5　销售订单

(6) 单击工具栏【保存】、【审核】按钮。

(7) 关闭“销售订单”页面。

3. 录入“收款单(预收款)”

(1) 单击工具栏“重注册”按钮，操作时间设为“2020-01-05”。

(2) 双击“财务会计｜应收款管理｜收款单处理｜收款单录入”，进入“收款单录入”页面。

(3) 单击工具栏【增加】按钮，录入收款单数据，如图 11-6 所示。

(4) 单击工具栏【保存】、【审核】按钮，弹出“是否立即制单？”提示窗口，点击“是”。打开“填制凭证”页面，自动生成凭证，如表 11-1 所示。

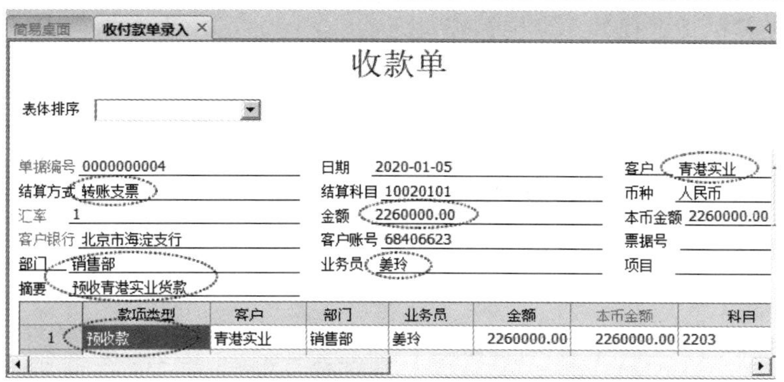

图 11-6　收款单

表 11-1　收 款 凭 证

收　字 0006

摘要	科目名称	借方金额	贷方金额
预收青港实业货款	银行存款/南山工行/人民币	2,260,000	
预收青港实业货款	预收账款		2,260,000

(5) 关闭“填制凭证”页面。

业务二　**先发货再开票款已收。**

1 月 6 日，本公司(销售部姜玲)与深圳沙井实业协商，对方同意订购 B 产品 10 件，无税单价 RMB2,500 元，增值税率 13%，订单预发货日期 1 月 11 日。

1 月 11 日，本公司确认后先发货并出库，开出增值税专用发票一份(票号 00174653)，收到转账支票一张存入工行。

★ 实训操作：

1. 填制“销售订单”

(1) 单击工具栏“重注册”按钮，操作时间设为“2020-01-06”。

(2) 双击“供应链｜销售管理｜销售订货｜销售订单”，进入“销售订单”页面。

(3) 单击工具栏【增加】按钮，录入订单数据，如图 11-7 所示。

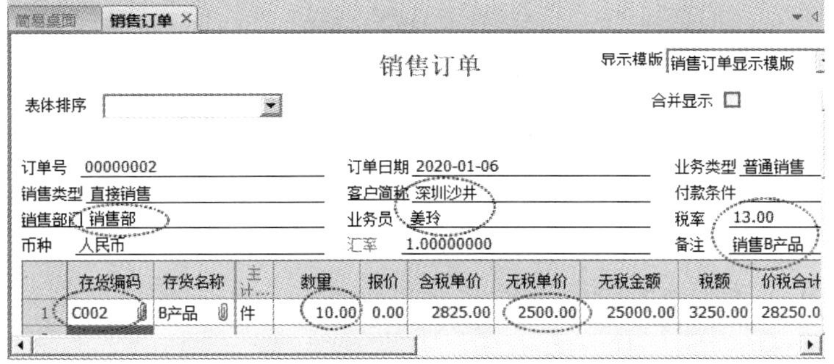

图 11-7　销售订单

(4) 单击工具栏【保存】、【审核】按钮。

(5) 关闭“销售订单”页面。

2. 参照订单生成“发货单”

(1) 单击工具栏“重注册”按钮，操作时间设为“2020-01-11”。

(2) 双击“供应链｜销售管理｜销售发货｜发货单”，进入“发货单”页面。

(3) 单击工具栏【增加】按钮，打开“查询条件选择-参照订单”窗口，录入查询条件，如图 11-8 所示。

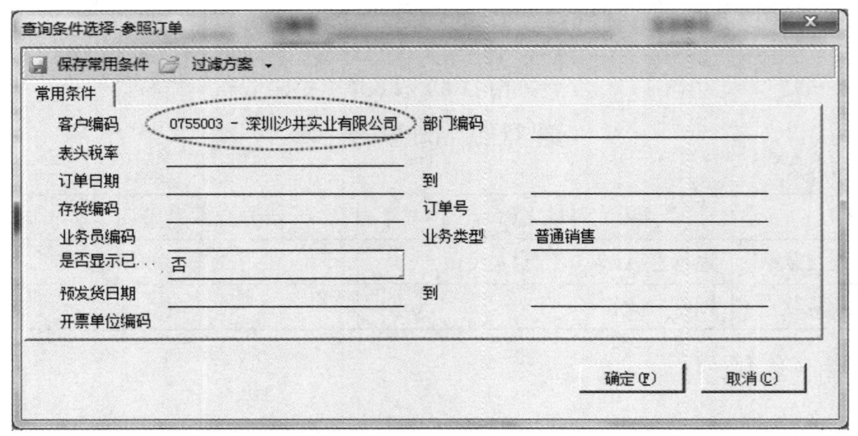

图 11-8　查询条件选择

(4) 单击【确定】按钮，打开“参照生单”窗口，单击工具栏【全选】按钮，如图 11-9 所示。

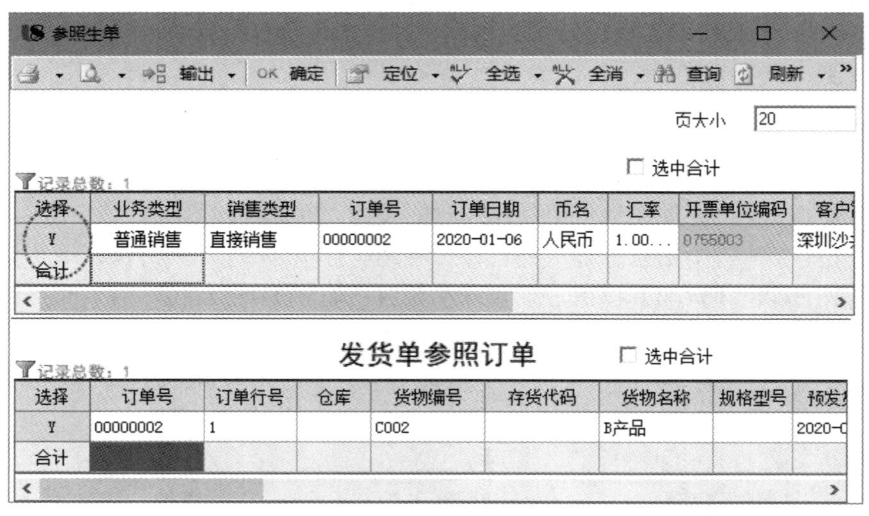

图 11-9　参照生单

(5) 单击工具栏【确定】按钮，返回“发货单” 页面，录入仓库名称，如图 11-10 所示。

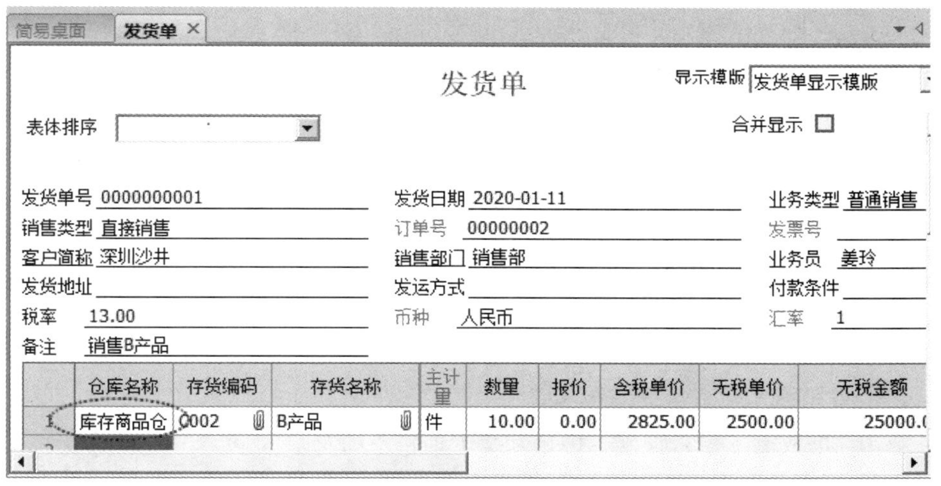

图 11-10　发货单

(6) 单击工具栏【保存】、【审核】按钮。

(7) 关闭“发货单”页面。

3. 参照发货单生成“销售出库单”

(1) 双击“供应链｜库存管理｜出库业务｜销售出库单”，进入“销售出库单”页面。

(2) 单击工具栏【生单】按钮右侧的下拉按钮▾，选择“销售生单”，打开“查询条件选择-销售发货单列表”窗口；单击【确定】按钮，打开“参照生单”窗口，单击工具栏【全选】按钮，如图 11-11 所示。

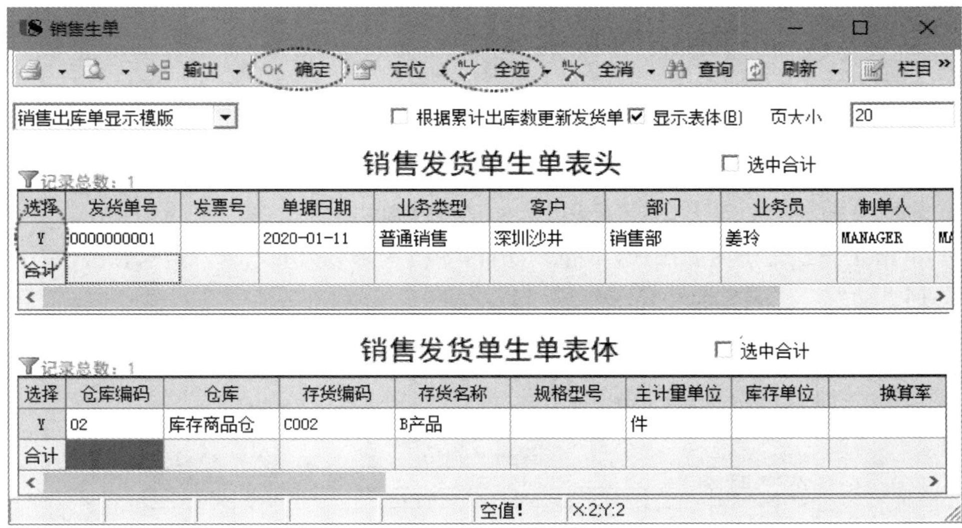

图 11-11　销售生单

(3) 单击工具栏【确定】按钮，返回“销售出库单”页面，如图 11-12 所示。

(4) 单击工具栏【保存】、【审核】按钮，显示“该单据审核成功”，点击【确定】按钮。

(5) 关闭“销售出库单”页面。

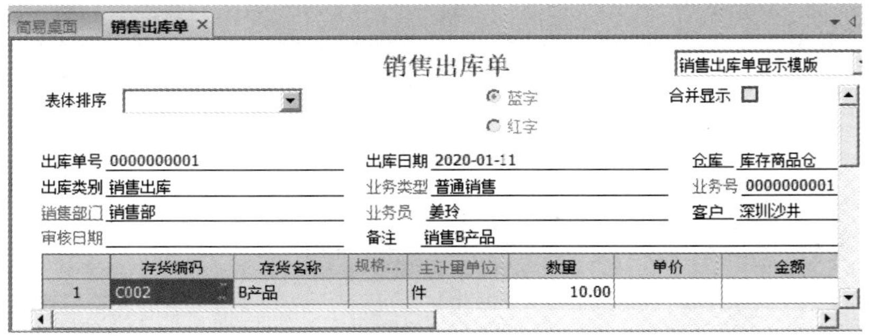

图 11-12　销售出库单

4. 参照发货单生成“销售专用发票”

(1) 双击“供应链 | 销售管理 | 销售开票 | 销售专用发票”，进入“销售专用发票”页面。

(2) 单击工具栏【增加】按钮，打开“查询条件选择-参照订单”窗口。单击【取消】按钮，关闭此窗口。返回“销售专用发票”页面。

(3) 单击工具栏【生单】按钮右侧的下拉按钮▾，选择“参照发货单”，打开“查询条件选择-发票参照发货单”窗口。单击【确定】按钮，打开“参照生单”窗口，单击工具栏【全选】按钮。如图 11-13 所示。

图 11-13　参照生单

(4) 单击工具栏【确定】按钮，返回“销售专用发票”页面，录入：发票号(00174653)，如图 11-14 所示。

图 11-14　生成销售专用发票

(5) 单击工具栏【保存】按钮。

(6) 单击工具栏【现结】按钮，打开“现结”窗口。录入：结算方式(202)、原币金额(28,250)，如图 11-15 所示。

(7) 单击【确定】按钮，返回“销售专用发票”页面。发票左上角显示“现结”字样。

(8) 单击工具栏【复核】按钮。

(9) 关闭“销售专用发票”页面。

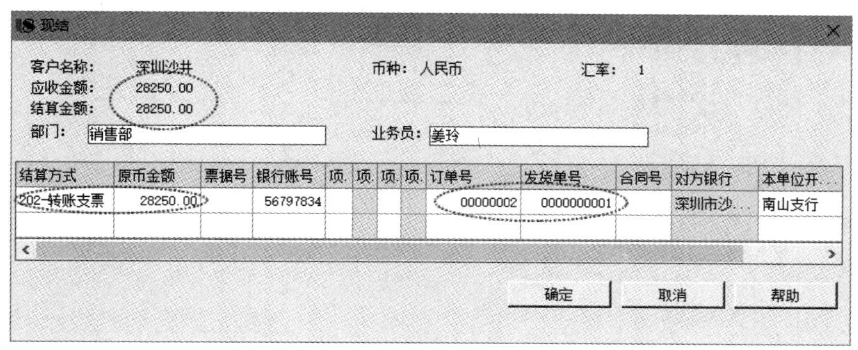

图 11-15 现结

5. 审核“销售发票”

(1) 双击“财务会计｜应收款管理｜应收单据处理｜应收单据审核”，弹出“应收单查询条件”窗口，设置条件为客户“沙井实业”，勾选“包含已现结发票”选项，如图 11-16 所示。

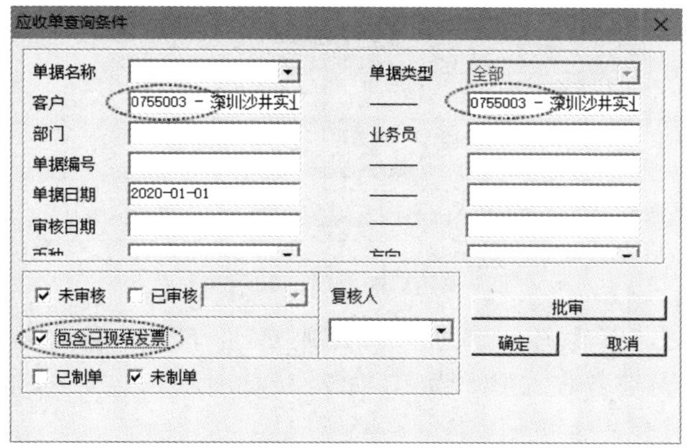

图 11-16 应收单查询条件

(2) 点击【确定】按钮，打开“单据处理”页面，显示应付单据列表，如图 11-17 所示。

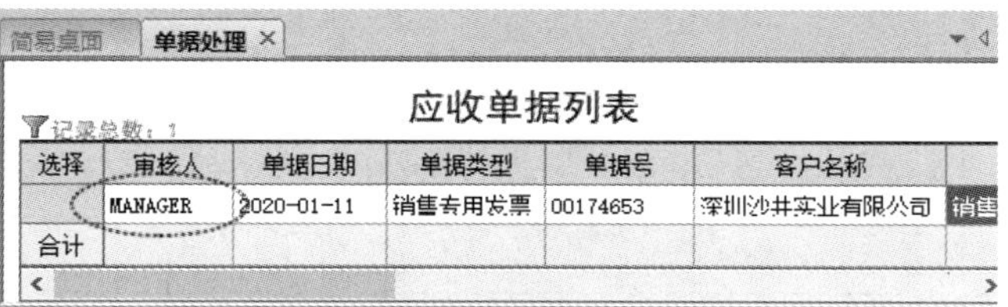

图 11-17 发票审核

(3) 单击工具栏【全选】、【审核】按钮，审核人项已显示签名。

(4) 关闭“单据处理”页面。

6. 销售发票现结制单

(1) 双击“财务会计｜应收款管理｜制单处理”，弹出“制单查询”窗口，仅勾选“现结制单”选项，设置条件：客户“沙井实业”。如图 11-18 所示。

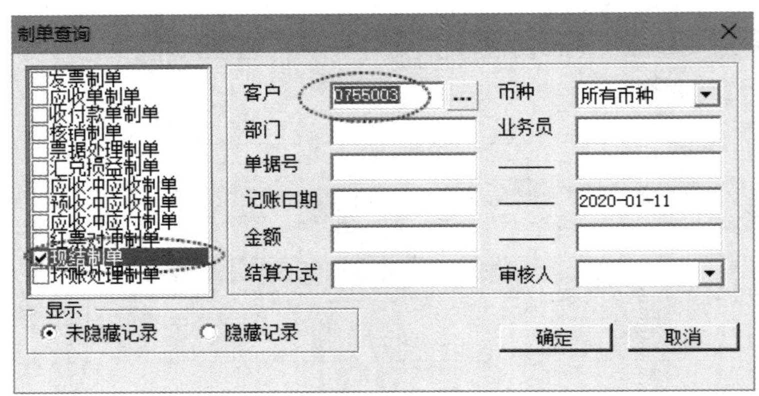

图 11-18　制单查询

(2) 单击【确定】按钮，打开“制单”页面，单击工具栏【全选】按钮，修改制单日期(2020-01-31)，如图 11-19 所示。

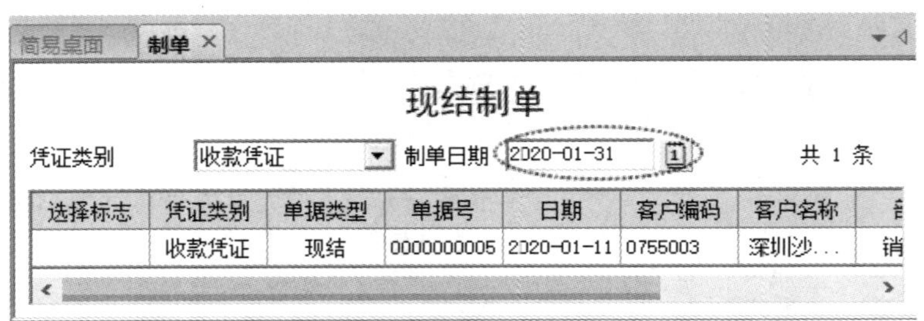

图 11-19　现结制单

(3) 单击工具栏【制单】按钮，进入“填制凭证”页面。自动生成凭证，将主营业务收入科目修改为“主营业务收入/B 产品”，如表 11-2 所示。

(4) 单击工具栏【保存】按钮。

(5) 关闭“填制凭证”“制单”页面。

表 11-2　收款凭证

收　字 0007

摘要	科目名称	借方金额	贷方金额
销售 B 产品	银行存款/南山工行/人民币	28,250	
销售 B 产品	主营业收入/B 产品		25,000
销售 B 产品	应交税费/应交增值税/销项税额		3,250

业务三 先发货再开票款未收。

1 月 13 日，本公司(销售部姜玲)与鸿基发展有限公司协商，对方同意订购 B 产品 200 件，单价 RMB2,500 元，增值税率 13%，订单预发货日期 1 月 14 日。

本公司确认后于 1 月 14 日先发货并出库，开出增值税专用发票一份(票号 00174654)，以现金支付运费 RMB500 元。货款尚未收到。

★ 实训操作：

1. 填制“销售订单”、审核

单击工具栏【重注册】按钮，操作时间设为“2020-01-13”。

功能导航：“供应链｜销售管理｜销售订货｜销售订单”，如图 11-20 所示。

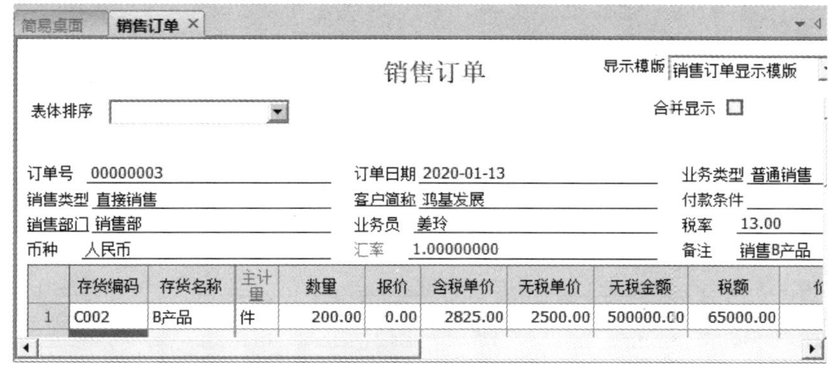

图 11-20 销售订单

2. 参照订单生成“发货单”、审核

单击工具栏【重注册】按钮，操作时间设为“2020-01-14”。

功能导航：“供应链｜销售管理｜销售发货｜发货单”，如图 11-21 所示。

图 11-21 发货单

3. 参照发货单生成“销售出库单”、审核

功能导航：“供应链｜库存管理｜出库业务｜销售出库单”，如图 11-22 所示。

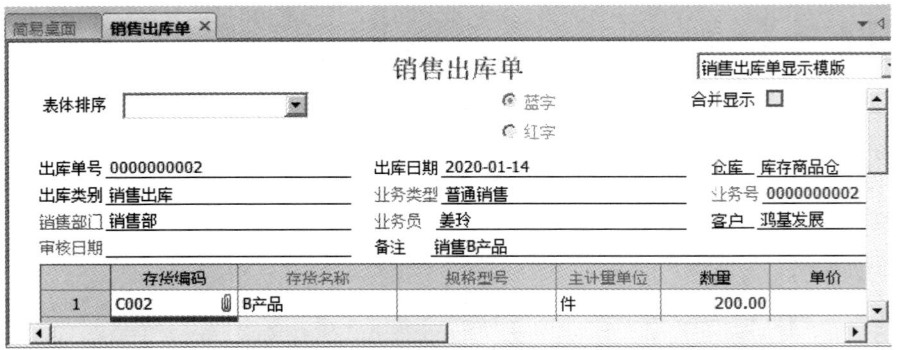

图 11-22　销售出库单

4. 参照发货单生成“销售专用发票”和“销售费用支出单”

(1) 双击“供应链｜销售管理｜销售开票｜销售专用发票”，进入“销售专用发票”页面，参照“发货单”生成“销售专用发票”，如图 11-23 所示。

图 11-23　销售专用发票

(2) 单击工具栏【保存】、【复核】按钮。

(3) 单击工具栏【支出】按钮，进入“销售费用支出单”页面。录入费用项目、支出金额、存货编码等信息，如图 11-24 所示。

图 11-24　销售费用支出单

(4) 单击工具栏【保存】、【审核】按钮，关闭各页面。

5. 审核“销售专用发票”

功能导航：“财务会计｜应收款管理｜应收单据处理｜应收单据审核”，如图 11-25 所示。

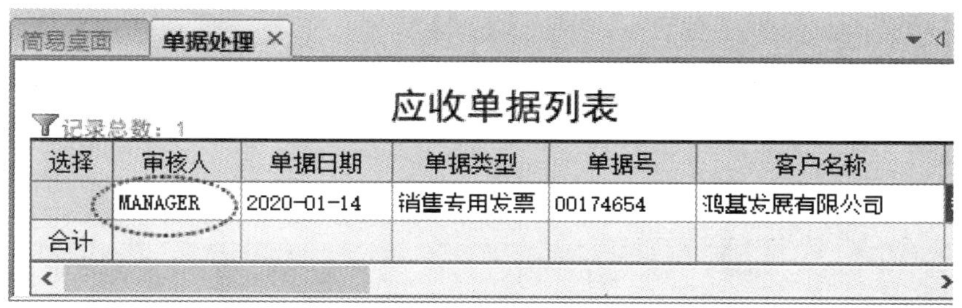

图 11-25 销售专用发票审核

6. 销售发票制单

功能导航：“财务会计｜应收款管理｜制单处理”。生成凭证后，将主营业务收入科目修改为“B 产品”，保存，如表 11-3 所示。

表 11-3 转账凭证

转 字 0015

摘要	科目名称	借方金额	贷方金额
销售 B 产品	应收账款/人民币客户	565,000	
销售 B 产品	主营业务收入/B 产品		500,000
销售 B 产品	应交税费/应交增值税/销项税额		65,000

7. 费用支出账务处理

进入“财务会计｜总账｜凭证｜填制凭证”，增加一张付款凭证，如表 11-4 所示。

表 11-4 付款凭证

付 字 0025

摘要	科目名称	借方金额	贷方金额
支付运费	销售费用/运杂费	500	
支付运费	库存现金/人民币		500

业务四 出库开票预收冲应收。

1 月 18 日，根据 1 月 3 日订单，向青港实业发货 A 产品 1,000 件并出库，开出增值税专用发票一份(票号 00174655)，并开出南山工行转账支票(№00496722)代垫运费 RMB1,000 元。货款已预收。

★ 实训操作：

单击工具栏【重注册】按钮，操作时间设为“2020-01-18”。

1. 参照订单生成“发货单”、审核

功能导航：“供应链｜销售管理｜销售发货｜发货单”，如图 11-26 所示。

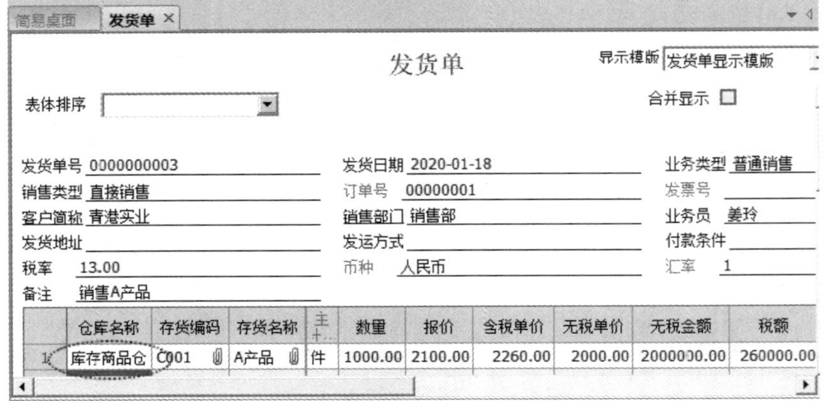

图 11-26　发货单

2. 参照发货单生成“销售出库单”、审核

功能导航：“供应链｜库存管理｜出库业务｜销售出库单”，如图 11-27 所示。

图 11-27　销售出库单

3. 参照发货单生成“销售专用发票”和“代垫费用单”

(1) 双击“供应链｜销售管理｜销售开票｜销售专用发票”，进入“销售专用发票”页面，参照“发货单”生成“销售专用发票”，如图 11-28 所示。

图 11-28　销售专用发票

(2) 单击工具栏【保存】、【复核】按钮。

(3) 单击工具栏【代垫】按钮，进入“销售费用支出单”页面。录入费用项目、代垫金额、存货编码等信息，如图 11-29 所示。

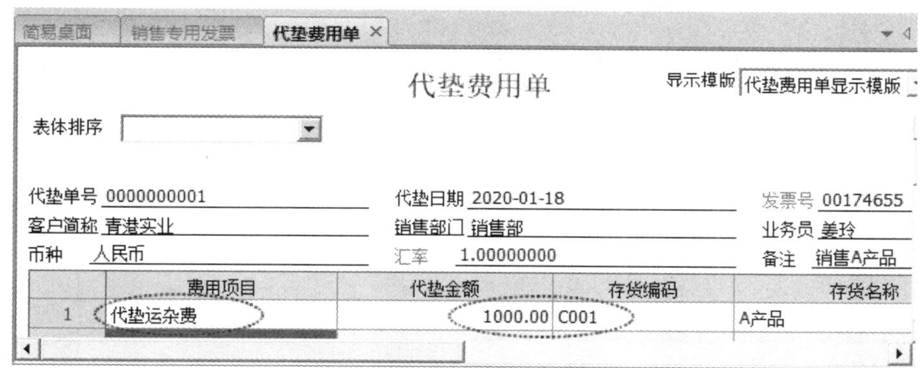

图 11-29　代垫费用单

(4) 单击工具栏【保存】、【审核】按钮，关闭各页面。

4. 审核“销售专用发票”和“代垫费用单”

功能导航：“财务会计 | 应收款管理 | 应收单处理 | 应收单审核”，如图 11-30 所示。

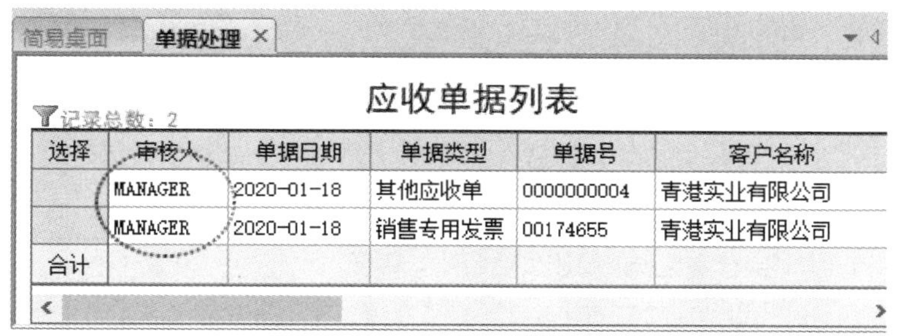

图 11-30　单据审核

5. “销售专用发票”“代垫费用单”制单

(1) 双击“财务会计 | 应收款管理 | 制单处理”，弹出“制单查询”窗口，设置查询条件，如图 11-31 所示。

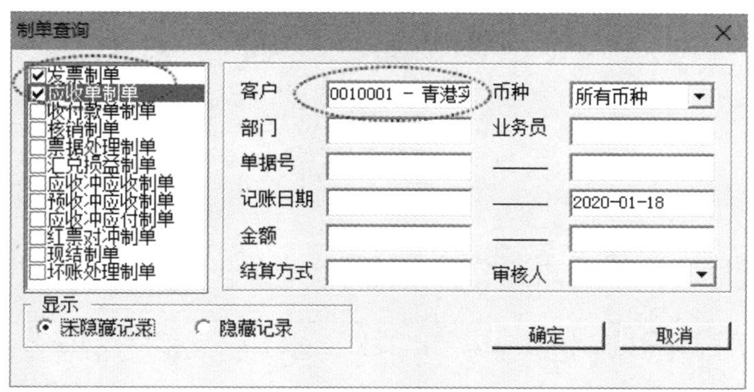

图 11-31　制单查询

(2) 点击【确定】按钮，进入“制单”页面；单击工具栏【全选】按钮，选择标志分别为“1”“2”，表示生成两张凭证，如图 11-32 所示。

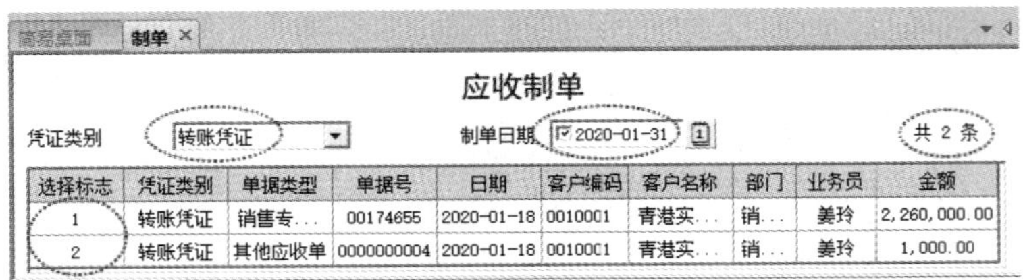

简易桌面　制单

应收制单

凭证类别 转账凭证　　制单日期 2020-01-31　　共 2 条

选择标志	凭证类别	单据类型	单据号	日期	客户编码	客户名称	部门	业务员	金额
1	转账凭证	销售专...	00174655	2020-01-18	0010001	青港实...	销...	美玲	2,260,000.00
2	转账凭证	其他应收单	0000000004	2020-01-18	0010001	青港实...	销...	美玲	1,000.00

图 11-32　应收制单

(3) 单击工具栏【制单】按钮，保存第一张凭证后，可以单击工具栏![]按钮，转入第二张凭证，保存，如表 11-5、表 11-6 所示。

表 11-5　转 账 凭 证

转　字 0016

摘要	科目名称	借方金额	贷方金额
销售 A 产品	应收账款/人民币客户	2,260,000	
销售 A 产品	主营业务收入/A 产品		2,000,000
销售 A 产品	应交税费/应交增值税/销项税额		260,000

表 11-6　转账凭证

付　字 0026

摘要	科目名称	借方金额	贷方金额
销售 A 产品	其他应收款/代垫运杂费	1,000	
销售 A 产品	银行存款/南山工行/人民币 辅助项：202-00496722		1,000

6. 预收冲应收

(1) 双击“财务会计 | 应收款管理 | 转账 | 预收冲应收”，弹出“预收冲应收”窗口，设置客户(青港实业)、点击【过滤】按钮、录入转账金额(2,260,000)，如图 11-33 所示。

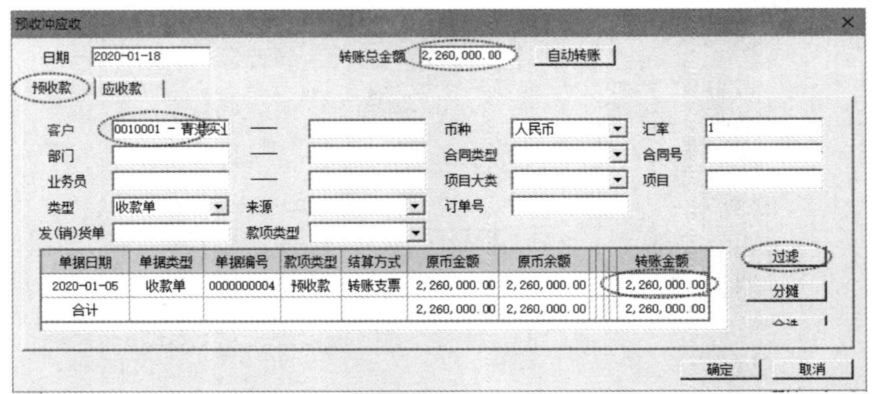

预收冲应收

日期 2020-01-18　　转账总金额 2,260,000.00　　自动转账

预收款　应收款

客户 0010001 - 青港实业　　币种 人民币　　汇率 1

部门　　合同类型　　合同号

业务员　　项目大类　　项目

类型 收款单　　来源　　订单号

发(销)货单　　款项类型

单据日期	单据类型	单据编号	款项类型	结算方式	原币金额	原币余额	转账金额
2020-01-05	收款单	0000000004	预收款	转账支票	2,260,000.00	2,260,000.00	2,260,000.00
合计					2,260,000.00	2,260,000.00	2,260,000.00

过滤　分摊　确定　取消

图 11-33　预收款过滤

(2) 单击“应收款”页签，点击【过滤】按钮、录入转账金额(2,260,000)，如图 11-34 所示。

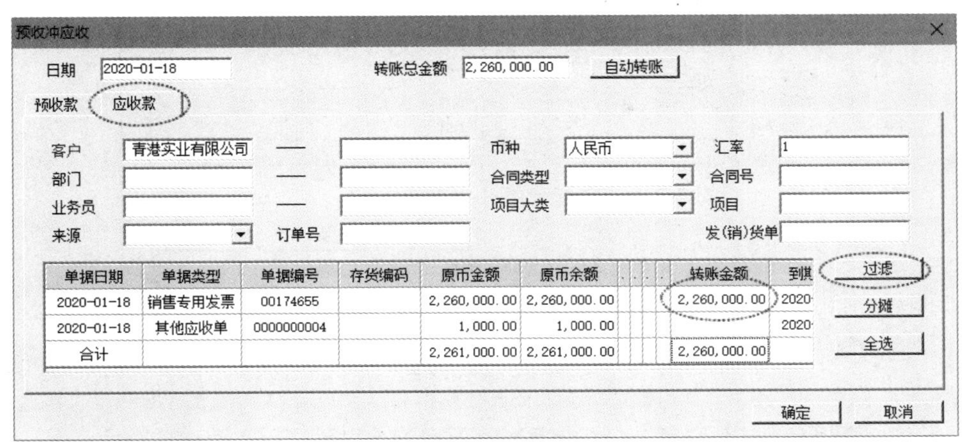

预收冲应收

单据日期	单据类型	单据编号	存货编码	原币金额	原币余额	转账金额	到期
2020-01-18	销售专用发票	00174655		2,260,000.00	2,260,000.00	2,260,000.00	2020-
2020-01-18	其他应收单	0000000004		1,000.00	1,000.00		2020-
合计				2,261,000.00	2,261,000.00	2,260,000.00	

图 11-34　应收款过滤

(3) 点击【确定】按钮，弹出“是否立即制单”提示窗口，点击【是】按钮，生成转账凭证，如表 11-7 所示。

表 11-7　转 账 凭 证

转　字 0017

摘要	科目名称	借方金额	贷方金额
预收青港实业货款	预收账款		–2,260,000
销售 A 产品	应收账款/人民币客户		2,260,000

(4) 保存凭证，关闭所有窗口、页面。

业务五　销售退回。

1 月 21 日，销售给鸿基发展 B 产品 50 件出现质量问题。经协商，本公司同意退货，已开出红字专用发票(票号 00174656)交付对方，返回商品已入库。

★ 实训操作：

单击工具栏【重注册】按钮，操作时间设为“2020-01-21”。

1. 参照发货单生成“退货单”

(1) 双击“供应链｜销售管理｜销售发货｜退货单”，进入“退货单”页面。

(2) 单击工具栏【增加】按钮，弹出“查询条件选择-参照订单”窗口。单击【取消】按钮，返回“退货单”页面。

(3) 单击工具栏【生单】按钮右侧的下拉按钮▾，选择“参照发货单”项，打开“查询条件选择-退货单参照发货单”窗口。设置条件：客户编码(0755002)、退货类型(已开发票退货)，如图 11-35 所示。

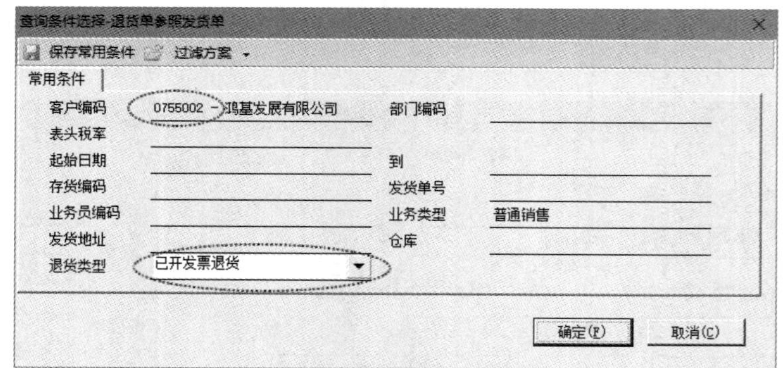

图 11-35　查询条件选择

(4) 点击【确定】按钮，打开“参照生单”窗口，单击工具栏【全选】按钮，如图 11-36 所示。

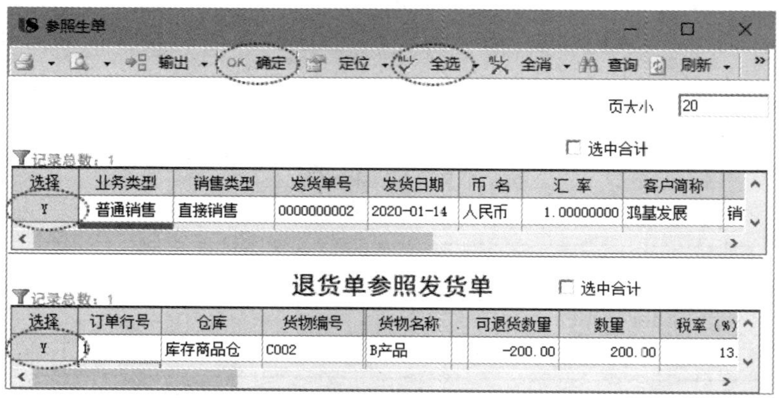

图 11-36　参照生单

(5) 单击工具栏【确定】按钮，弹出“查询条件选择-参照订单”窗口，单击【取消】按钮，返回“退货单”页面，修改数量为(−50)、备注(B 产品销售退货)，如图 11-37 所示。

图 11-37　退货单

(6) 单击工具栏【保存】、【审核】按钮，关闭“退货单”页面。

2. 参照销售发货单生成“销售出库单(红字)”

(1) 双击“供应链｜库存管理｜出库业务｜销售出库单”，进入“销售出库单”页面。

(2) 单击工具栏【生单】按钮右侧的下拉按钮▾，选择“销售生单”项，打开“查询条件选择-销售发货单列表”窗口。设置条件：发货单号(0000000004)，如图 11-38 所示。

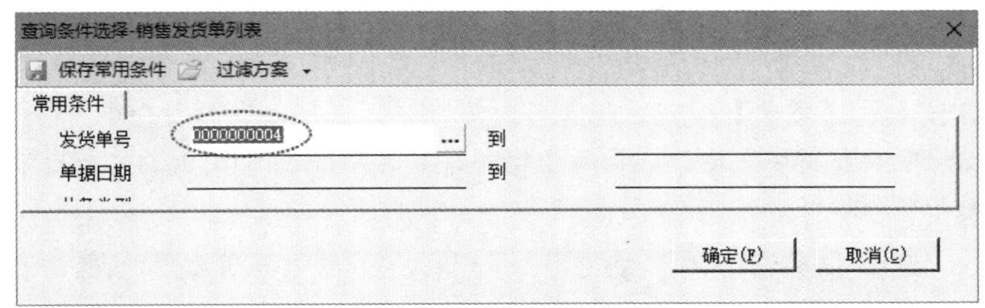

图 11-38　查询条件选择

(3) 点击【确定】按钮，打开“销售生单”窗口，单击工具栏【全选】按钮，如图 11-39 所示。

图 11-39　销售生单

(4) 单击工具栏【确定】按钮，弹出“查询条件选择-参照订单”窗口。单击【取消】按钮，返回“销售出库单”页面，修改数量为“-50”，如图 11-40 所示。

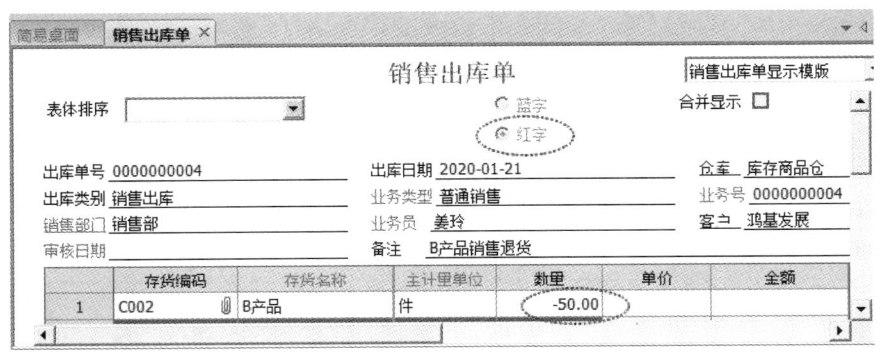

图 11-40　销售出库单(红字)

(5) 单击工具栏【保存】、【审核】按钮，关闭“销售出库单”页面。

3. 参照发货单生成“销售专用发票(红字)”

(1) 双击“供应链｜销售管理｜销售开票｜红字销售专用发票”，进入“销售专用发票(红字)”页面。

(2) 单击工具栏【增加】按钮，打开“查询条件选择-参照订单”窗口。单击【取消】按钮，关闭此窗口。返回“销售专用发票”页面。

(3) 单击工具栏【生单】按钮右侧的下拉按钮▾，选择“参照发货单”，打开“查询条件选择-发票参照发货单”窗口。设置查询条件：客户编码(0755002)、发货单类型(红字记录)，如图 11-41 所示。

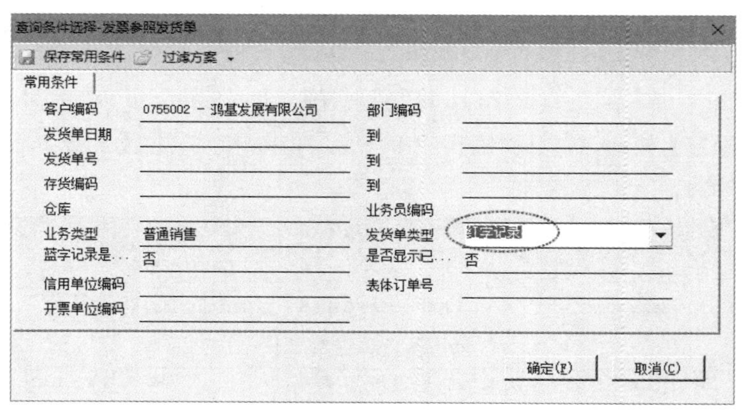

图 11-41　查询条件选择-发票参照发货单

(4) 单击【确定】按钮，打开“参照生单”窗口，单击工具栏【全选】按钮，如图 11-42 所示。

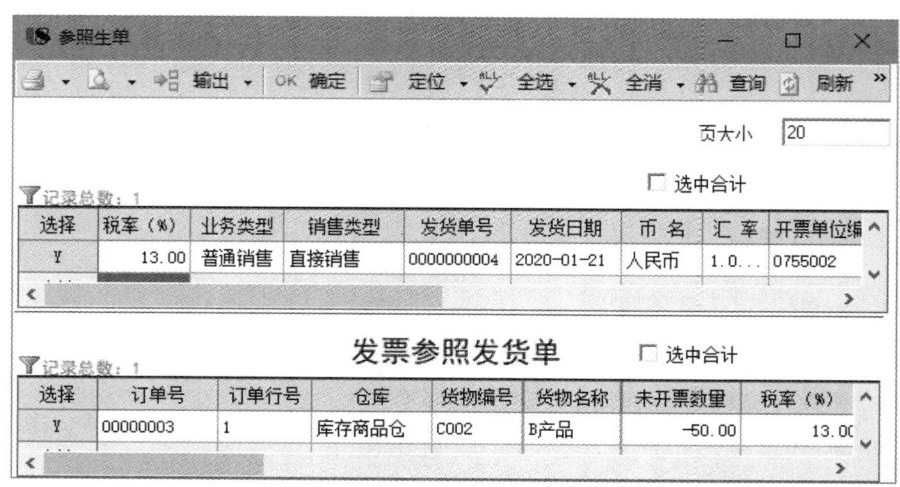

选择	税率（%）	业务类型	销售类型	发货单号	发货日期	币名	汇率	开票单位编
Y	13.00	普通销售	直接销售	0000000004	2020-01-21	人民币	1.0...	0755002

选择	订单号	订单行号	仓库	货物编号	货物名称	未开票数量	税率（%）
Y	00000003	1	库存商品仓	C002	B产品	-50.00	13.00

图 11-42　参照生单

(5) 单击工具栏【确定】按钮，返回“销售专用发票(红字)”页面，如图 11-43 所示。

(6) 单击工具栏【保存】、【复核】按钮，关闭“销售专用发票(红字)”页面。

图 11-43 销售专用发票(红字)

4. 审核“销售专用发票(红字)”

功能导航：“财务会计｜应收款管理｜应收单据处理｜应收单据审核”。审核单据如图 11-44 所示。

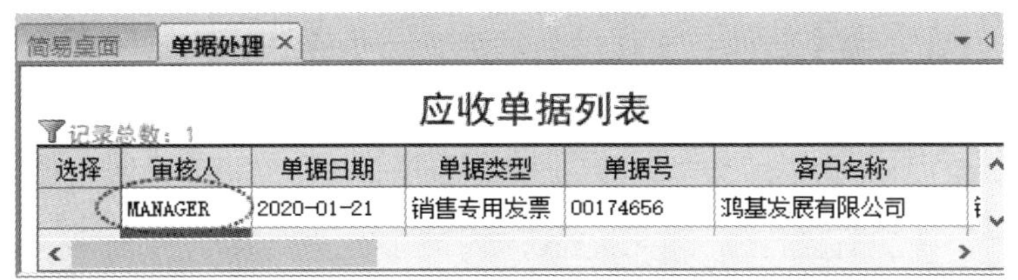

图 11-44 销售专用发票(红字)审核

5. “销售专用发票(红字)”制单(发票制单)

功能导航：“财务会计｜应收款管理｜制单处理”。生成凭证如表 11-8 所示。

表 11-8 转 账 凭 证

转 字 0018

摘要	科目名称	借方金额	贷方金额
B 产品销售退货	应收账款/人民币客户	–141,250	
B 产品销售退货	主营业务收入/B 产品		–125,000
B 产品销售退货	应交税费/应交增值税/销项税额		–16,250

保存凭证后，关闭相应页面。

业务六 **销售出口。**

1 月 21 日，本公司(销售部孙婧婧)与麦尔斯医电公司协商，对方同意订购 B 产品 100 件，单价 USD380 美元，增值税率 13%，付款条件：2/10，1/20，n/30。订单预发货日期 1 月 25 日。

1 月 25 日，本公司确认后发货并出库，开出增值税专用发票一份(票号 00174657)，产品已发出，款未收。

★ **实训操作：**

1. 填制“销售订单”、审核

单击工具栏【重注册】按钮，操作时间设为“2020-01-21”。

功能导航：“供应链｜销售管理｜销售订货｜销售订单”，如图 11-45 所示。

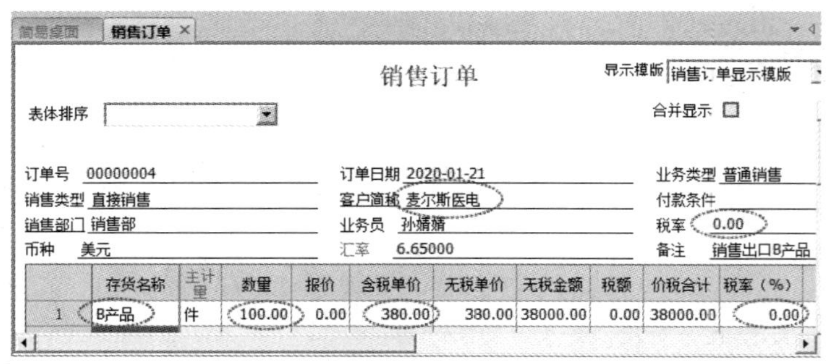

销售订单

显示模版 销售订单显示模版

表体排序　　合并显示

订单号 00000004　订单日期 2020-01-21　业务类型 普通销售

销售类型 直接销售　客户简称 麦尔斯医电　付款条件

销售部门 销售部　业务员 孙婧婧　税率 0.00

币种 美元　汇率 6.65000　备注 销售出口B产品

	存货名称	主计量	数量	报价	含税单价	无税单价	无税金额	税额	价税合计	税率（%）
1	B产品	件	100.00	0.00	380.00	380.00	38000.00	0.00	38000.00	0.00

图 11-45　销售订单

2. 参照销售订单生成“发货单”、审核

单击工具栏【重注册】按钮，操作时间设为“2020-01-25”。

功能导航：“供应链｜销售管理｜销售发货｜发货单”，如图 11-46 所示。

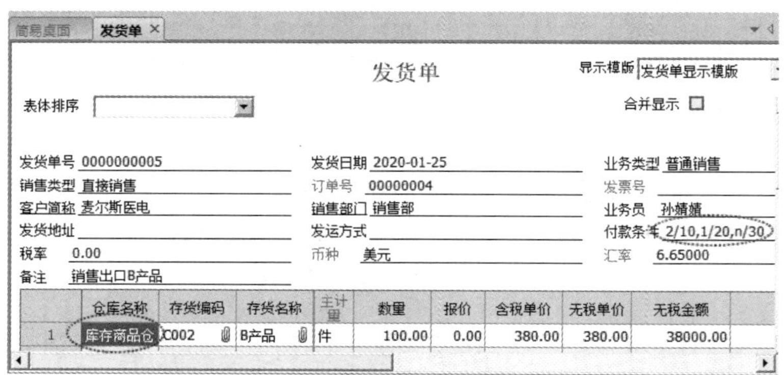

发货单

显示模版 发货单显示模版

表体排序　　合并显示

发货单号 0000000005　发货日期 2020-01-25　业务类型 普通销售

销售类型 直接销售　订单号 00000004　发票号

客户简称 麦尔斯医电　销售部门 销售部　业务员 孙婧婧

发货地址　发运方式　付款条件 2/10,1/20,n/30

税率 0.00　币种 美元　汇率 6.65000

备注 销售出口B产品

	仓库名称	存货编码	存货名称	主计量	数量	报价	含税单价	无税单价	无税金额
1	库存商品仓	C002	B产品	件	100.00	0.00	380.00	380.00	38000.00

图 11-46　发货单

3. 参照发货单生成“销售出库单”，审核

功能导航：“供应链｜库存管理｜出库业务｜销售出库单”，如图 11-47 所示。

销售出库单

销售出库单打印模版

表体排序　　◉ 蓝字　○ 红字　　合并显示

出库单号 0000000005　出库日期 2020-01-25　仓库 库存商品仓

出库类别 销售出库　业务类型 普通销售　业务号 0000000005

销售部门 销售部　业务员 孙婧婧　客户 麦尔斯医电

审核日期　备注 销售出口B产品

	存货编码	存货名称	主计量单位	数量	单价	金额
1	C002	B产品	件	100.00		

图 11-47　销售出库单

4. 参照发货单生成“销售专用发票”、复核

功能导航：“供应链 | 销售管理 | 销售开票 | 销售专用发票”，如图 11-48 所示。

图 11-48 销售专用发票

5. 审核“销售专用发票”

功能导航：“财务会计 | 应收款管理 | 应收单据处理 | 应收单据审核”。审核单据，如图 11-49 所示。

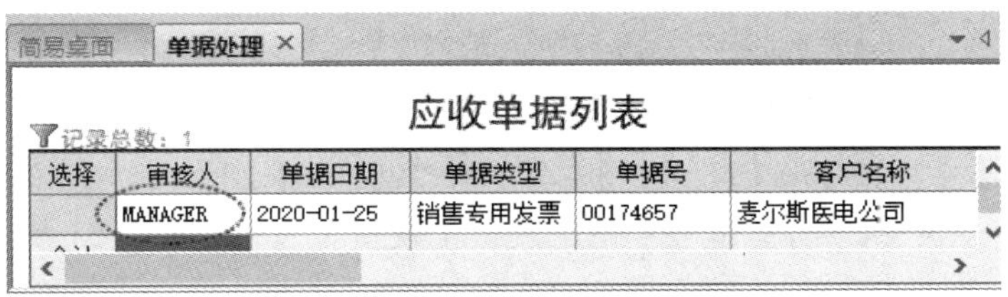

图 11-49 销售专用发票审核

6. 销售专用发票制单

功能导航：“财务会计 | 应收款管理 | 制单处理”。生成凭证后，将主营业务收入科目修改为“B 产品”，如表 11-9 所示。

表 11-9 转账凭证

转 字 0019

摘要	科目名称	外币	借方金额	贷方金额
销售出口 B 产品	应收账款/美元客户	USD38,000	252,700	
销售出口 B 产品	主营业务收入/B 产品			252,700

保存凭证，关闭相应页面。

业务七 **材料销售。**

1 月 22 日，本公司(销售部姜玲)与鸿基发展协商，对方同意订购甲材料 500 千克，单

价 RMB150 元，增值税率 13%，订单预发货日期 1 月 28 日。

1 月 28 日，本公司确认后发货并出库，开出增值税专用发票一份(票号 00174658)，材料已发出，款未收。

★ **实训操作：**

1. 填制“销售订单”、审核

单击工具栏【重注册】按钮，操作时间设为“2020-01-22”。

功能导航：“供应链｜销售管理｜销售订货｜销售订单”，如图 11-50 所示。

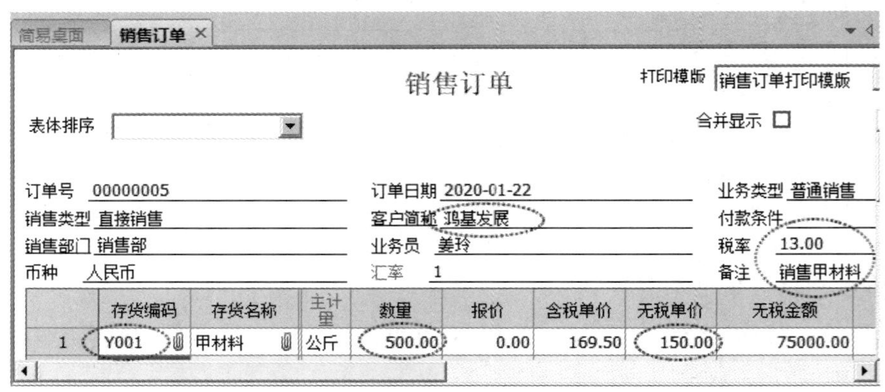

简易桌面　销售订单

销售订单　　打印模版 销售订单打印模版

表体排序　　合并显示 □

订单号 00000005　订单日期 2020-01-22　业务类型 普通销售

销售类型 直接销售　客户简称 鸿基发展　付款条件

销售部门 销售部　业务员 姜玲　税率 13.00

币种 人民币　汇率 1　备注 销售甲材料

	存货编码	存货名称	主计量	数量	报价	含税单价	无税单价	无税金额
1	Y001	甲材料	公斤	500.00	0.00	169.50	150.00	75000.00

图 11-50　销售订单

2. 参照销售订单生成“发货单”、审核

单击工具栏【重注册】按钮，操作时间设为“2020-01-28”。

功能导航：“供应链｜销售管理｜销售发货｜发货单”，如图 11-51 所示。

简易桌面　发货单

发货单　　打印模版 发货单打印模版

表体排序　　合并显示 □

发货单号 0000000006　发货日期 2020-01-28　业务类型 普通销售

销售类型 直接销售　订单号 00000005　发票号

客户简称 鸿基发展　销售部门 销售部　业务员 姜玲

发货地址　发运方式　付款条件

税率 13.00　币种 人民币　汇率 1

备注 销售甲材料

	仓库名称	存货编码	存货名称	规格型号	主计量	数量	报价	含税单价
1	原材料仓	Y001	甲材料		公斤	500.00	0.00	169.5

图 11-51　发货单

3. 参照发货单生成“销售出库单”、审核

功能导航：“供应链｜库存管理｜出库业务｜销售出库单”，如图 11-52 所示。

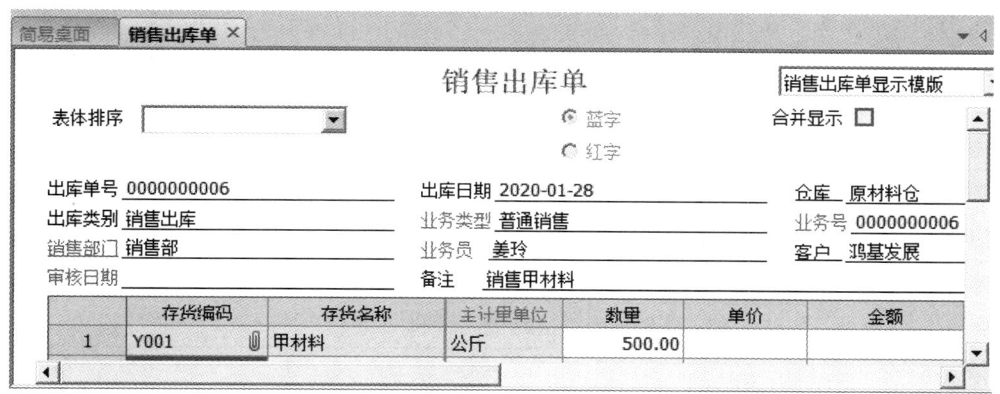

图 11-52　销售出库单

4. 参照发货单生成“销售专用发票”、复核

功能导航：“供应链｜销售管理｜销售开票｜销售专用发票”，如图 11-53 所示。

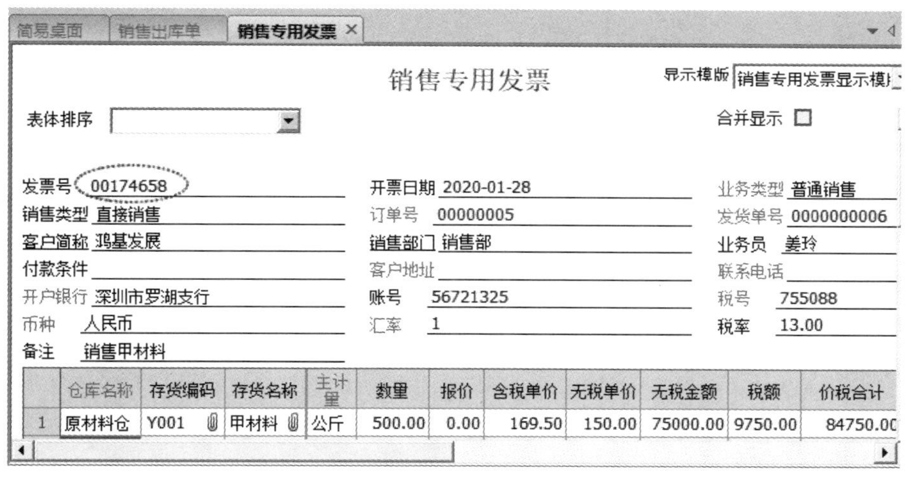

图 11-53　销售专用发票

5. 审核“销售专用发票”

功能导航：“财务会计｜应收款管理｜应收单据处理｜应收单据审核”。审核单据如图 11-54 所示。

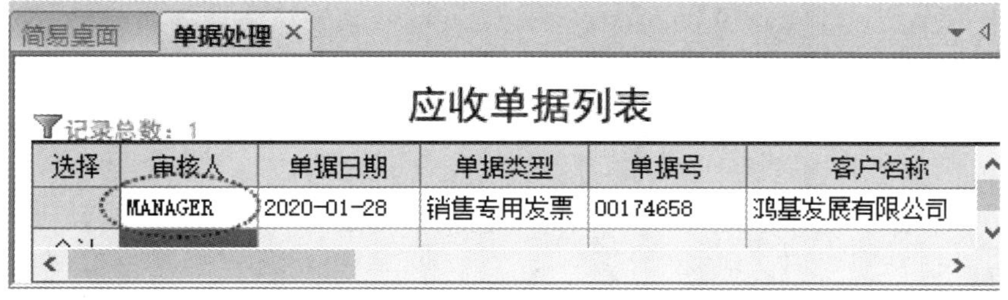

图 11-54　销售专用发票审核

6. 销售专用发票制单

功能导航："财务会计｜应收款管理｜制单处理"。生成凭证如表 11-10 所示。

表 11-10　转 账 凭 证

转　字　0020

摘要	科目名称	借方金额	贷方金额
销售甲材料	应收账款/人民币客户	84,750	
销售甲材料	其他业务收入/材料销售		75,000
销售甲材料	应交税费/应交增值税/销项税额		9,750

保存凭证，关闭相应页面。

第12章 存货核算

存货是指企业在生产经营过程中为销售或耗用而储存的各种资产，包括商品、产成品、半成品、在产品以及各种材料、燃料、包装物、低值易耗品等。

存货是保证企业生产经营过程顺利进行的必要条件。为了保障生产经营过程连续不断地进行，企业要不断地购入、耗用或销售存货。存货是企业的一项重要的流动资产，其价值在企业流动资产中占有很大的比重。

存货的核算是企业会计核算的一项重要内容，进行存货核算，应正确计算存货购入成本，促使企业努力降低存货成本；反映和监督存货的收发、领退和保管情况；反映和监督存货资金的占用情况，促进企业提高资金的使用效果。

存货核算系统主要针对企业存货的收发存业务进行核算，掌握存货的耗用情况，及时准确地把各类存货成本归集到各成本项目和成本对象上，为企业的成本核算提供基础数据；可动态反映存货资金的增减变动情况，提供存货资金周转和占用的分析，在保证生产经营的前提下，降低库存量，减少资金积压，加速资金周转，具有及时性、可靠性和准确性。

系统主要用于对企业存货的出入库业务进行出库存货成本的核算及计算结存余额，涉及的单据主要有采购入库单、产成品入库单、其他入库单、销售出库单、材料出库单、假退料单、其他出库单、入库调整单、出库调整单、计划价/售价调整单、产成品成本分配单等；财务账主要有存货明细账(总账)、受托代销商品明细账(总账)、发出商品明细账、差异明细账、差价明细账，系统自动按照所选核算方式计算成本并记账。

存货系统的日常业务主要是进行日常存货核算业务数据的录入和进行成本核算。在与采购、销售、库存等系统集成使用时，本系统主要完成从系统传过来的各种业务类型下的各种存货的出入库单据、调整单据的查询及单据部分项目的修改、成本计算。在单独使用本系统时，完成各种出入库单据的增加、修改、查询及出入库单据的调整、成本计算。

12.1 系统功能

存货核算是从资金的角度管理存货的出入库业务，主要用于核算企业的入库成本、出库成本、结余成本，反映和监督存货的收发、领退和保管情况，反映和监督存货资金的占用情况。

一、存货核算系统功能

(1) 初始设置：包括选项设置(定义系统参数)、期初数据录入(存货的期初结存情况、期初差异、期初分期收款发出商品)、科目设置(存货科目、对方科目、税金科目、运费科

目、结算科目、应付科目、非合理耗损科目、凭证摘要设置)、其他设置(最大最小单价/差异率)。

(2) 日常业务：进行日常存货核算业务数据的录入和处理；以单据为载体，进行成本核算；对入库单据进行入库成本核算，对出库单据进行出库成本的核算(对于销售业务的成本核算，用户可以通过系统选项选择是销售发票还是销售出库单进行出库成本核算)。

(3) 业务核算：包括正常单据记账、发出商品记账、直运销售记账、特殊单据记账、恢复记账、暂估成本录入、结算成本处理、产成品成本分配、平均单价计算、差异率计算、期末处理、月末结账、自动计算等。

(4) 财务核算：负责生成凭证、查询凭证列表、与总账对账、发出商品与总账对账等。

(5) 跌价准备：负责跌价准备设置、跌价准备期初、期初跌价准备列表、计提跌价准备、跌价准备列表、跌价准备制单、跌价准备余额表、跌价准备与总账对账的业务处理。

(6) 账表：用于账表、账簿、汇总表、分析表的查询。

二、存货核算业务流程

(1) 用户进入系统初始，进行初始设置。

(2) 录入期初数据，进行期初记账。

(3) 进行单据录入操作。

(4) 进行单据记账/期末处理，计算成本。

(5) 对已记账单据生成凭证，传递给总账。

(6) 对存货数据进行统计分析、账表查询。

12.2　暂估成本录入

暂估成本录入是指对于本期没有成本的采购入库单，进行暂估成本成批录入。系统提供计划成本、参考成本、上次入库成本、上次出库成本、结存成本供选择。

实训前请将操作系统时间调整为“2020-01-31”，登录“企业应用平台”。

(1) 单击“供应链｜存货核算｜业务核算｜暂估成本录入”，系统弹出“查询条件选择”窗口。设置条件：仓库“原材料仓”，如图 12-1 所示。

(2) 点击【确定】按钮，进入“暂估成本录入”页面。单击工具栏【成批录入】按钮，系统自动填入计划单价、金额，如图 12-2 所示。

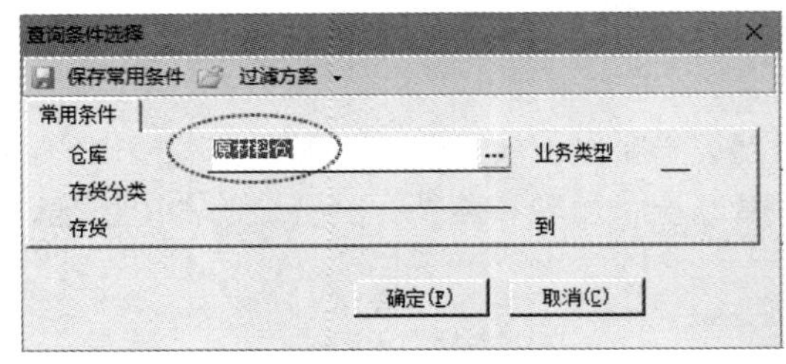

图 12-1　条件设置

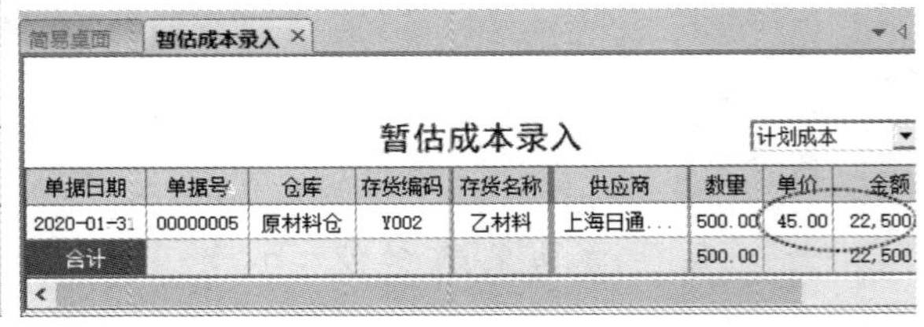

图 12-2　采购入库单暂估成本录入

(3) 单击工具栏【保存】按钮，弹出“保存成功”提示框，点击【确定】按钮。

(4) 关闭“暂估成本录入”页面。

12.3 正常单据记账

单据记账用于将用户所输入的单据登记存货明细账、差异明细账/差价明细账、受托代销商品明细账、受托代销商品差价账。

先进先出、后进先出、移动平均、个别计价这四种计价方式的存货在单据记账时进行出库成本核算；全月平均、计划价/售价法计价的存货在期末处理处进行出库成本核算。

★ **实训操作：**

将系统时间调整为“2020-01-31”。重新注册“企业应用平台”，操作员为本人。单击“业务工作”页签。对所有业务单据进行记账，包括：采购入库单、产成品入库单、其他入库单、销售出库单、材料出库单、其他出库单。

(1) 双击“供应链｜存货核算｜业务核算｜单据记账｜正常单据记账”，系统弹出“查询条件选择”窗口，不设任何条件。

(2) 点击【确定】按钮，进入“未记账单据一览表”页面。单击工具栏【全选】按钮，选中所有单据，再双击取消“产成品入库单”的选择，如图 12-3 所示。

简易桌面　未记账单据一览表

正常单据记账列表

记录总数：27

选择	日期	单据号	存货编码	存货名称	单据类型	仓库名称	收发类别	数量	单价	金额
Y	2020-01-06	0000000001	Y002	乙材料	采购入库单	原材料仓	外购入库	200.00	49.50	9,900.0
Y	2020-01-07	0000000001	Y001	甲材料	材料出库单	原材料仓	材料出库	8,000.00		
Y	2020-01-07	0000000002	Y001	甲材料	材料出库单	原材料仓	材料出库	1,500.00		
Y	2020-01-07	0000000003	Y001	甲材料	材料出库单	原材料仓	材料出库	500.00		
Y	2020-01-08	0000000001	Y003	丙材料	其他出库单	原材料仓	材料出库	500.00		
Y	2020-01-11	0000000001	C002	B产品	销售出库单	库存商品仓	销售出库	10.00		
Y	2020-01-13	0000000002	Y001	甲材料	采购入库单	原材料仓	外购入库	6,000.00	125.49	752,913.
Y	2020-01-13	0000000003	Y001	甲材料	采购入库单	原材料仓	外购入库	100.00	145.00	14,500.0
Y	2020-01-14	0000000001	Y001	甲材料	其他入库单	原材料仓	生产退料	100.00		
Y	2020-01-14	0000000002	C002	B产品	销售出库单	库存商品仓	销售出库	200.00		
Y	2020-01-14	0000000004	Y002	乙材料	材料出库单	原材料仓	材料出库	500.00		
Y	2020-01-14	0000000005	Y002	乙材料	材料出库单	原材料仓	材料出库	1,500.00		
Y	2020-01-14	0000000006	Y003	丙材料	材料出库单	原材料仓	材料出库	200.00		
Y	2020-01-14	0000000007	Y001	甲材料	材料出库单	原材料仓	材料出库	100.00		
Y	2020-01-14	0000000007	Y002	乙材料	材料出库单	原材料仓	材料出库	100.00		
Y	2020-01-14	0000000007	Y003	丙材料	材料出库单	原材料仓	材料出库	50.00		
Y	2020-01-14	0000000008	Z003	扳手	材料出库单	周转材料仓	材料出库	5.00		
Y	2020-01-15	00000004	Y003	丙材料	采购入库单	原材料仓	外购入库	1,000.00	81.00	81,000.0
Y	2020-01-16	0000000009	Y002	乙材料	材料出库单	原材料仓	材料出库	200.00		
Y	2020-01-16	0000000010	Y002	乙材料	材料出库单	原材料仓	材料出库	100.00		
Y	2020-01-18	0000000003	C001	A产品	销售出库单	库存商品仓	销售出库	1,000.00		
Y	2020-01-19	0000000011	Z002	纸盒	材料出库单	周转材料仓	材料出库	1,500.00		
	2020-01-20	0000000001	C001	A产品	产成品入库单	库存商品仓	自制入库	745.00		
Y	2020-01-21	0000000004	C002	B产品	销售出库单	库存商品仓	销售出库	-50.00		
Y	2020-01-25	0000000005	C002	B产品	销售出库单	库存商品仓	销售出库	100.00		
Y	2020-01-28	0000000006	Y001	甲材料	销售出库单	原材料仓	销售出库	500.00		
Y	2020-01-31	00000005	Y002	乙材料	采购入库单	原材料仓	外购入库	500.00	45.00	22,500.0
小计								25,160.00		880,813.

图 12-3 未记账单据一览表

(3) 单击工具栏【记账】按钮，系统弹出“记账成功”提示框，点击【确定】按钮，系统自动对选中单据进行记账操作，已记账单据不再显示于“正常单据记账列表”中。

(4) 关闭“未记账单据一览表”页面。

12.4 生成凭证

生成凭证用于对本会计月已记账单据生成凭证，并可对已生成的所有凭证进行查询显示；所生成的凭证可在账务系统中显示及生成科目总账。

一、“采购入库单”制单

(1) 单击“供应链｜存货核算｜财务核算｜生成凭证”，进入“生成凭证”页面。

(2) 单击工具栏【选择】按钮，弹出“查询条件”窗口，先点击【全消】按钮，再勾选“(01)采购入库单(暂估记账)”“(01)采购入库单(报销记账)”选项，如图 12-4 所示。

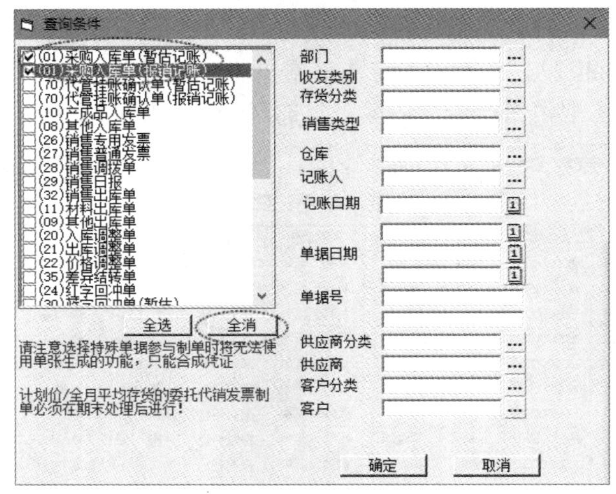

图 12-4 查询条件

(3) 点击【确定】按钮，返回“生成凭证”页面，弹出“选择单据”窗口，单击工具栏【全选】按钮，“选择”列出现“1”，勾选“已结算采购入库单……”选项，如图 12-5 所示。

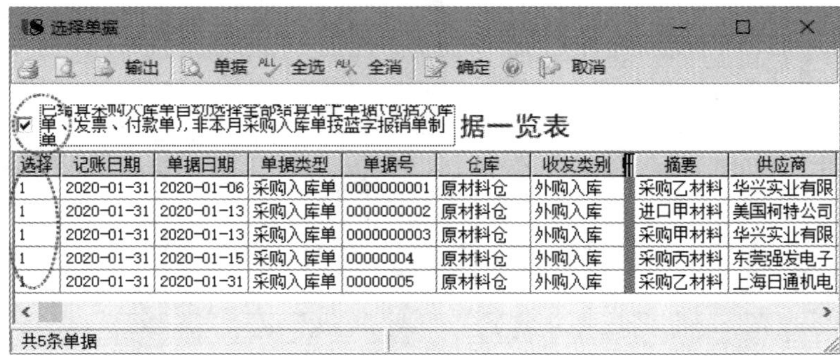

图 12-5 选择单据

(4) 单击工具栏【确定】按钮，返回“生成凭证”页面，修改凭证类别为“转　转账凭证”，如图 12-6 所示。

简易桌面　生成凭证 ×

凭证类别　转 转账凭证

选择	单据类型	单据号	科目类型	科目编码	科目名称	借方金额	贷方金额	借方数量	存货名
1	采购入库单	0000000001	差异	1404	材料成本差异	900.00			乙材料
			存货	1403	原材料	9,000.00		200.00	乙材料
			对方	1401	材料采购		9,900.00		乙材料
		0000000002	差异	1404	材料成本差异	32,913.00			甲材料
			存货	1403	原材料	720,000.00		6,000.00	甲材料
			对方	1401	材料采购		752,913.00		甲材料
		0000000003	差异	1404	材料成本差异	2,500.00			甲材料
			存货	1403	原材料	12,000.00		100.00	甲材料
			对方	1401	材料采购		14,500.00		甲材料
		00000004	差异	1404	材料成本差异	1,000.00			丙材料
			存货	1403	原材料	80,000.00		1,000.00	丙材料
			对方	1401	材料采购		81,000.00		丙材料
		00000005	存货	1403	原材料	22,500.00		500.00	乙材料
			应付暂估	220203	暂估入库		22,500.00		乙材料
合计						880,813.00	880,813.00		

图 12-6　生成凭证

(5) 单击工具栏【合成】按钮，生成转账凭证，修改摘要为“采购入库单”，如表 12-1 所示。

表 12-1　采购入库单核算凭证

转　字 0021

摘要	科目名称	借方金额	贷方金额
采购入库单	原材料	843,500	
采购入库单	材料成本差异	37,313	
采购入库单	材料采购		858,313
采购入库单	应付账款/暂估入库		22,500
合计		880,813	880,813

(6) 单击工具栏【保存】按钮，关闭“填制凭证”页面。

二、“其他入库单”制单

(1) 继续在“生成凭证”页面，单击工具栏【选择】按钮，弹出“查询条件”窗口，点击【全消】按钮，选中“(08)其他入库单”选项。

(2) 点击【确定】按钮，返回“生成凭证”页面，弹出“选择单据”窗口，单击工具栏【全选】按钮，如图 12-7 所示。

(3) 单击工具栏【确定】按钮，返回“生成凭证”页面，生成转账凭证，如图 12-8 所示。

(4) 单击工具栏【生成】按钮，生成转账凭证，如表 12-2 所示。

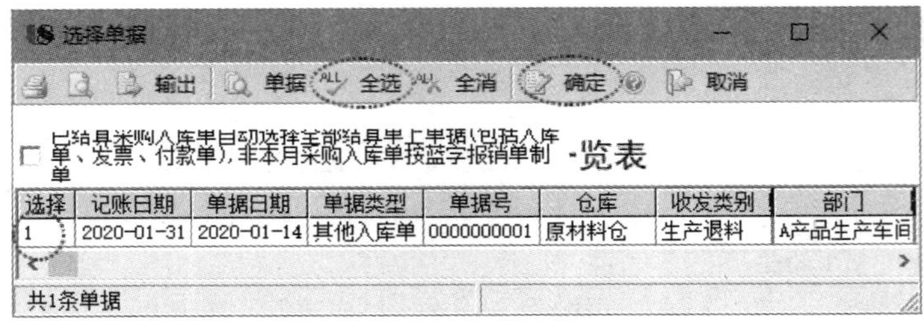

图 12-7　选择单据

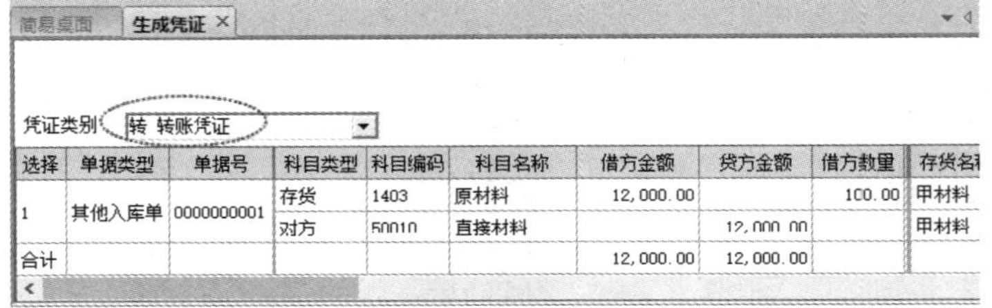

图 12-8　凭证设置

表 12-2　其他入库单核算凭证

转　字 0022

摘要	科目名称	借方金额	贷方金额
其他入库单	原材料	12,000	
其他入库单	生产成本/基本生产成本/A 产品/直接材料		12,000

(5) 单击工具栏【保存】按钮，关闭“填制凭证”页面。

三、“材料出库单”制单

(1) 继续在“生成凭证”页面，单击工具栏【选择】按钮，弹出“查询条件”窗口，点击【全消】按钮，选中“(11)材料出库单”选项。

(2) 点击【确定】按钮，返回“生成凭证”页面，弹出“选择单据”窗口，单击工具栏【全选】按钮，“选择”列出现“1”，如图 12-9 所示。

图 12-9　选择单据

(3) 单击工具栏【确定】按钮，返回“生成凭证”页面，生成转账凭证，如图 12-10 所示。

简易桌面　生成凭证

凭证类别 转 转账凭证

选择	单据类型	单据号	科目类型	科目编码	科目名称	借方金额	贷...	借方数量	存货名称
1	材料出库单	0000000001	对方	5001010101	直接材料	960,000.00		8,000.00	甲材料
			存货	1403	原材料		9...		甲材料
		0000000002	对方	5001010201	直接材料	180,000.00		1,500.00	甲材料
			存货	1403	原材料		1...		甲材料
		0000000003	对方	510101	物料消耗	60,000.00		500.00	甲材料
			存货	1403	原材料		6...		甲材料
		0000000004	对方	5001010101	直接材料	22,500.00		500.00	乙材料
			存货	1403	原材料		2...		乙材料
		0000000005	对方	5001010201	直接材料	67,500.00		1,500.00	乙材料
			存货	1403	原材料		6...		乙材料
		0000000006	对方	510101	物料消耗	16,000.00		200.00	丙材料
			存货	1403	原材料		1...		丙材料
		0000000007	对方	50010201	物料消耗	12,000.00		100.00	甲材料
			存货	1403	原材料		1...		甲材料
			对方	50010201	物料消耗	4,500.00		100.00	乙材料
			存货	1403	原材料		4...		乙材料
			对方	50010201	物料消耗	4,000.00		50.00	丙材料
			存货	1403	原材料		4...		丙材料
		0000000008	对方	660210	办公费	150.00		5.00	扳手
			存货	1411	周转材料		1...		扳手
		0000000009	对方	5001010101	直接材料	9,000.00		200.00	乙材料
			存货	1403	原材料		9...		乙材料
		0000000010	对方	5001010201	直接材料	4,500.00		100.00	乙材料
			存货	1403	原材料		4...		乙材料
		0000000011	对方	5001010101	直接材料	30,000.00		1,000.00	纸盒
			存货	1411	周转材料		3...		纸盒
			对方	5001010101	直接材料	11,250.00		500.00	纸盒
			存货	1411	周转材料		1...		纸盒
合计						1,381,400.00	1...		

图 12-10　凭证设置

(4) 单击工具栏【合成】按钮，生成转账凭证，如表 12-3 所示。

表 12-3　材料出库单核算凭证

转　字 0023

摘要	科目名称	借方金额	贷方金额
材料出库单	生产成本/基本生产成本/A 产品/直接材料	1,032,750	
材料出库单	生产成本/基本生产成本/B 产品/直接材料	252,000	
材料出库单	生产成本/辅助生产成本/物料消耗	20,500	
材料出库单	制造费用/物料消耗	76,000	
材料出库单	管理费用/办公费	150	
材料出库单	原材料		1,340,000
材料出库单	周转材料		41,400
	合　计	1,381,400	1,381,400

(5) 单击工具栏【保存】按钮，关闭“填制凭证”页面。

四、原材料“销售出库单”制单

(1) 继续在“生成凭证”页面，单击工具栏【选择】按钮，弹出“查询条件”窗口，点击【全消】按钮，选中“(32)销售出库单”选项，参照输入：存货分类“原材料”，如图 12-11 所示。

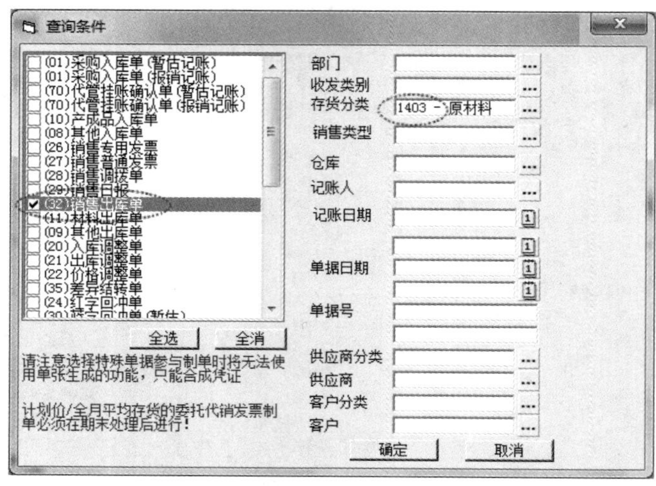

图 12-11　单据查询条件设置

(2) 点击【确定】按钮，返回“生成凭证”页面。弹出“选择单据”窗口，单击工具栏【全选】按钮，如图 12-12 所示。

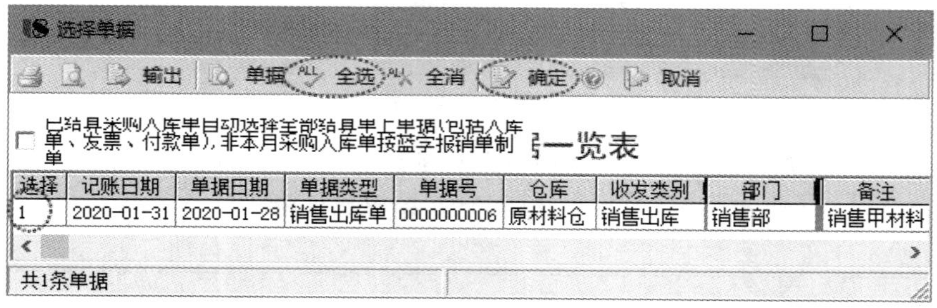

图 12-12　选择单据

(3) 单击工具栏【确定】按钮，返回“生成凭证”页面，如图 12-13 所示。

简易桌面　生成凭证

凭证类别　转 转账凭证

选择	单据类型	单据号	科目类型	科目编码	科目名称	借方金额	贷方金额	借方数量	存货名称	客户名称
1	销售出库单	0000000005	对方	6402	其他业务成本	60,000.00		500.00	甲材料	鸿基发展
			存货	1403	原材料		60,000.00		甲材料	鸿基发展
合计						60,000.00	60,000.00			

图 12-13　凭证设置

(4) 单击工具栏【生成】按钮，生成转账凭证，如表 12-4 所示。

表 12-4　销售出库单核算凭证

转　字 0024

摘要	科目名称	借方金额	贷方金额
销售甲材料	其他业务成本	60,000	
销售甲材料	原材料		60,000

(5) 单击工具栏【保存】按钮，关闭“填制凭证”页面。

五、“其他出库单”制单

(1) 继续在“生成凭证”页面，单击工具栏【选择】按钮，弹出“查询条件”窗口，点击【全消】按钮，选中“(09)其他出库单”选项。

(2) 点击【确定】按钮，返回“生成凭证”页面，弹出“选择单据”窗口，单击工具栏【全选】按钮，如图 12-14 所示。

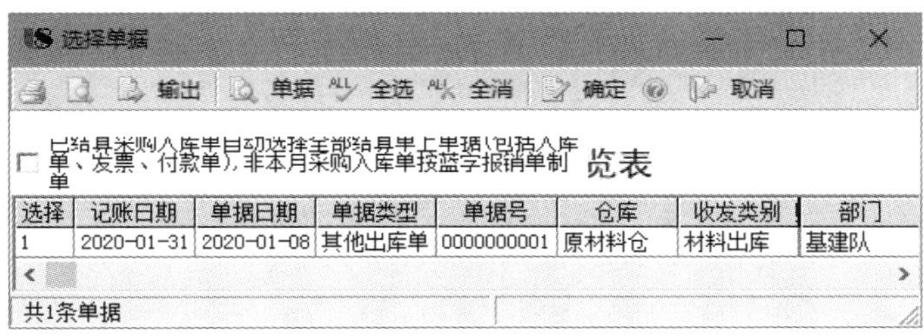

选择	记账日期	单据日期	单据类型	单据号	仓库	收发类别	部门
1	2020-01-31	2020-01-08	其他出库单	0000000001	原材料仓	材料出库	基建队

图 12-14　选择单据

(3) 单击工具栏【确定】按钮，返回“生成凭证”页面，如图 12-15 所示。

简易桌面　生成凭证

凭证类别　转 转账凭证

选择	单据类型	单据号	科目类型	科目编码	科目名称	借方金额	贷方金额	借方数量	存货名称
1	其他出库单	0000000001	对方	160401	生产厂房	40,000.00		500.00	丙材料
			存货	1403	原材料		40,000.00		丙材料
合计						40,000.00	40,000.00		

图 12-15　凭证设置

(4) 单击工具栏【生成】按钮，生成转账凭证，如表 12-5 所示。

表 12-5　其他出库单核算凭证

转　字 0025

摘要	科目名称	借方金额	贷方金额
其他出库单	在建工程/生产厂房	40,000	
其他出库单	原材料		40,000

(5) 单击工具栏【保存】按钮，关闭“填制凭证”“生成凭证”页面。

12.5　更多功能导航

1. 删除核算凭证

功能导航："供应链｜存货核算｜财务核算｜凭证列表"。

2. 恢复记账

功能导航："供应链｜存货核算｜业务核算｜恢复记账"。

第四部分　期　末　处　理

会计期末(如月末、季末和年末等)业务处理的主要内容包括费用的分摊计提、成本计算、损益结转、期末转账、各子系统的结账以及报表报税等。

第13章　期 末 处 理

期末处理是在日常处理的基础上，对会计资料进行进一步加工处理，以提供必要会计信息的工作。

期末处理的基本流程为：首先对本期的收入和费用进行结转分配，然后根据会计制度的规定和成本核算的要求计算成本，再结算当期损益、确认本期财务成果并进行利润分配，最后进行对账，在对账无误的基础上进行结账，从而结束这一会计期间的工作，进入下一会计期间，实现会计资料上下期间的衔接。

当启用了多个子系统后，有些操作必须在特定的子系统中完成，每一项期末处理工作都可能会涉及不同的子系统，形成复杂的系统间操作流程和数据流转关系，和手工核算相比显得更为复杂。具体而言，期末处理的工作步骤和工作内容如下：

(1) 固定资产系统本期折旧费用计提。

(2) 薪资管理系统工资分摊。

(3) 在总账系统中对其他相关收入和费用结转分配。

(4) 总账及应收、应付款管理系统期末汇率调整。

(5) 存货核算系统货到单未到的存货暂估入库，结转入库材料成本和发出材料成本。

(6) 计算本期完工产品成本。

(7) 存货核算系统本期入库产品成本和本期出库产品成本结转。

(8) 总账系统相关税金结转、期末损益结转、所得税费用计提、利润分配。

(9) 各系统对账。

(10) 按一定顺序对各系统进行结账。

在进行各项期末业务处理时，应注意两点：一是各项期末业务存在一定的逻辑顺序，有些是由于会计核算的要求决定的，如收入和费用的结转分配必须在成本计算之前，否则会影响成本计算的正确性；有些是由于软件设计所决定的，如库存管理系统必须在存货核算系统之前结账，为了保证会计信息的正确性和财务软件的顺畅运行，用户必须注意期末处理各项操作的顺序。二是期末处理是根据会计核算的要求和软件设计的要求，在会计期末对已录入会计系统的各项资料进行的再加工，不像日常核算有相应的实际经济业务和原始凭证，更容易出现遗漏，处理时要充分了解会计核算的具体要求和财务软件的运用方法，分类处理，保证完整。

下面以创新实业有限公司为例，在其日常各项业务处理完毕的基础上，进行期末业务处理。其中对固定资产折旧计提和工资分摊的处理方法已分别在固定资产及薪资管理系统中讲解，此处不再赘述。

由于期末处理是对日常业务所形成的数据进行进一步的加工，常有些会计分录中的数据取自某会计账户的发生额或余额，为了便于对这类分录的处理，在总账系统中提供了自动转账功能，即让用户定义好这类会计分录的借贷方科目名称以及数据来源，由系统根据用户的定义自动查找计算应记入各账户的数据，并生成相应的记账凭证。在进行具体的期末业务处理之前，先介绍一下自动转账功能的使用方法。

13.1 自动转账功能介绍

转账定义：指预先设置好记账凭证的摘要、会计科目、借贷方向、数据来源等。

转账生成：根据转账定义自动生成相应记账凭证。

自动转账大多是在各个会计期末进行，其数据来源大多是机内账簿，是按照已记账凭证的数据进行计算的，所以在进行自动转账工作之前，必须先将所有未记账凭证记账，否则，生成的转账凭证数据可能有误。同时，有些自动转账业务必须依据另一些期末转账业务产生的数据，这就要求期末自动转账需要根据业务的特点，分批按步骤来进行处理。

13.1.1 转账定义

1. 自定义转账

设置各类转账凭证的摘要、会计科目、借贷方向以及金额的取数来源及计算公式，包括“费用分配”“费用分摊”“税金计算”“计提各项费用”的结转凭证设置。

2. 对应结转

当两个或多个上级科目的下级科目及辅助项有一一对应关系时，可进行将其余额按一定比例系数进行对应结转，可一对一结转，也可一对多结转。本功能只结转期末余额。

3. 销售成本结转

销售成本结转，是将月末商品(或产成品)销售数量乘以库存商品(或产成品)的平均单价计算各类商品销售成本并进行结转。如果启用了存货核算系统，对销售成本的结转在销售管理系统中完成。

4. 售价(计划价)销售成本结转

本功能提供按售价(计划价)结转销售成本或调整月末成本。如果启用了存货核算系统，对销售成本的结转在销售管理系统中完成。

5. 汇兑损益

本功能用于期末自动计算外币账户的汇兑损益，并在转账生成中自动生成汇兑损益转账凭证。汇兑损益处理以下外币账户：外汇存款户；外币现金；外币结算的各项债权、债务，不包括所有者权益类账户、成本类账户和损益类账户。

6. 期间损益

本功能用于在一个会计期间终了将损益类科目的余额结转到本年利润科目中，从而及时反映企业利润的盈亏情况。其主要是对于管理费用、销售费用、财务费用、销售收入、营业外收支等科目向本年利润的结转。

7. 自定义比例结转

当两个或多个科目及辅助项有一一对应关系时，可进行将其余额按一定比例系数进行对应结转，可一对一结转，也可多对多结转和多对一结转。本功能可在转账生成时显示生成的转账明细数据表，用户根据明细表可定义结转的金额和比率。本功能只结转期末余额。

8. 费用摊销和预提

本功能可实现分期等额摊销待摊费用和计提预提费用。费用摊销可针对已经计入待摊费用的数据进行分期摊销，按一定的结转比例或金额转入费用类科目。费用预提可按一定的结转比例或金额计提预提费用，可一对一结转，也可一对多结转。

13.1.2 转账生成

在定义完转账凭证后，每月月末只需执行本功能即可快速生成转账凭证，在此生成的转账凭证将自动追加到未记账凭证中。

13.2 收入、费用结转分配

13.2.1 “收”“付”类别凭证出纳签字

期末处理进行之前，将所有收款、付款业务凭证进行出纳签字。

★ 实训操作：

(1) 单击工具栏【重注册】按钮，登录“企业应用平台”，操作员为“WP”、操作时间为“2020-01-31”。

(2) 双击“财务会计｜总账｜凭证｜出纳签字”，系统弹出“出纳签字”条件设置对话框。

(3) 点击【确定】按钮，进入“出纳签字列表”页面，如图 13-1 所示。

简易桌面　出纳签字列表

凭证共 31张　已签字 0张　未签字 31张　凭证号排序

制单日期	凭证编号	摘要	借方金额合计	贷方金额合计	制单人	签字人	系统名
2020-01-20	收 - 0001	股票转让收入	250,000.00	250,000.00	MANAGER		
2020-01-31	收 - 0002	收到青港实业货款	585,000.00	585,000.00	MANAGER		应收系统
2020-01-31	收 - 0003	收到货款	651,700.00	651,700.00	MANAGER		应收系统
2020-01-31	收 - 0004	票据结算	234,000.00	234,000.00	MANAGER		应收系统
2020-01-31	收 - 0005	收到鸿基发展货款	70,200.00	70,200.00	MANAGER		应收系统
2020-01-31	收 - 0006	预收青港实业货款	2,260,000.00	2,260,000.00	MANAGER		应收系统
2020-01-31	收 - 0007	销售B产品	28,250.00	28,250.00	MANAGER		应收系统
2020-01-06	付 - 0003	企管部购买办公用品	500.00	500.00	MANAGER		
2020-01-19	付 - 0004	支付上月工资	58,912.00	58,912.00	MANAGER		
2020-01-21	付 - 0005	支付工程施工费用	42,500.00	42,500.00	MANAGER		
2020-01-21	付 - 0006	提现	5,000.00	5,000.00	MANAGER		

图 13-1　出纳签字列表

(4) 双击第 1 张凭证，进入“出纳签字”页面。单击菜单栏【批处理】按钮右侧的下拉按钮▾，选择“成批出纳签字”菜单项。系统将列表中所有凭证签字后，弹出已签字“凭证”签字信息提示框，如图 13-2 所示。

图 13-2 凭证出纳签字信息

(5) 点击【确定】按钮，返回出纳签字“凭证”页面。

(6) 关闭“出纳签字”“出纳签字列表”页面。

13.2.2 凭证审核与记账

★ 实训操作：

1. 凭证审核

(1) 单击工具栏【重注册】按钮，更换操作员为“LZG”，重新登录“企业应用平台”。

(2) 双击“财务会计｜总账｜凭证｜审核凭证”，系统弹出“凭证审核”条件设置对话框，点击【确定】按钮，进入“凭证审核列表”页面，如图 13-3 所示。

简易桌面 凭证审核列表

凭证共 56张 已审核 0 张 未审核 56 张 凭证号排序

制单日期	凭证编号	摘要	借方金额合计	贷方金额合计	制单人	审核人	系统名
2020-01-20	收 - 0001	股票转让收入	250,000.00	250,000.00	MANAGER		
2020-01-31	收 - 0002	收到青港实业货款	585,000.00	585,000.00	MANAGER		应收系统
2020-01-31	收 - 0003	收到货款	651,700.00	651,700.00	MANAGER		应收系统
2020-01-31	收 - 0004	票据结算	234,000.00	234,000.00	MANAGER		应收系统
2020-01-31	收 - 0005	收到鸿基发展货款	70,200.00	70,200.00	MANAGER		应收系统
2020-01-31	收 - 0006	预收青港实业货款	2,260,000.00	2,260,000.00	MANAGER		应收系统
2020-01-31	收 - 0007	销售B产品	28,250.00	28,250.00	MANAGER		应收系统
2020-01-06	付 - 0003	企管部购买办公用品	500.00	500.00	MANAGER		
2020-01-19	付 - 0004	支付上月工资	58,912.00	58,912.00	MANAGER		
2020-01-21	付 - 0005	支付工程施工费用	42,500.00	42,500.00	MANAGER		
2020-01-21	付 - 0006	提现	5,000.00	5,000.00	MANAGER		

图 13-3 凭证审核列表

(3) 双击第 1 张凭证，进入“凭证审核”页面。单击菜单栏【批处理】按钮右侧的下拉按钮▾，选择“成批审核凭证”菜单项。系统将列表中所有凭证签字后，弹出已签字“凭证”审核信息提示框，如图 13-4 所示。

(4) 点击【确定】按钮，弹出“凭证”窗口，显示“是否重新刷新凭证列表数据？”，点击【是】，返回“凭证审核”页面。

(5) 关闭 “凭证审核”“凭证审核列表”页面。

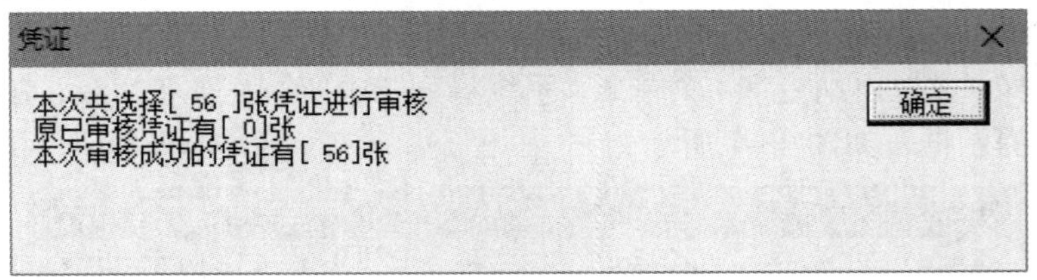

图 13-4　凭证审核信息

2. 凭证记账

(1) 双击“财务会计｜总账｜凭证｜记账”，系统弹出“记账”窗口。

(2) 点击【全选】按钮，如图 13-5 所示。

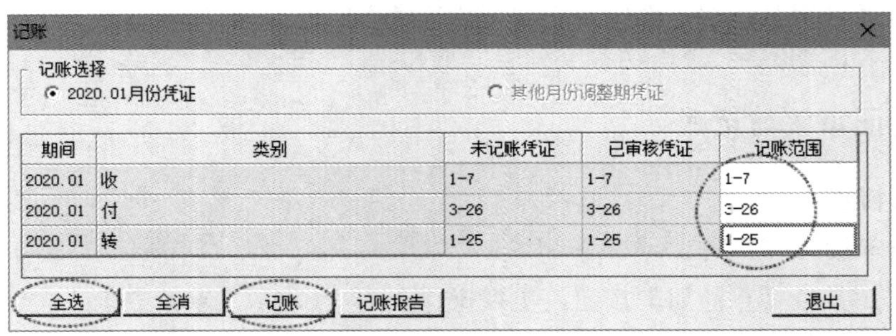

图 13-5　记账范围录入

(3) 点击【记账】按钮，打开“期初试算平衡表”窗口。点击【确定】按钮，返回“记账”窗口。系统弹出“记账完毕！”信息提示框，如图 13-6 所示。

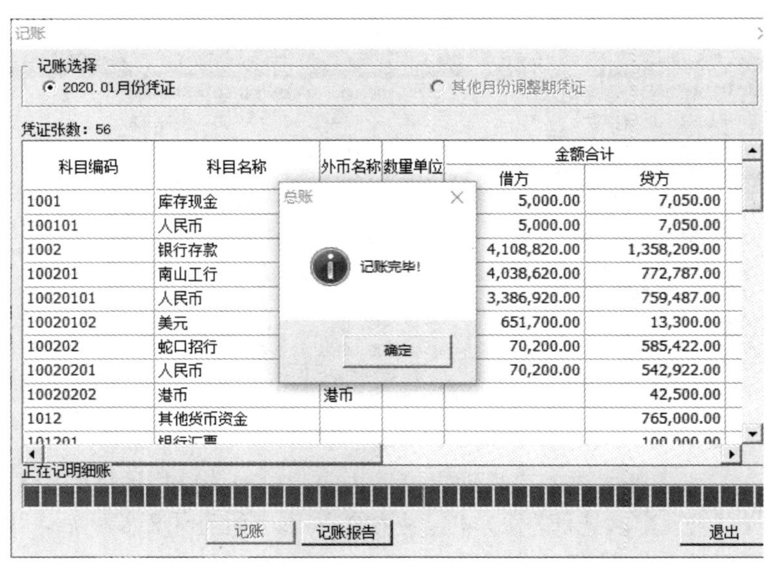

图 13-6　记账完毕

(4) 点击【确定】按钮。

(5) 点击【退出】按钮，完成记账操作。

13.2.3　收入、费用结转分配——转账凭证定义

月末，会计人员要根据权责发生制原则，通过摊销和计提等方式，将本月已实现但尚未入账的收入和本月应负担但尚未入账的费用登记入账，正确反映当期的经营成果。

一、无形资产(土地使用权)摊销

◈ **实训资料：**

无形资产摊销是指无形资产自取得当月起在预计使用年限内分期平均摊销，计入损益。其账务如表 13-1 所示。

表 13-1　自定义转账分录——无形资产摊销

转账序号：0001　　　　转账说明：无形资产摊销　　　　凭证类别：转

会计科目	方向	金额公式	公式说明
660216 管理费用/无形资产摊销	借	QM(170101，月，借)/480	无形资产账户期末余额/(12 月*40 年)
170201 累计摊销/土地使用权摊销	贷	QM(170101，月，借)/480	无形资产账户期末余额/(12 月*40 年)

★ **实训操作：**

(1) 单击工具栏【重注册】按钮，更换操作员为学员编号，重新进入“企业应用平台”。

(2) 双击“财务会计｜总账｜期末｜转账定义｜自定义转账”，系统弹出“自定义转账设置”窗口。

(3) 单击工具栏【增加】按钮，系统弹出“转账目录”设置窗口，录入：转账序号(0001)、转账说明(无形资产摊销)、凭证类别(转　转账凭证)，如图 13-7 所示。

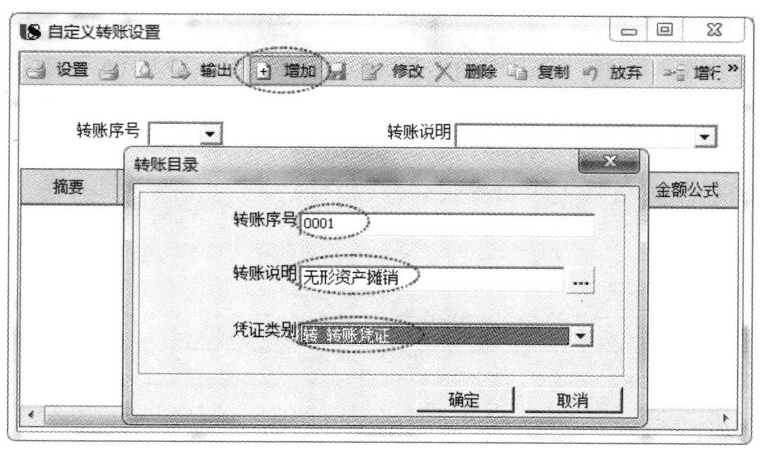

图 13-7　转账目录设置

(4) 点击【确定】按钮，返回“自定义转账设置”窗口。

(5) 单击工具栏【增行】按钮；录入：科目编码(660216 管理费用/无形资产摊销)、方

向(借)，如图 13-8 所示。

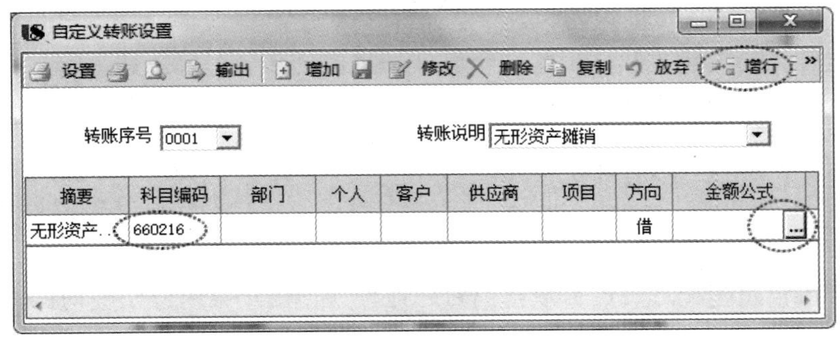

图 13-8　转账分录设置

(6) 双击“金额公式”栏，单击“...”按钮，系统弹出“公式向导”窗口。

(7) 单击公式名称“期末余额”，如图 13-9 所示。

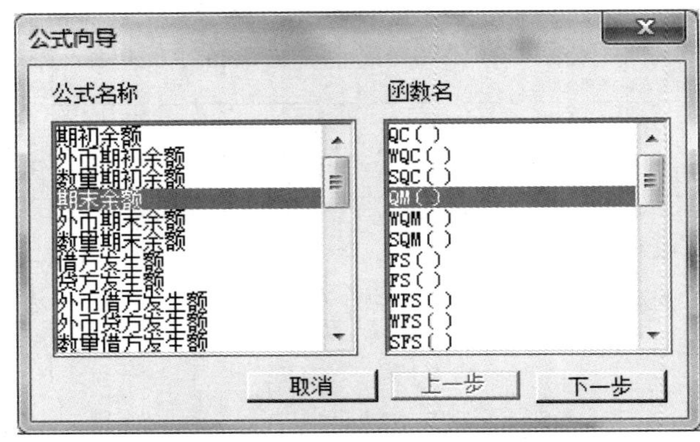

图 13-9　公式向导一

(8) 点击【下一步】按钮，继续公式设置。参照输入：科目(170101)、方向(借)。单击勾选“继续输入公式”选项，单击选择运算符(除)，如图 13-10 所示。

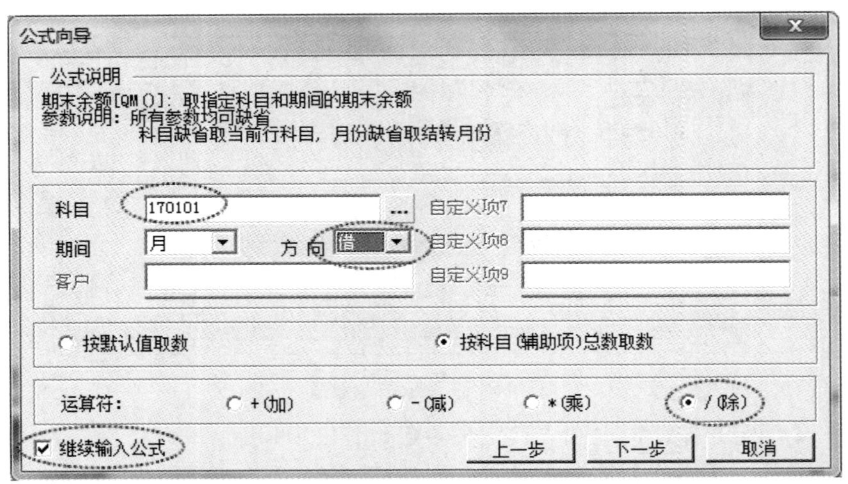

图 13-10　公式向导二

(9) 点击【下一步】按钮，继续公式设置。单击公式名称(常数)，如图 13-11 所示。

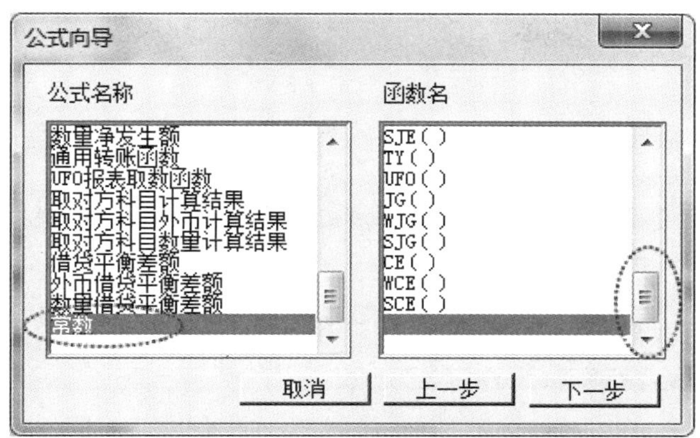

图 13-11 公式向导三

(10) 点击【下一步】按钮。录入：常数(480)，如图 13-12 所示。

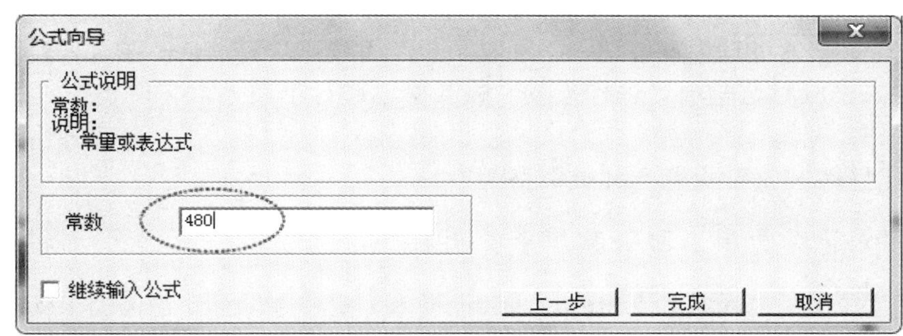

图 13-12 公式向导四

(11) 点击【完成】按钮，返回“自定义转账设置”窗口，如图 13-13 所示。

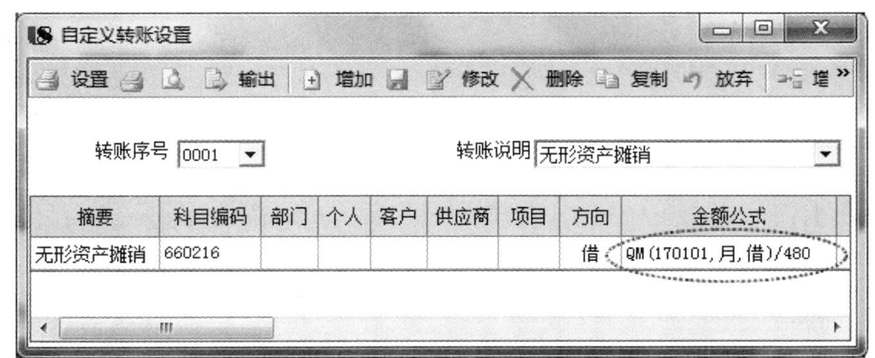

图 13-13 自定义转账凭证借方设置

(12) 点击刚才新增的行后，单击工具栏【复制行】按钮，再单击工具栏【粘贴行】按钮，可以复制上一行，修改新增行的贷方分录：科目编码(170201)、方向(贷)，如图 13-14 所示。

(13) 单击工具栏【保存】按钮(暂不退出)。

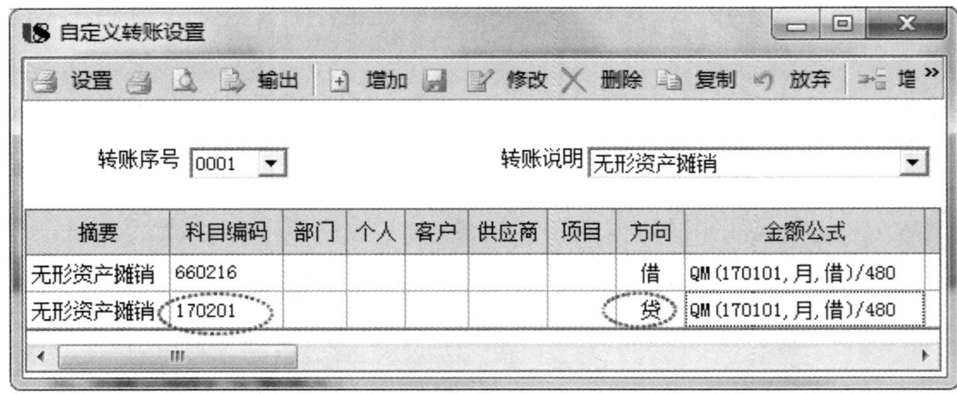

图 13-14　自定义转账凭证设置——无形资产摊销

二、结转已实现的预收款项

企业有时在提供商品或劳务之前，已预收了部分或全部账款，收到这些账款时由于收入尚未实现，在日常处理中一般记入“预收账款”等账户，表示企业在未来提供商品或劳务责任。期末，应对这些项目进行检查，将其中已履行了义务，实现了的收入转作当期收入。

经检查创新实业有限公司无此类调整业务。

三、计提管理费用、财务费用等费用

企业有些费用是先受益后支出的，在会计期末，要将本期已受益但尚未支出的部分，如借款利息、薪资等，采用预提等方式记入当期成本费用。

★ 实训操作：

参照上面介绍的操作方法，将表 13-2、表 13-3、表 13-4、表 13-5、表 13-6 所示 5 笔资料，增加到自定义转账凭证中。

功能导航：“财务会计 | 总账 | 期末 | 转账定义 | 自定义转账”。

表 13-2　计提本期应交的城市建设维护税和教育费附加

转账序号：0002　　　转账说明：计提城建税和教育费附加　　　凭证类别：转

会计科目	方向	金 额 公 式
6403 营业税金及附加	借	(QM(22210104, 月, 贷) – QM(22210101, 月, 借) + QM(222102, 月, 贷) + QM(222103, 月, 贷)) * 0.10
222107 应交税费/应交城市建设税	贷	(QM(22210104, 月, 贷) – QM(22210101, 月, 借) + QM(222102,月,贷) + QM(222103,月,贷)) * 0.07
222112 应交税费/应交教育费附加	贷	(QM(22210104, 月, 贷) – QM(22210101, 月, 借) + QM(222102, 月, 贷) + QM(222103, 月, 贷)) * 0.03

公式说明：(应交增值税/销项税额贷方余额 – 应交增值税/进项税额借方余额 + 应交营业税贷方余额 + 应交消费税贷方余额) × 适用税率

表 13-3　计提本月企业应交五险一金

转账序号：0003　　转账说明：计提本月企业应交五险一金　　凭证类别：转

会计科目	方向	金额公式	公式说明
66020402 管理费用/社会保险/企业	借	FS(221101,月,贷)*0.298	按工资总额养老保险 20%、失业保险 2%、医疗保险 6%、工伤保险 1%、生育保险 0.8%计提
66020502 管理费用/住房公积金/企业	借	FS(221101,月,贷)*0.12	按工资总额 12%计提
22410402 其他应付款/社会保险/企业	贷	FS(221101,月,贷)*0.298	
22410502 其他应付款/住房公积金/企业	贷	FS(221101,月,贷)*0.12	

表 13-4　计提企业应交工会经费

转账序号：0004　　转账说明：计提企业应交工会经费　　凭证类别：转

会计科目	方向	金额公式	公式说明
660203 管理费用/工会经费	借	FS(221101,月,贷)*0.02	按应发工资总额 2%计提
224102 其他应付款/工会经费	贷	JG()	取对方科目计算结果

表 13-5　计提短期借款利息(年利率 6%)

转账序号：0005　　转账说明：计提短期借款利息　　凭证类别：转

会计科目	方向	金额公式	公式说明
660301 财务费用/利息支出	借	QM(2001，月，贷)*0.06/12	短期借款账户期末余额*6%/12
2231 应付利息	贷	JG()	取对方科目计算结果

表 13-6　计提长期借款利息(年利率 9%)

转账序号：0006　　转账说明：计提长期借款利息　　凭证类别：转

会计科目	方向	金额公式	公式说明
660301 财务费用/利息支出	借	QM(2501，月，贷)*0.09/12	长期借款账户期末余额*9%/12
2231 应付利息	贷	JG()	取对方科目计算结果

四、计提已取得但尚未记账的收入

企业有些本期已取得但尚未记账的收入，如分期收款销售到了约定的收款期但尚未收到账款，应收带息票据和长期债权投资已实现的利息收入等，在期末，对这些已取得的收入应予以计提并登记入账，以正确反映企业当期取得的收入。

经查创新实业无此类调整业务。

13.2.4　收入、费用结转分配——转账凭证生成

定义完转账凭证后，每月月末只需执行本功能即可快速生成转账凭证，在此生成的转账凭证将自动追加到未记账凭证中去了。

★ 实训操作：

(1) 双击“财务会计｜总账｜期末｜转账生成”，系统弹出“转账生成”窗口，点击【全选】按钮，如图 13-15 所示。

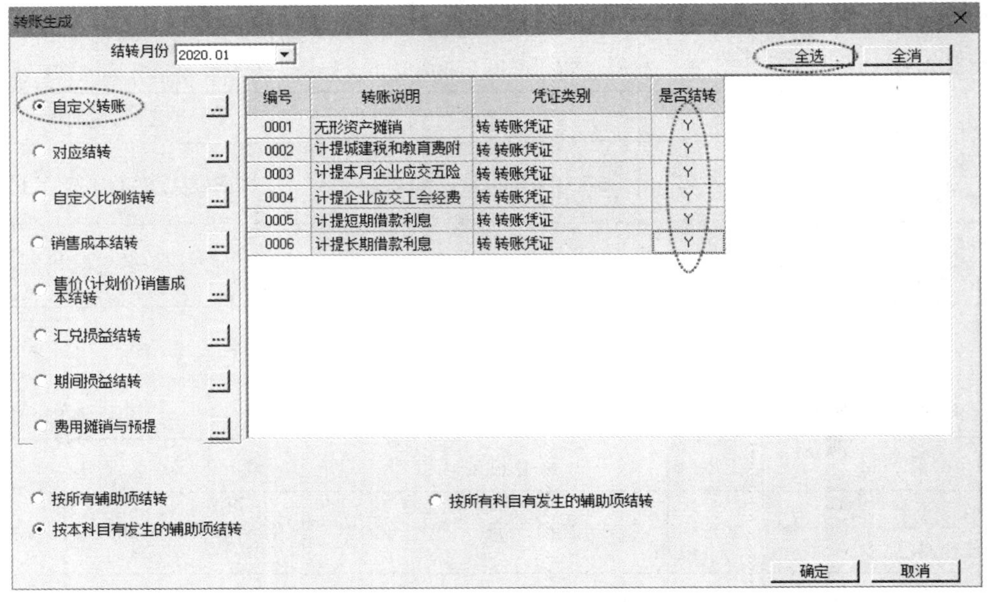

图 13-15　转账生成

(2) 点击【确定】按钮，系统弹出“转账凭证”窗口，显示第 1 张凭证，如表 13-7 所示。单击工具栏【保存】按钮。

表 13-7　无形资产摊销凭证

转　字 0026

摘要	科目名称	借方金额	贷方金额
无形资产摊销	管理费用/无形资产摊销	8,333.33	
无形资产摊销	累计摊销/土地使用权摊销		8,333.33

(3) 单击工具栏 ▶ (下张)按钮，窗口显示第2张凭证，如表13-8所示。单击工具栏【保存】按钮。

表13-8 计提城建税和教育费附加凭证

转 字 0027

摘要	科目名称	借方金额	贷方金额
计提城建税和教育费附加	营业税金及附加	15,613.90	
计提城建税和教育费附加	应交税费/应交城市建设税		10,929.73
计提城建税和教育费附加	应交税费/应交教育费附加		4,684.17

(4) 单击工具栏【保存】按钮，窗口显示第3张凭证，如表13-9所示。单击工具栏【保存】按钮。

表13-9 计提本月企业应交"五险一金"凭证

转 字 0028

摘要	科目名称	借方金额	贷方金额
计提本月企业应交五险一金	管理费用/社会保险/企业	38,167.84	
计提本月企业应交五险一金	管理费用/住房公积金/企业	15,369.60	
计提本月企业应交五险一金	其他应付款/社会保险/企业		38,167.84
计提本月企业应交五险一金	其他应付款/住房公积金/企业		15,369.60

(5) 单击工具栏 ▶ 按钮，窗口显示第4张凭证，如表13-10所示。单击工具栏【保存】按钮。

表13-10 计提企业应交工会经费凭证

转 字 0029

摘要	科目名称	借方金额	贷方金额
计提企业应交工会经费	管理费用/工会经费	2,561.60	
计提企业应交工会经费	其他应付款/工会经费		2,561.60

(6) 单击工具栏 ▶ 按钮，窗口显示第5张凭证，如表13-11所示。单击工具栏【保存】按钮。

表13-11 计提短期借款利息凭证

转 字 0030

摘要	科目名称	借方金额	贷方金额
计提短期借款利息	财务费用/利息支出	5,000	
计提短期借款利息	应付利息		5,000

(7) 单击工具栏 ▶ 按钮，窗口显示第6张凭证，如表13-12所示。单击工具栏【保存】按钮。

表 13-12　计提长期借款利息凭证

转　字 0031

摘要	科目名称	借方金额	贷方金额
计提长期借款利息	财务费用/利息支出	40,312.50	
计提长期借款利息	应付利息		40,312.50

(8) 单击工具栏【退出】按钮，返回“转账生成”窗口。

(9) 点击【取消】按钮，关闭“转账生成”窗口。

13.3　结转汇兑损益

由于创新实业有限公司启用了应收(付)款管理系统，且在应收(付)的选项中选择了“详细核算”，应先在应收(付)系统做汇兑损益，生成凭证并记账，再在总账做相应科目的汇兑损益。

为了保证汇兑损益计算正确，填制某月的汇兑损益凭证时必须先将本月的所有未记账凭证先记账。

★ **实训操作：**

1．凭证审核、记账

(1) 单击【重注册】按钮，更换操作员为“LZG”，重新登录“企业应用平台”。

(2) 进入“财务会计｜总账｜凭证｜审核凭证”，进行凭证审核。

(3) 进入“财务会计｜总账｜凭证｜记账”，进行凭证记账。

2．期末汇率调整

(1) 单击【重注册】按钮，更换操作员为学员编号，重新进入“企业应用平台”。

(2) 单击业务导航视图下“基础设置”页签。

(3) 双击“基础档案｜财务｜外币设置”，打开“外币设置”窗口，录入调整汇率：港币(0.80)、美元(6.50)，如图 13-16 所示。

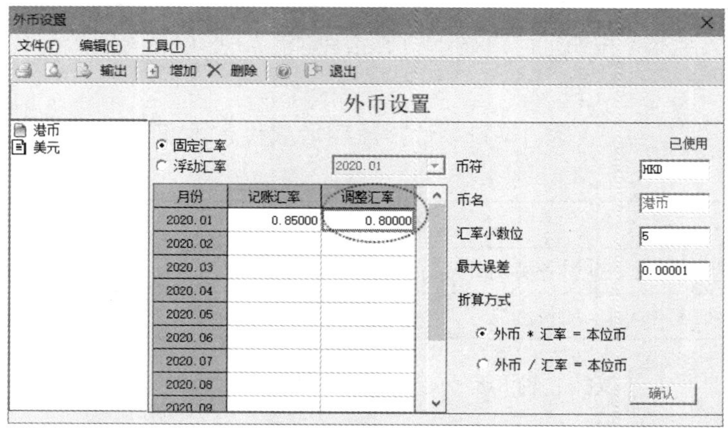

图 13-16　录入调整汇率

(4) 录入完毕点击【确认】按钮。

(5) 单击工具栏【退出】按钮。

3．应收款管理系统汇兑损益结转

(1) 单击业务导航视图下“财务会计”页签。

(2) 双击“财务会计 | 应收款管理 | 汇兑损益”，打开“汇兑损益”窗口。

(3) 单击选中汇兑损益依据“按科目”选项，点击【全选】按钮，如图 13-17 所示。

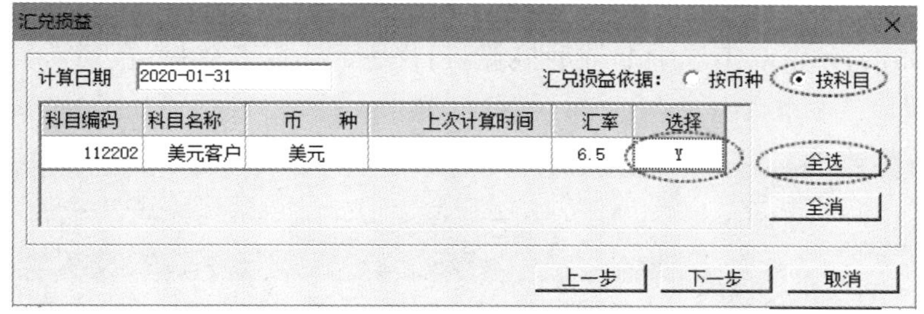

图 13-17　应收款管理系统汇兑损益

(4) 点击【下一步】按钮，显示汇兑损益科目列表，点击【全选】按钮，如图 13-18 所示。

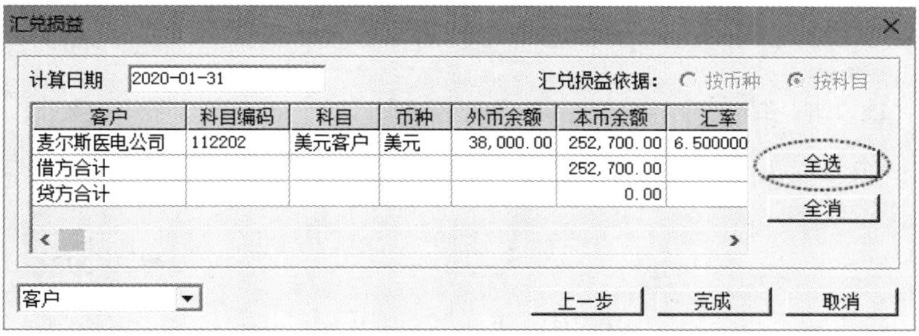

图 13-18　汇兑损益科目列表

(5) 点击【完成】按钮，弹出“是否立即制单？”提示框，点击【是】按钮，进入“填制凭证”页面，生成凭证，如表 13-13 所示。

表 13-13　汇兑损益凭证

转　字 0032

摘要	科目名称	借方金额	贷方金额
汇兑损益	应收账款/美元客户	−5,700	
汇兑损益	财务费用/汇兑损益		−5,700

(6) 保存后关闭“填制凭证”页面。

4．应付款管理系统汇兑损益结转

(1) 双击“财务会计 | 应付款管理 | 汇兑损益”，打开“汇兑损益”窗口。

(2) 单击选中汇兑损益依据“按科目”选项，点击【全选】按钮。

(3) 点击【下一步】按钮，显示汇兑损益科目列表。

(4) 汇兑损益科目列表中应付外币科目没有余额，无需结转汇兑损益。点击【取消】按钮。

5. 总账系统汇兑损益结转

(1) 在“企业应用平台”中单击“业务工作”页签。

(2) 双击“财务会计｜总账｜期末｜转账生成”，打开“转账生成”窗口，单击选中“汇兑损益结转”选项。

(3) 单击该选项右边的“...”按钮，参照输入：凭证类别(付 付款凭证)、汇兑损益入账科目(660303)，分别双击选中非辅助核算科目(是否计算汇兑损益“Y”)，如图 13-19 所示。

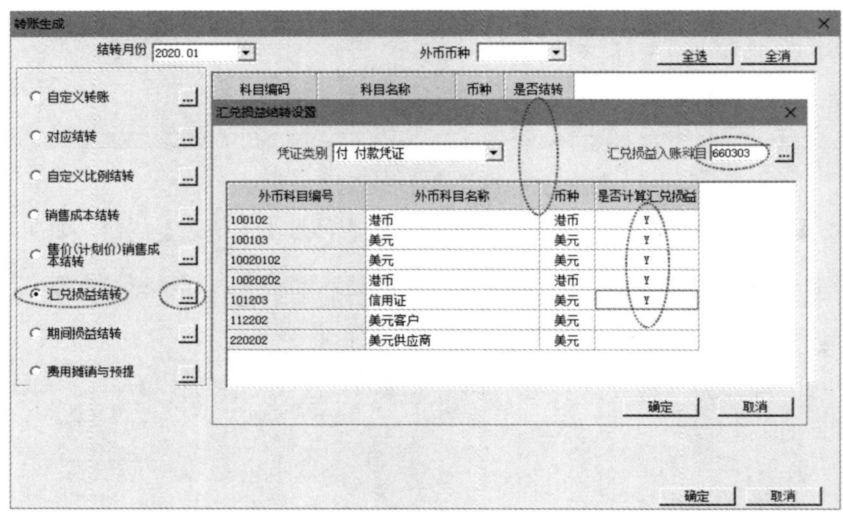

图 13-19　汇兑损益结转设置

(4) 点击【确定】按钮，返回“转账生成”窗口，点击【全选】按钮，如图 13-20 所示。

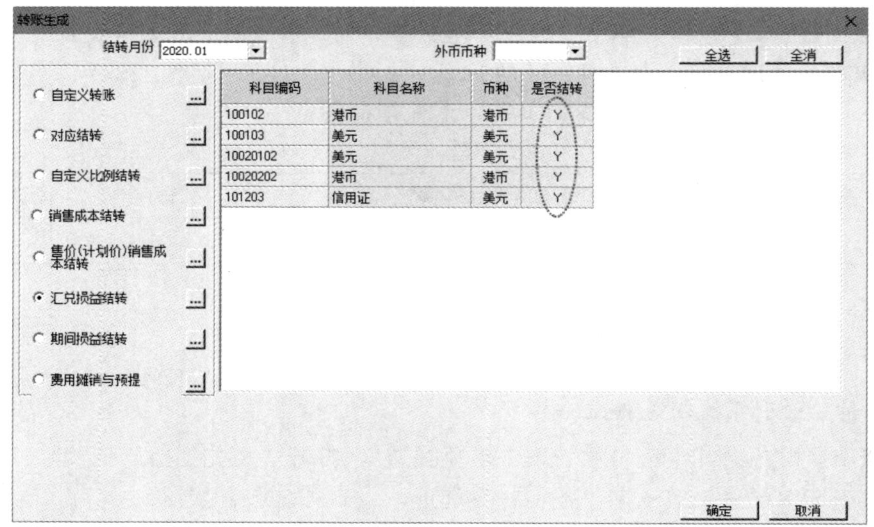

图 13-20　汇兑损益科目列表

(5) 点击【确定】按钮，系统弹出“2020.01 月之前有未记账凭证，是否继续结转？”提示框，点击【是】按钮。系统自动计算各科目应调整的汇竞损益并显示汇兑损益试算表，如图 13-21 所示。

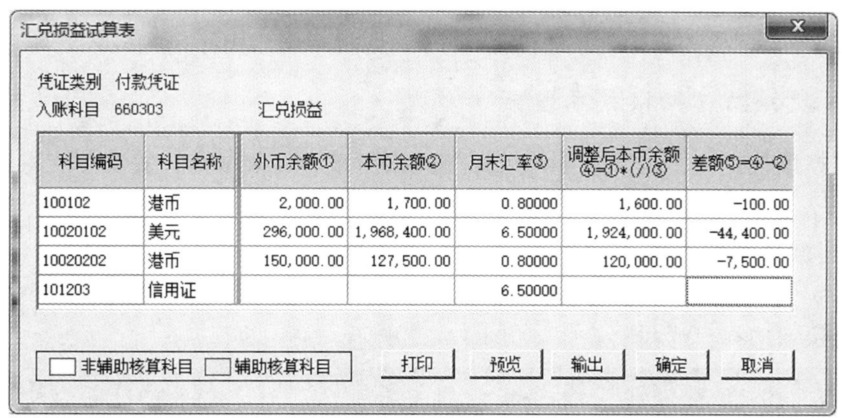
汇兑损益试算表

凭证类别 付款凭证
入账科目 660303　汇兑损益

科目编码	科目名称	外币余额①	本币余额②	月末汇率③	调整后本币余额④=①*(/)③	差额⑤=④-②
100102	港币	2,000.00	1,700.00	0.80000	1,600.00	-100.00
10020102	美元	296,000.00	1,968,400.00	6.50000	1,924,000.00	-44,400.00
10020202	港币	150,000.00	127,500.00	0.80000	120,000.00	-7,500.00
101203	信用证			6.50000		

图 13-21　汇兑损益试算表

(6) 点击【确定】按钮，打开“转账”窗口，显示付款凭证，如表 13-14 所示。

表 13-14　汇兑损益结转凭证

付　字 0027

摘要	科目名称	借方金额	贷方金额
汇兑损益结转	库存现金/港币		100
汇兑损益结转	银行存款/南山工行/美元		44,400
汇兑损益结转	银行存款/蛇口招行/港币		7,500
汇兑损益结转	财务费用/汇兑损益	52,000	

(7) 保存凭证后退出，返回“转账生成”窗口，点击【取消】按钮关闭窗口。

13.4　结转本期入库及出库材料成本

材料的入库及出库业务在日常处理中已在库存管理系统和存货核算系统中进行了明细核算，在期末时，应根据材料的出入库单据，在存货核算系统中汇总生成相关的记账凭证传入总账，进行材料的总分类核算，以及对应科目的明细和总分类核算。

一、材料暂估入库

已在第 12 章存货核算中处理(采购入库单生成凭证)。

二、结转外购材料采购成本

已在第 12 章存货核算中处理(采购入库单生成凭证)。

三、结转发出材料成本

（一）结转发出材料成本

已在第 12 章存货核算中处理(材料出库单、原材料销售出库单生成凭证)。

（二）分配并结转材料成本差异

存货核算系统提供了仓库的期末处理功能来对采用计划成本核算的存货进行差异率计算和分配，以及对采用全月加权平均计价的存货计算加权平均成本并回填出库单。

★ 实训操作：

(1) 双击“供应链 | 存货核算 | 业务核算 | 期末处理”，打开“期末处理”窗口，在左侧窗口中仅保留选择“原材料仓”，如图 13-22 所示。

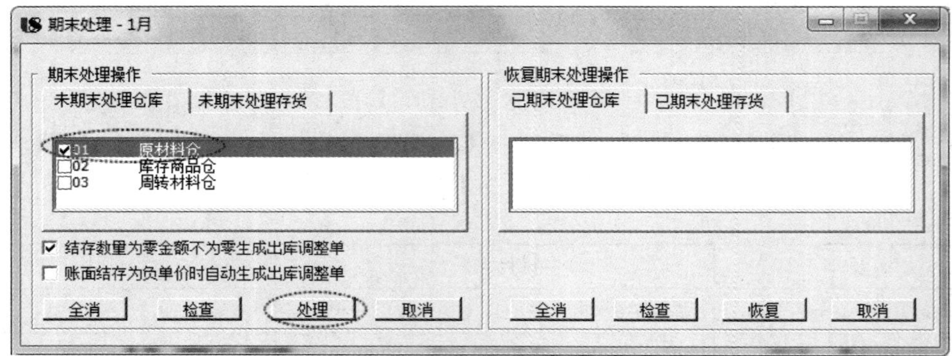

图 13-22　仓库期末处理列表

(2) 单击左侧【处理】按钮，打开“差异率计算表”窗口，如图 12-23 所示。

差异率计算表

输出　公式定义　计算　显示　确定　栏目

按 明细 级计算　　差异率计算表　　公式　差异率= $\frac{B+D-F}{A+C-E}$

记录总数：3

仓库编码	仓库名称	存货编码	存货名称	期初金额	期初差异	本期入库金额	本期入库差异
01	原材料仓	Y001	甲材料	4,800,000.00	-48,000...	744,000.00	35,413.000...
01	原材料仓	Y002	乙材料	225,000.00	-2,250....	31,500.00	900.00000000
01	原材料仓	Y003	丙材料	200,000.00	-2,000....	80,000.00	1,000.0000...
小计							

图 13-23　材料成本差异率计算表

(3) 单击工具栏【确定】按钮，系统显示结转本期发出存货的差异结转单，如图 13-24 所示。

(4) 差异结转单一经确认即记账。检查无误后单击工具栏【确定】按钮，弹出“期末处理完毕！”提示框，点击【确定】按钮，完成原材料仓的期末处理。

(5) 单击“期末处理”窗口【取消】按钮。

未记账单据一览表

差异结转单列表

记录总数：11

仓库编码	存货编码	存货名称	部门编码	类型	发出金额	差异	差异率
01	Y001	甲材料	03	销售	60,000.00	-136.22	-0.00227038
01	Y001	甲材料	051	其他	960,000.00	-2,179.56	-0.00227038
01	Y001	甲材料	052	其他	180,000.00	-408.67	-0.00227038
01	Y001	甲材料	053	其他	60,000.00	-136.22	-0.00227038
01	Y001	甲材料	06	其他	12,000.00	-27.24	-0.00227038
01	Y002	乙材料	051	其他	31,500.00	-165.79	-0.00526316
01	Y002	乙材料	052	其他	72,000.00	-378.94	-0.00526316
01	Y002	乙材料	06	其他	4,500.00	-23.68	-0.00526316
01	Y003	丙材料	053	其他	16,000.00	-57.14	-0.00357143
01	Y003	丙材料	06	其他	4,000.00	-14.29	-0.00357143
01	Y003	丙材料	07	其他	40,000.00	-142.86	-0.00357143
小计							

图 13-24　差异结转单

(6) 双击“供应链｜存货核算｜财务核算｜生成凭证”，进入“生成凭证”页面。

(7) 单击【选择】按钮，打开“查询条件”窗口。设置条件：“(35)差异结转单”。点击【确定】按钮，打开“选择单据”窗口，单击工具栏【全选】按钮，如图 13-25 所示。

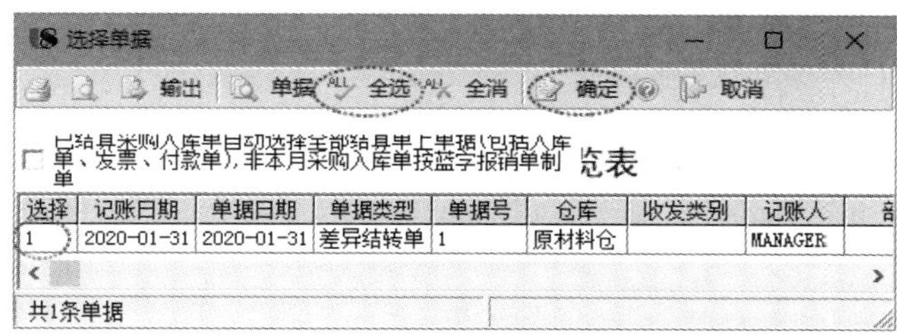

图 13-25　选择差异结转单

(8) 单击工具栏【确定】按钮，进入“生成凭证”页面；单击工具栏【合成】按钮，生成记账凭证，如表 13-15 所示。

表 13-15　差异结转凭证

转　字 0033

摘要	科目名称	借方金额	贷方金额
差异结转单	在建工程/厂房工程	−142.86	
差异结转单	生产成本/基本生产成本/A 产品/直接材料	−2,345.35	
差异结转单	生产成本/基本生产成本/B 产品/直接材料	−787.61	
差异结转单	生产成本/辅助生产成本/物料消耗	−65.21	
差异结转单	制造费用/物料消耗	−193.36	
差异结转单	其他业务成本	−136.22	
差异结转单	材料成本差异		−3,670.61

(三) 转出不能抵扣的进项税额

创新实业有限公司的在建厂房领用了 500 个(计划价 80 元)丙材料，按规定其进项税额不得抵扣，应记入在建工程的成本。

不可抵扣的进项税额：(40,000 – 142.86) × 17% = 6,775.71 元

进入“财务会计｜总账｜凭证｜填制凭证”中，增加一张转账凭证，如表 13-16 所示。

表 13-16　不能抵扣凭证

转　字 0034

摘要	科目名称	借方金额	贷方金额
转出不能抵扣的进项税额	在建工程/生产厂房	6,775.71	
转出不能抵扣的进项税额	应交税费/应交增值税/进项税额转出		6,775.71

13.5　计算本期完工产成品成本

由于创新实业有限公司未启用成本管理系统，完工产品成本需利用总账信息自行计算并录入相关凭证。成本计算与结转前应将本期所有凭证审核过账，然后按以下步骤进行：

一、分配结转辅助生产成本

创新实业有限公司的辅助生产成本按修理工时比例进行分配，本期为基本生产车间服务的修理工时为 8,000 工时，为企业管理部门服务的修理工时为 2,000 工时，分配比为 80%∶20%。

★ 实训操作：

1. 凭证审核、记账

(1) 单击【重注册】按钮，更换操作员为“LZG”，重新登录“企业应用平台”。

(2) 进入“财务会计｜总账｜凭证｜审核凭证”，进行凭证审核。

(3) 进入“财务会计｜总账｜凭证｜记账”，进行凭证记账。

2. 设置自定义转账分录

(1) 单击【重注册】按钮，更换操作员为学员编号，重新登录“企业应用平台”。

(2) 进入“财务会计｜总账｜期末｜转账定义｜自定义转账”，进行自定义转账设置，如表 13-17 所示。

表 13-17　分配结转辅助生产成本

转账序号：0007　　转账说明：分配结转辅助生产成本　　凭证类别：转

科目编码	方向	金额公式	公式说明
510106	借	QM(500102,月,借)*0.8	辅助生产成本科目期末余额
660217	借	QM(500102,月,借)*0.2	
50010299	贷	QM(500102,月,借)	辅助生产成本各明细科目余额

3. 转账生成

进入“财务会计｜总账｜期末｜转账生成”，新增自定义转账凭证，如表 13-18 所示。

表 13-18 分配结转辅助生产成本凭证

转 字 0035

摘要	科目名称	借方金额	贷方金额
分配结转辅助生产成本	制造费用/修理费	27,763.83	
分配结转辅助生产成本	管理费用/修理费	6,940.96	
分配结转辅助生产成本	生产成本/辅助生产成本/辅助生产成本结转		34,704.79

二、分配结转本期制造费用

创新实业有限公司的制造费用按各产品的生产工人工资比例进行分配。因此，分配时首先应从账簿中查取 A、B 产品本月生产工人工资金额，经查本月 A 产品生产工人工资为 17,320 元，B 产品生产工人工资为 9,846.67 元。

★ 实训操作：

1. 凭证审核、记账

(1) 单击【重注册】按钮，更换操作员为“LZG 李志高”，重新登录“企业应用平台”。

(2) 进入“财务会计｜总账｜凭证｜审核凭证”，进行凭证审核。

(3) 进入“财务会计｜总账｜凭证｜记账”，进行凭证记账。

2. 设置自定义转账分录

(1) 单击【重注册】按钮，更换操作员为学员编号，重新登录“企业应用平台”。

(2) 进入“财务会计｜总账｜期末｜转账定义｜自定义转账”，进行自定义转账设置，如表 13-19 所示。

表 13-19 分配结转制造费用

转账序号：0008　　转账说明：分配结转制造费用　　凭证类别：转

科目编码	方向	金额公式	公式说明
5001010103	借	QM(5101，月，借)*17,320/27,166.67	按比例分配制造费用余额
5001010203	借	QM(5101，月，借)*9,846.67/27,166.67	
510199	贷	QM(5101，月，借)	制造费用结转

3. 转账生成

进入“财务会计｜总账｜期末｜转账生成”，新增自定义转账凭证，如表 13-20 所示。

表 13-20　分配结转制造费用凭证

转　字 0036

摘要	科目名称	借方金额	贷方金额
分配结转制造费用	生产成本/基本生产成本/A 产品/制造费用	106,313.32	
分配结转制造费用	生产成本/基本生产成本/B 产品/制造费用	60,440.65	
分配结转制造费用	制造费用/制造费用结转		166,753.97

三、将生产成本在产成品和在产品之间进行分配

创新实业有限公司本月加工生产的 A 产品全部完工，其生产成本明细账中归集的生产费用 1,142,037.97 元(50010101 生产成本/基本生产成本/A 产品科目的期末余额)，均为完工产品成本，应全额结转到库存商品账户中；B 产品均未完工，其生产成本明细账中归集的生产费用均为月末在产品成本，保留在生产成本明细账中，不需进行进一步账务处理。

查询导航：“财务会计｜总账｜账表｜科目账｜余额表”，设置需要查询的科目、级次等条件后，显示发生额及余额表。

13.6　结转本期入库产成品成本和本期出库产成品成本

计算出本期入库产品成本后，进入存货核算系统，进行本期入库产品和出库产品成本的结转。

13.6.1　结转入库产成品成本

当产品入库时，由于没有产品成本，在库存管理系统中录入的自制产品入库单上只有数量，没有金额，因此，在存货核算系统中尚未对其进行记账。

★ 实训操作：

1. 录入“产成品入库单”金额

(1) 双击“供应链｜存货核算｜日常业务｜产成品入库单”，进入“产成品入库单”页面。

(2) 单击工具栏【修改】按钮，录入：金额(1,142,037.97)，系统自动计算单价，如图 13-26 所示。

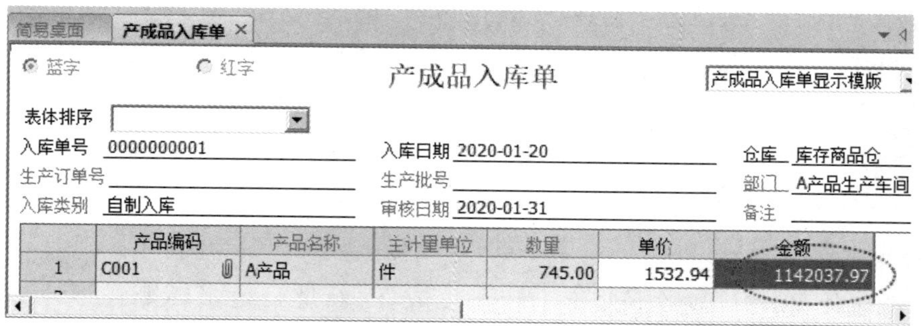

图 13-26　产成品入库单金额录入

(3) 保存后，关闭“产成品入库单”页面。

2. “产成品入库单”记账

进入“供应链｜存货核算｜业务核算｜正常单据记账”，选择“产成品入库单”记账。

3. “产成品入库单”生成凭证

进入“供应链｜存货核算｜财务核算｜生成凭证”，选择“(10)产成品入库单”生成凭证，如表13-21所示。

表13-21 结转入库产成品凭证

转 字 0037

摘要	科目名称	借方金额	贷方金额
产成品入库单	库存商品	1,142,037.97	
产成品入库单	生产成本/基本生产成本/A产品/成本结转		1,142,037.97

13.6.2 结转产成品出库成本(销售)

此处结转是指将本期发出的产成品，根据其用途，从“库存商品”科目中结转到相关成本费用科目。创新实业有限公司本期发出产品采用全月加权平均计价，应按以下方法处理：

一、进行产成品库期末处理

由于产成品库的计价方法设为全月平均法，其期末处理是计算仓库中各产品本月加权平均成本，并回填出库单。

★ 实训操作：

(1) 双击“供应链｜存货核算｜业务核算｜期末处理”，打开“期末处理”窗口，默认选项。

(2) 点击左窗口【处理】按钮，系统自动计算并显示各产品月平均单价计算表，如图13-27所示。

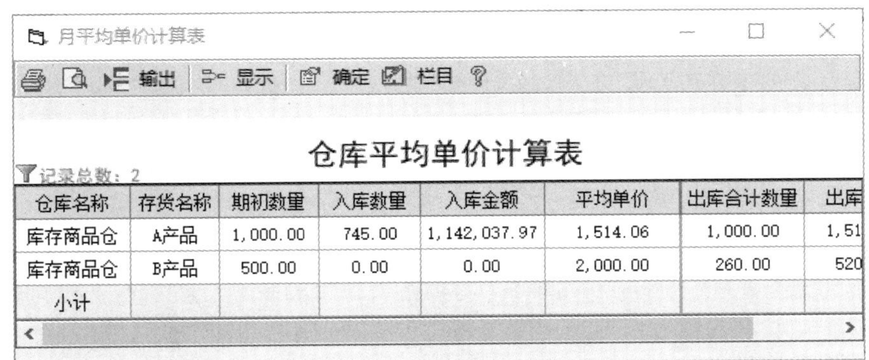

仓库名称	存货名称	期初数量	入库数量	入库金额	平均单价	出库合计数量	出库
库存商品仓	A产品	1,000.00	745.00	1,142,037.97	1,514.06	1,000.00	1,51
库存商品仓	B产品	500.00	0.00	0.00	2,000.00	260.00	520
小计							

图13-27 月平均单价计算表

(3) 单击工具栏【确定】按钮，系统自动将产品成本回填已记账的产品出库单。

(4) 完成后，点击【取消】按钮，关闭“期末处理”窗口。

二、生成结转出库产品成本记账凭证

★ 实训操作：

(1) 进入“供应链｜存货核算｜财务核算｜生成凭证”，打开“查询条件”窗口，仅选择“(32)销售出库单”。

(2) 点击【确定】按钮，打开“选择单据”窗口，单击工具栏【全选】按钮，如图 13-28 所示。

选择单据

输出　单据　全选　全消　确定　取消

一览表

选择	账日	单据日期	单据类型	单据号	仓库	部门	摘要	客户
1	1-31	2020-01-11	销售出库单	0000000001	库存商品仓	销售部	销售B产品	深圳沙井实
1	1-31	2020-01-14	销售出库单	0000000002	库存商品仓	销售部	销售B产品	鸿基发展有
1	1-31	2020-01-18	销售出库单	0000000003	库存商品仓	销售部	销售A产品	青港实业有
1	1-31	2020-01-21	销售出库单	0000000004	库存商品仓	销售部	B产品销售退	鸿基发展有
1	1-31	2020-01-25	销售出库单	0000000005	库存商品仓	销售部	销售出口B产	麦尔斯医电

共5条单据

图 13-28　选择单据(销售出库单)

(3) 单击工具栏【确定】按钮，生成转账凭证，合成后保存，如表 13-22 所示。

表 13-22　结转出库产成品凭证

转　字 0038

摘要	科目名称	借方金额	贷方金额
销售 A 产品	主营业务成本/A 产品	1,514,060	
销售出口 B 产品	主营业务成本/B 产品	520,000	
结转出库产品成本	库存商品		2,034,060

13.7　期末损益处理

期末损益处理是在日常和以上期末处理的基础上，计提结转相关税金，结转本期收入和费用，计提并结转所得税，根据需要进行利润分配，在年末时将本年利润和利润分配的其他明细科目余额结转入“利润分配/未分配利润”科目。

13.7.1　结转本期损益

结转本期损益是在一个会计期间终了将损益类科目的余额结转到本年利润科目中，从而及时反映企业利润的盈亏情况。其主要是对于管理费用、销售费用、财务费用、销售收入、营业外收支等科目向本年利润的结转。

★ 实训操作：

1. 凭证审核、记账

(1) 单击【重注册】按钮，更换操作员为“LZG”，重新登录“企业应用平台”。

(2) 进入“财务会计｜总账｜凭证｜审核凭证”，进行凭证审核。

(3) 进入“财务会计｜总账｜凭证｜记账”，进行凭证记账。

(4) 单击【重注册】按钮，更换操作员为学员编号。

2. 结转本期损益

(1) 双击“财务会计｜总账｜期末｜转账生成”，打开“转账生成”窗口。选择“期间损益结转”选项。

(2) 单击该选项右边的“...”按钮，打开“期间损益结转设置”窗口，选择凭证类别“转 转账凭证”、录入本年利润科目“4103”，如图 13-29 所示。

期间损益结转设置

凭证类别 转 转账凭证　　本年利润科目 4103

损益科目编号	损益科目名称	损益科目账类	本年利润科目编码	本年利润科目名称	本年利润科目账类
600101	A产品		4103	本年利润	
600102	B产品		4103	本年利润	
6011	利息收入		4103	本年利润	
6021	手续费及佣金收入		4103	本年利润	
6031	保费收入		4103	本年利润	
6041	租赁收入		4103	本年利润	
605101	材料销售		4103	本年利润	
6061	汇兑损益		4103	本年利润	
6101	公允价值变动损益		4103	本年利润	
6111	投资收益		4103	本年利润	
6201	摊回保险责任准备金		4103	本年利润	
6202	摊回赔付支出		4103	本年利润	
6203	摊回分保费用		4103	本年利润	
6301	营业外收入		4103	本年利润	

每个损益科目的期末余额将结转到与其同一行的本年利润科目中。若损益科目与之对应的本年利润科目都有辅助核算，那么两个科目的辅助账类必须相同 。损益科目为空的期间损益结转将不参与

打印　预览　确定　取消

图 13-29 期间损益结转设置

(3) 点击【确定】按钮，返回“转账生成”窗口，选择“类型”为“收入”，单击【全选】按钮，如图 13-30 所示。

损益科目编码	损益科目名称	损益科目账类	利润科目编码	利润科目名称	利润科目账类	是否结
600101	A产品		4103	本年利润		Y
600102	B产品		4103	本年利润		Y
6011	利息收入		4103	本年利润		Y
6021	手续费及佣金		4103	本年利润		Y
6031	保费收入		4103	本年利润		Y
6041	租赁收入		4103	本年利润		Y
605101	材料销售		4103	本年利润		Y
6061	汇兑损益		4103	本年利润		Y
6101	公允价值变动		4103	本年利润		Y
6111	投资收益		4103	本年利润		Y
6201	摊回保险责任		4103	本年利润		Y
6202	摊回赔付支出		4103	本年利润		Y
6203	摊回分保费用		4103	本年利润		Y

图 13-30 转账生成设置

(4) 点击【确定】按钮，生成期间损益结转(收入)凭证，如表 13-23 所示。

表 13-23　期间损益结转(收入)凭证

转　字 0039

摘要	科目名称	借方金额	贷方金额
期间损益结转	本年利润		2,827,700
期间损益结转	主营业务收入/A 产品	2,000,000	
期间损益结转	主营业务收入/B 产品	652,700	
期间损益结转	其他业务收入/材料销售	75,000	
期间损益结转	投资收益	100,000	

(5) 保存凭证后退出，返回“转账生成”窗口。选择“类型”为“支出”，点击【全选】按钮。

(6) 点击【确定】按钮，生成期间损益结转(支出)凭证，如表 13-24 所示。

表 13-24　期间损益结转(支出)凭证

转　字 0040

摘要	科目名称	借方金额	贷方金额
期间损益结转	本年利润	2,409,949.34	
期间损益结转	主营业务成本/A 产品		1,514,060.00
期间损益结转	主营业务成本/B 产品		520,000.00
期间损益结转	其他业务成本		59,863.78
期间损益结转	营业税金及附加		15,613.90
期间损益结转	销售费用/工资薪酬		13,150.00
期间损益结转	销售费用/折旧费		625.00
期间损益结转	销售费用/水电费		2,100.00
期间损益结转	销售费用/广告费		5,000.00
期间损益结转	销售费用/运杂费		500.00
期间损益结转	管理费用/工资薪酬		38,113.33
期间损益结转	管理费用/工会经费		2,561.60
期间损益结转	管理费用/社会保险/企业		38,167.84
期间损益结转	管理费用/住房公积金/企业		15,369.60
期间损益结转	管理费用/折旧费		2,500.00
期间损益结转	管理费用/水电费		2,020.00
期间损益结转	管理费用/业务招待费		800.00
期间损益结转	管理费用/办公费		650.00
期间损益结转	管理费用/差旅费		4,600.00
期间损益结转	管理费用/无形资产摊销		8,333.33

续表

摘要	科目名称	借方金额	贷方金额
期间损益结转	管理费用/修理费		6,940.96
期间损益结转	财务费用/利息支出		45,312.50
期间损益结转	财务费用/汇兑损益		57,700.00
期间损益结转	财务费用/现金折扣		13,300.00
期间损益结转	资产减值损失		–7,500.00
期间损益结转	营业外支出/清理固定资产损失		40,167.50
期间损益结转	营业外支出/捐赠		10,000.00

(7) 保存凭证、退出“期间损益结转”。

13.7.2　计提并结转所得税费用

一、计提所得税费用

★ 实训操作：

(1) 进入“财务会计｜总账｜账表｜科目账｜余额表”，查询得到“本年利润”科目期末余额(417,750.66 元)，根据创新实业有限公司的所得税率(25%)可计算出本期应交所得税费用为 104,437.67 元。

(2) 进入“财务会计｜总账｜凭证｜填制凭证”，填制计提所得税费用凭证，如表 13-25 所示。

表 13-25　计提所得税费用凭证

转　字 0041

摘要	科目名称	借方金额	贷方金额
计提所得税费用	所得税费用	104,437.67	
计提所得税费用	应交税费/应交所得税		104,437.67

二、结转所得税费用

★ 实训操作：

(1) 重新注册，更换操作员为“LZG”，登录“企业应用平台”，进入“总账”系统，将本期所有凭证审核、记账。完成后重新注册，更换操作员为学员编号。

(2) 双击“财务会计｜总账｜期末｜转账生成”，打开“转账生成”窗口，选择“对应结转”选项。

(3) 单击“对应结转”选项右边的“...”按钮，打开“对应结转设置”窗口。录入：编号(0001)、凭证类别(转 转账凭证)、摘要(结转所得税费用)、转出科目(6801)、转入科目编码(4103)，如图 13-31 所示。

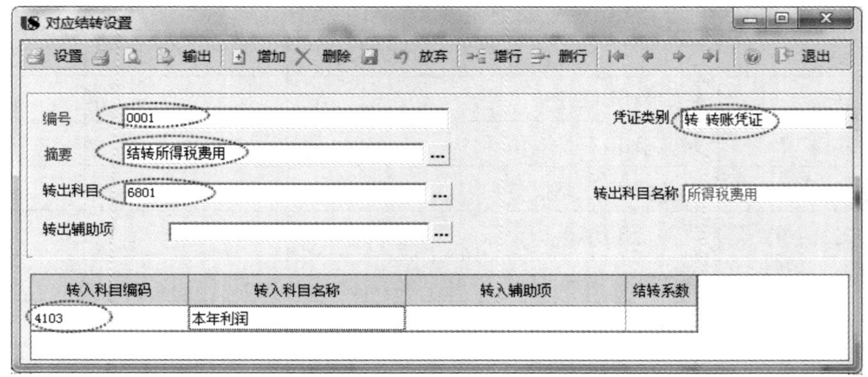

图 13-31　对应结转设置

(4) 单击工具栏【保存】、【退出】按钮，返回“转账生成”窗口。

(5) 点击【全选】按钮，再点击【确定】按钮，系统自动生成转账凭证，如表 13-26 所示。

表 13-26　结转所得税费用凭证

转　字 0042

摘要	科目名称	借方金额	贷方金额
结转所得税费用	所得税费用		104,437.67
结转所得税费用	本年利润	104,437.67	

(6) 单击工具栏【保存】、【退出】按钮，返回“转账生成”窗口。

(7) 点击【取消】按钮，关闭“转账生成”窗口。

13.8　期 末 对 账

对账是对账簿记录进行的检查和核对工作，以保证记录的正确性。一般说来，实行计算机记账后，只要录入的记账凭证和原始单据正确，计算机自动记账后各种账簿都应是正确、平衡的，但由于不当操作、非法操作、计算机病毒或其他原因，有时可能会造成某些数据被破坏或数据系统间传输的错误，因而引起系统内和系统间的账证不符、账账不符，为了及时发现问题、纠正错误，用户应经常进行对账，至少一个月一次，一般可在月末结账前进行。

对账的主要内容包括：

库存管理系统：库存管理系统的内部对账，以及库存系统与存货核算系统对账。

存货核算系统：与总账系统对账。

固定资产系统：与总账系统对账。

总账系统：总账与明细账、总账与部门账、总账与个人往来账、总账与项目账核对，以及总分类账的试算平衡。

对账的操作方法较为简单，只要单击相应的对账功能菜单或按钮，系统会自动进行对账并显示对账结果。

13.9　期 末 结 账

结账是每个会计期末，在将本期发生的经济业务全部登记入账并对账无误的基础上，结计本期发生额和期末余额，结束本会计期间，进入下一会计期间的工作。

当启用了多个子系统时，由于各系统间的数据关联关系，必须按一定的顺序进行结账，如前一系统未结账则下一系统不允许结账。具体的结账顺序为：

(1) 采购管理和销售管理系统。

(2) 库存管理系统。

(3) 应收款管理、应付款管理、工资、固定资产、存货核算系统。

(4) 总账系统。

结账的操作方法较为简单，只要在各系统“月末结账”功能中，根据系统的结账向导进行或中断结账即可。

在结账时，系统一般会自动检查以下内容：一是当期必要的业务处理完成情况，二是对账情况，三是应在本系统之前结账的其他系统是否已结账。如发现问题，系统会予以提示信息并终止结账。

在年结时，除了在各系统执行结账功能外，还需在系统管理中进行年度账结转功能，产生下年度的数据库文件结构，结转年度余额。

结账完成后，系统进入下一会计期间，就不允许对本会计期间的经济业务进行处理了。若确需进行已结账期间的业务处理，可以通过系统提供的反结账功能，重新回到未结账状态后进行。

进行反结账时，应注意以下两点：

一是反结账有一定的限制条件，必须满足这些条件才能进行。如总账系统，若下一期间的记账凭证已审核或已记账，必须取消凭证的审核或记账才能进行。

二是各系统反结账顺序与结账的顺序相反。如销售管理系统若要进行反结账，必须是在总账、存货核算、库存管理、应收款管理系统均未结账状态方可进行。

反结账的操作方法较为简单，只要单击相关的反结账按钮即可。应注意的是，在不同的系统中反结账的称法有所不同，有“反结账”“取消结账”及“恢复结账前状态”等。在不同的系统中反结账功能按钮的位置不同，其中采购管理、销售管理、库存管理和存货核算系统中放于结账向导中，执行结账功能便可在结账向导中选择进行结账还是反结账；应收款管理、应付款管理、固定资产系统放在系统“期末处理”功能中；工资系统放在系统“业务处理”功能中；总账系统中是隐藏状态，在执行期末结账功能后系统显示的结账向导中，用鼠标选择要取消结账的月份，按“Ctrl + Shift + F6”键即可激活，进行反结账。

第 14 章　UFO　报　表

UFO 报表系统是报表处理的工具，利用报表系统既可以编制对外报表，又可以编制各种内部报表。它的主要任务是设计报表的格式和编制公式，从总账系统或从其他业务系统中取得有关的会计信息，自动编制各种会计报表，对报表进行审核、汇总，生成各种分析图，并按预定格式输出各种会计报表。

14.1　系 统 功 能

UFO 报表系统功能包括：

1. 提供各行业报表模板

它提供 33 个行业的标准财务报表模板，可轻松生成复杂报表；提供自定义模板的新功能，可以根据本单位的实际需要定制模板。

2. 文件管理

它对报表文件的创建、读取、保存和备份进行管理，能够进行不同文件格式的转换，支持多个窗口同时显示和处理，提供了标准财务数据的“导入”和“导出”功能，可以和其他流行财务软件交换数据。

3. 格式管理

它提供了丰富的格式设计功能，如设定组合单元、画表格线(包括斜线)、调整行高列宽、设置字体和颜色、设置显示比例等等，可以制作各种要求的报表。

4. 数据处理

它以固定的格式管理大量不同的表页，能将多达 99,999 张具有相同格式的报表资料统一在一个报表文件中管理，并且在每张表页之间建立有机的联系；提供了排序、审核、舍位平衡、汇总功能；提供了绝对单元公式和相对单元公式，可以方便、迅速地定义计算公式；提供了种类丰富的函数，可以从账务及其他业务系统中提取数据，生成财务报表。

5. 图表输出

它可以将数据表以图形的形式进行输出(显示和打印)；采用图文混排，可以很方便地进行图形数据组织，制作包括直方图、立体图及折线图等 10 种图形的分析图表；可以自定图表的位置、大小及标题等，打印输出图表。

6. 二次开发功能

它提供批命令和自定义菜单，自动记录命令窗中输入的多个命令，可将有规律性的操作过程编制成批命令文件；提供了 Windows 风格的自定义菜单，综合利用批命令，可以在短时间内开发出本企业的专用系统。

14.2　自 制 报 表

会计报表是对日常核算的资料按一定的表格形式进行汇总反映和综合反映的报告文件。一套完整的财务报表包括资产负债表、利润表、现金流量表、所有者权益变动表(或股东权益变动表)和财务报表附注。

UFO 报表系统提供常用报表的自动生成功能。但在财务日常工作中、企业管理过程中常常需要自制报表用以满足各种不同需求。报表的制作一般需要经过新建报表、设计格式、数据处理、保存报表等基本过程。本节以“利润表”为例，详细介绍报表的制作方法。

14.2.1　报表格式设计

报表格式的设计是数据录入和数据计算的基础。UFO 在格式状态下设计报表的表样包括：表尺寸、行高列宽、单元属性、组合单元、关键字、可变区等项目的设置。

◇ **实训资料：**

(1) 利润表。某企业某年的利润见表 14-1。

表 14-1　利　润　表

单位：元

项　　目	行数	本月数	本年累计数
一、营业收入	1		
减：营业成本	2		
营业税金及附加	3		
销售费用	4		
管理费用	5		
财务费用	6		
资产减值损失	7		
加：公允价值变动收益(损失以“－”号填列)	8		
投资收益(损失以“－”号填列)	9		
其中：对联营企业和合营企业的投资收益	10		
二、营业利润(亏损以“－”号填列)	11		
加：营业外收入	12		
减：营业外支出	13		
其中：非流动资产处置损失	14		
三、利润总额(亏损总额以“－”号填列)	15		
减：所得税费用	16		

续表

项　　目	行数	本月数	本年累计数
四、净利润(净亏损以"－"号填列)	17		
五、每股收益			
(一) 基本每股收益			
(二) 稀释每股收益			

(2) 报表中的结算公式，如表 14-2 所示。

表 14-2　报表项目计算公式

位置	单元公式	位置	单元公式
C4	FS("6001",月,"贷",,,,,"y") + FS("6051",月,"贷",,,,,"y")	D4	?C4+SELECT(?D4,年@=年 and 月@=月+1)
C5	FS("6401",月,"借",,,,,"y") + FS("6402",月,"借",,,,,"y")	D5	?C5+SELECT(?D5,年@=年 and 月@=月+1)
C6	FS("6403",月,"借",,,,,"y")	D6	?C6+SELECT(?D6,年@=年 and 月@=月+1)
C7	FS("6601",月,"借",,,,,"y")	D7	?C7+SELECT(?D7,年@=年 and 月@=月+1)
C8	FS("6602",月,"借",,,,,"y")	D8	?C8+SELECT(?D8,年@=年 and 月@=月+1)
C9	FS("6603",月,"借",,,,,"y")	D9	?C9+SELECT(?D9,年@=年 and 月@=月+1)
C10	FS("6701",月,"借",,,,,"y")	D10	?C10+SELECT(?D10,年@=年 and 月@=月+1)
C11	FS("6101",月,"贷",,,,,"y")	D11	?C11+SELECT(?D11,年@=年 and 月@=月+1)
C12	FS("6111",月,"贷",,,,,"y")	D12	?C12+SELECT(?D12,年@=年 and 月@=月+1)
C14	C4-C5-C6-C7-C8-C9-C10+C11+C12	D14	?C14+SELECT(?D14,年@=年 and 月@=月+1)
C15	FS("6301",月,"贷",,,,,"y")	D15	?C15+SELECT(?D15,年@=年 and 月@=月+1)
C16	FS("6711",月,"借",,,,,"y")	D16	?C16+SELECT(?D16,年@=年 and 月@=月+1)
C18	C14+C15-C16	D18	?C18+SELECT(?D18,年@=年 and 月@=月+1)
C19	FS("6801",月,"借",,,,,"y")	D19	?C19+SELECT(?D19,年@=年 and 月@=月+1)
C20	C18-C19	D20	?C20+SELECT(?D20,年@=年 and 月@=月+1)

★ 实训操作：

登录"企业应用平台"，操作员为账套主管，操作日期为"2020-01-31"。在"业务工作"页签下，双击"财务会计｜UFO 报表"，启用 UFO 报表系统。单击菜单栏"文件｜新建"命令，进入报表"格式"页面。

在菜单栏"格式"菜单下，依次执行下列命令。

(1) 表尺寸：行数(23)、列数(4)。

(2) 行高：A1 单元行高(12)，A3：D23 区域行高(6)。

(3) 列宽：A 列列宽(108)、B 列列宽(10)、C 列和 D 列列宽(32)。

(4) 区域画线：A3：D23 区域，画"网线"。

(5) 组合单元：A1：D1 区域，“按行组合”。

(6) 输入项目内容：将表 14-1 中的项目内容直接录入到新建报表中。

(7) 单元属性：

A1 单元：单元类型“字符”，字体图案(字体为楷体、字号为 28)，对齐(水平方向居中、垂直方向居中)。

A3：D3 区域，字体图案(字体为黑体、字号为 14)，对齐(水平方向居中垂直方向居中)。

A4：D23 区域，字体图案(字体为宋体、字号为 14)。

14.2.2　报表数据处理

报表数据处理包括设置关键字、录入单元公式、审核格式、舍位平衡公式等。

★ 实训操作：

1. 关键字

点击 A2 单元，单击菜单栏“数据 | 关键字 | 设置”命令，设置关键字为“单位名称”。

点击 C2 单元，设置关键字(年)。

点击 D2 单元，设置关键字(月)。

操作说明：

(1) 一个关键字在一个表中只能定义一次，不可重复。

(2) 关键字在格式状态下设置，关键字的值在数据状态下录入。

(3) 同一单元或组合单元的关键字定义后，可能会重叠在一起。为了避免重叠，可以在设置关键字时输入相对偏移量。偏移量为负数时表示左移，正数表示右移。

2. 单元公式

点击单元后，单击菜单栏“数据 | 编辑公式 | 单元公式”命令，录入表 14-2 中的单元公式。(单元公式可以直接录入，也可通过“函数向导”生成。)

报表格式设计、数据处理完成后，自制“利润表”，如图 14-1 所示。

A	B	C	D
利润表			
单位名称：xxxxxxxxxxxxxxxxxxxxxxxxxxxxxxx		xxxx 年	xx 月　单位：元
项　　目	行数	本　月　数	本年累计数
一、营业收入		公式单元	公式单元
减：营业成本		公式单元	公式单元
营业税金及附加	演示数据	公式单元	公式单元
销售费用		公式单元	公式单元
管理费用		公式单元	公式单元
财务费用		公式单元	公式单元
资产减值损失		公式单元	公式单元
加：公允价值变动收益（损失以“-”号填列）		公式单元	公式单元
投资收益（损失以“-”号填列）		公式单元	公式单元
其中：对联营企业和合营企业的投资收益			
二、营业利润（亏损以“-”号填列）		公式单元	公式单元
加：营业外收入		公式单元	公式单元
减：营业外支出		公式单元	公式单元
其中：非流动资产处置损失			
三、利润总额（亏损总额以“-”号填列）		公式单元	公式单元
减：所得税费用		公式单元	公式单元
四、净利润（净亏损以“-”号填列）		公式单元	公式单元
五、每股收益：			
（一）基本每股收益			
（二）稀释每股收益			

图 14-1　自制利润表

14.2.3　报表生成

报表格式单元完成后，计算报表各项数据并保存。

★ **实训操作：**

1. “格式”→“数据”状态转换

单击报表左下角“格式”，将报表状态转换为“数据”。

2. 录入关键字并计算报表数据

(1) 单击菜单栏 “数据｜关键字｜录入”命令，录入关键字：单位名称(创新实业有限公司)、年(2020)、月(1)。

(2) 单击【确认】按钮，弹出“是否重算第 1 页？”提示框，单击【是】按钮，系统自动计算报表数据，显示计算结果，如图 14-2 所示。

利润表

单位名称：创新实业有限公司　　演示数据　2020 年　1 月　单位：元

项　目	行数	本 月 数	本年累计数
一、营业收入		2,727,700.00	2,727,700.00
减：营业成本		2,093,923.78	2,093,923.78
营业税金及附加		15,613.90	15,613.90
销售费用		21,375.00	21,375.00
管理费用		120,056.66	120,056.66
财务费用		110,612.50	110,612.50
资产减值损失		-7,500.00	-7,500.00
加：公允价值变动收益（损失以“-”号填列）			
投资收益（损失以“-”号填列）		100,000.00	100,000.00
其中：对联营企业和合营企业的投资收益			
二、营业利润（亏损以“-”号填列）		473,618.16	473,618.16
加：营业外收入			
减：营业外支出		50,167.50	50,167.50
其中：非流动资产处置损失			
三、利润总额（亏损总额以“-”号填列）		423,450.66	423,450.66
减：所得税费用		104,437.67	104,437.67
四、净利润（净亏损以“-”号填列）		319,012.99	319,012.99
五、每股收益：			
（一）基本每股收益			
（二）稀释每股收益			

图 14-2　生成利润表

3. 保存报表

单击菜单栏 “文件｜另存为”命令，通过“另存为”将文件命名为“1 月份自制”并保存在磁盘上。

14.3　利用报表模板生成常用报表

根据用户账套初始设置的默认账套的账套行业性质，UFO 报表系统可自动生成所有者权益变动表、利润表、现金流量表、现金流量附表、资产负债表、资金日报表以及与该行业性质相关的其他报表。

★ **实训操作：**

(1) 在 UFO 报表系统中，单击菜单栏“文件｜新建”命令，进入报表“格式”状态页面。

(2) 单击菜单栏 “格式｜生成常用报表”命令，系统自动生成上面提到的 6 份常用报表。

14.4　更多功能导航

1. 自定义模板

用户可以根据本单位的实际需要定制内部报表模板，并将自定义的模板加入系统提供的模板库内；也可以根据本行业的特征，增加或删除各个行业及其内置的模板。

操作导航：单击菜单栏“文件｜新建”→“格式｜自定义模板”。

2. 编辑报表模板

UFO 提供的报表模板包括了 33 个行业的 200 多张标准财务报表(包括现金流量表)，也可以包含用户自定义的模板。用户可以根据所在行业挑选相应的报表套用其格式及计算公式，也可根据需要进行编辑。

操作导航：单击菜单栏“文件｜新建”→“格式｜报表模板”。